맨발의 소명자

소강석

맨주먹 맨몸으로 몸부림친 전심 사역 보고서

네 마음을 다하고
목숨을 다하고 뜻을 다하여
주 너의 하나님을 사랑하라
마 22:37

The Called

규장

프롤로그

PART 1
맨손으로 붙든 뜨거운 부르심

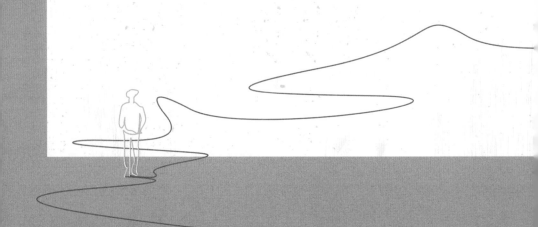

PART 2

거침없이 달리는 맨발의 소명자

PART 3

새로운 도약을 꿈꾸는 패스파인더

THE CALLED

다시 뛰는 소명자

《맨발의 소명자》를 엊그제 집필한 것 같은데 벌써 26년이 되었습니다. 감사하게도 맨주먹, 맨몸으로 몸부림친 무일푼 개척 보고서는 많은 개척자에게 도전을 주고 성도들에게 큰 은혜를 주었던 것 같습니다. 그런 의미에서 지나온 사역을 돌아보고, 지금까지 해온 사역을 정리하고 싶었습니다.

한국교회 지도자의 지도력을 3세대로 나눈다면, 1세대는 미신과 우상을 훼파하고 싸우며 일제 치하와 공산 침략 속에서 순혈적 신앙을 지켜내고 가난과 무지의 터에서 일사각오의 리더십을 발휘했던 때라고 할 수 있습니다.

2세대는 폐허 속에서 성령 운동과 교회 부흥의 영적 리더십을 보여주고 기독교 선도 국가로 만드는 데 살신성인의 리더십을 발휘했던 때라고 할 수 있습니다.

이제 3세대는 급성장, 급변화 시대에 여러 가지 변화와 상황, 위기 속에서 연대와 화합, 화해와 희망의 리더십을 발휘해야 할 때입니다.

저는 지금 3세대 지도자의 막내라고 생각합니다. 막내는 시간적 여유가 더 있고 한국교회에 대한 책임을 더 많이 갖고 있습니다. 앞으로 사십대와 오십 대 초반 목회자들에게 4세대의 바통을 물려주고 가교 역할을 하는 의미에서 책을 집필하고 싶은 마음이 들었습니다.

《맨발의 소명자》를 개정하여 그간의 중심 사역을 기록함으로써 앞으로 한국교회를 지키고 세워가야 할 목회자들에게 조금이라도 도움이 되고 싶었습니다. 그리고 평신도에게도 다변화 시대 속에서 한국교회를 세우는 공적 사역과 연합 사역이 얼마나 중요한가를 알리고 싶었습니다. 집에서 맨손, 맨발로 홀로 나와 믿음과 소명감만으로 하나님께 쓰임 받고 창의적 공적 사역을 해왔다는 걸 이야기하면서 목회자와 평신도들에게 참된 희망을 외치고 싶었습니다.

저는 코로나 팬데믹 기간에 미자립 교회 목사님들을 초청해서 세미나도 하고 100만 원씩 후원하면서 눈물로 외친 적이 있습니다.

"교인 한 명만 있어도 포기하지 마세요. 한 영혼은 하나님이 주신 선물입니다. 우리가 함께 무너져가는 한국교회를 다시 세워야 합니다. 우리가 교회 세움의 기수가 됩시다."

이 책은 저를 자랑하기 위함도 아니고 알리기 위함도 아닙니다. 어떻게든지 함께 한국교회를 다시 세우고 다음세대의 리더들에게 도전을 주고 싶어서 쓴 것입니다. 그리고 성도들이 스칸디 스타일의 신앙(북유럽 사람들처럼 삶을 관조하고 즐기며 여유 있게 살려는 신앙)에서 다시 한번 타이

거 스타일의 신앙(헝그리 정신을 갖고 죽느냐 사느냐 목숨을 걸며 기도하고 은혜받는 신앙)으로 변화되기를 바라는 마음으로 책을 썼습니다. 부족하지만, 이 책이 조금이라도 한국교회 세움과 부흥에 한 줌의 중보가 되기를 원합니다.

부족한 종을 늘 사랑과 섬김으로 세워주시는 새에덴교회 장로님들과 성도들, 평생을 저를 위해 기도해주신 믿음의 어머니이자 장모님이신 정금성 권사님과 사랑하는 배정숙 사모에게 감사의 말씀을 전합니다. 또한 책을 출판해주신 규장 여진구 대표님께 감사드립니다.

하나님의 은혜가 아니었으면 단 한 걸음도 내디딜 수 없었습니다. 하나님께 모든 영광을 올려 드립니다.

2023. 3. 16.
소강석 목사

맨손으로 붙든
뜨거운 부르심

다윗에게 아둘람 굴이 있었다면
내게는 용화산 기도굴이 있었다.

하나님의 소환장

교회가 뭐이다냐?

남들은 어렸을 때 교회를 다녔던 경험이 다들 있다는데 저는 그렇지 못했습니다. 다만 예닐곱 살 때쯤이던가, 초등학교 입학 전의 일입니다. 교회에서 부흥회를 한다고 교인들이 가가호호 방문을 하고 다녀서 어린 저는 그것이 교회에서 붕어를 잡는 행사인 줄 알고 저도 붕어를 잡겠다며 양은 세숫대야를 가지고 딱 한 번 이웃 동네에 있는 교회에 구경 가본 적이 있습니다.

물론 가서 붕어를 못 잡아서 실망이 이만저만 큰 게 아니었습니다. 저는 이처럼 부흥회를 붕어 잡는 것으로 오해할 만큼 기독교적인 배경과 전혀 거리가 먼 가정환경 속에서 자랐습니다.

저는 무척이나 노는 것을 좋아했습니다. 한번 집을 나서면 저녁 늦게야 돌아오곤 했습니다. 동전 따먹기, 땅따먹기, 딱지 따먹기, 구슬 따먹기 등 지금도 그 시절 생각을 하면 가슴이 설렙니다. 저는 유달리 욕심이 많아서 기어이 남의 것을 따먹어야 직성이 풀렸습니다. 만약에 뺏기는 날이면 해가 넘어가도 끝까지 물고 늘어졌습니다. 오죽하면 교과서를 찢어서까지 딱지를 만들어가며 했겠습니까?

이렇게 공부보다 놀기를 좋아하는 저에게는 호랑이 같은 큰형님이 있었습니다. 놀다 늦게 들어가는 날이면 대나무 뿌리로 종아리가 터지도록 때리는 형님이었습니다. 그래도 저는 맞을 때는 맞더라도 놀 때는 놀고 보자 하는 마음으로 형님 몰래 집을 빠져나갔습니다. 한참 놀다가 형님의 대나무 뿌리가 생각나서 집에 들어갈 때면 시조라도 하나 외워야 했습니다. 열 대 맞을 것을 다섯 대로라도 감해보고 싶어서였지요.

바로 이 큰형님이 저에게 대나무 뿌리를 옆에 두고 웅변을 가르쳤습니다. 글짓기를 시키고 옆에서 지켰으며 고전을 읽도록 강요했습니다. 또 그날의 숙제는 그날에 반드시 검사받아야 했습니다. 그러니까 억지로라도 공부를 할 수밖에 없었습니다. 그놈의 대나무 뿌리….

당시 제가 자란 곳은 시골 중의 시골이었기 때문에 초등학교에 양성소 출신 선생님들이 주를 이루었습니다. 그런 상황에서 큰형님은 6년 동안 실제로 담임선생 노릇을 한 셈입니다. 돌이켜 생각하니 참 묘한 섭리요 선하신 준비였던 것 같습니다. 그때 큰형님을 통해 기초를 다지고 연마했던 것들이 지금껏 목회에 너무나 요긴하게 사용되고 있기 때문입니다.

대처로 나갔는데…

초등학교를 졸업하기 전 큰형님이 입대하였습니다. 형님의 입대 영장 소식이야말로 제겐 너무나 큰 복음 중의 복음이 아닐 수 없었습니다. '이제는 나도 자유인이다. 천하가 내 세상이구나' 싶었기 때문입니다.

제 고향은 전북 남원군 이백면 초촌리입니다. 지금은 새마을 사업 덕분에 완전 시골이라고 할 수는 없지만 제가 어릴 때만 해도 두메산골이었습니다. 제 어린 시절의 꿈은 서울에 한번 가보는 것이었습니다. 서울에 가면 창경궁도 있고 차도 많고 높은 빌딩도 있다고 들었습니다. 무엇보다도 남산타워에 올라가 서울 시가지를 한눈에 보고 싶었습니다. 이것이 제 요람기의 가장 큰 꿈이었습니다. 그러나 서울은 고사하고 남원읍에도 못 가봤습니다. 동네에서 남원 읍내까지 가는 것도 꽤 멀었기 때문입니다.

4월 초파일에 춘향제를 할 때 형님 몰래 읍내를 간 것이 처음으로 한 읍내 구경이었습니다. 그리고 조금 커서 글짓기 대회, 고전 읽기 대회 등을 나가면서 어쩌다가 읍내 구경을 하게 되었습니다. 형님이 군대에 가고 난 뒤 저는 읍내에 있는 중학교에 가게 되었습니다. 형님도 없겠다, 언제든지 읍내도 갈 수 있겠다, 천하가 제 세상이었습니다.

중3이 되자 형님이 군대를 제대하였습니다. 형님의 제대와 함께 저는 또 대나무 뿌리 옆에서 공부를 시작하였습니다. 고등학교는 군산으로 갔습니다. 군산은 남원보다 훨씬 큰 항구도시였습니다. 남원보다 큰 군산 시내와 생전 처음으로 보는 넓은 바다가 이 촌놈에게 그렇게 매력적일 수가 없었습니다. 또 형님 없이 신나게 놀 수 있는 3년이 보장되어 있었습니다.

그런데 바로 이곳 군산에 와서 더 큰형님, 호랑이 같은 큰형님께 붙잡힐 줄이야 누가 알았겠습니까? 그 큰형님은 바로 예수님이었습니다. 저와 전혀 상관이 없었고 한 번도 만나보지 못했던 예수님께서 제게 진짜 큰형님으로 찾아오셨던 것입니다. 그렇게 저는 고등학교 2학년 때부터 예수님께 꽁꽁 매여 살게 되었습니다.

나의 벧엘 군산

군산은 저의 꿈을 키워준 희망의 요람입니다. 넓은 서해를 보며 저는 꿈을 가꾸었습니다. 군산은 나의 벧엘입니다. 그곳에서 천하의 모든 것, 아니 내 생명보다 귀하신 예수님을 만났기 때문입니다. 고등학교 2학년 여름방학 때 1년 후배가 자꾸 저를 꼬드겼습니다.

"형! 교회 한번 와보세요. 예쁜 여학생이 있어요. 형에게 소개해줄게요."

그 소리를 자꾸 듣게 되자 은근히 마음이 끌리게 되었습니다. 그래서 그 일로 군산 명석교회에 나가게 되었습니다.

아닌 게 아니라 교회를 처음 나가자마자 눈에 띄는 여학생이 있었습니다. 얼굴도 예뻤고 시도 잘 썼으며 웅변도, 노래도 잘했습니다. 더구나 그 여학생은 나와 같은 나이에 생일도 같았으며 태어난 시도 똑같았습니다. 묘한 인연이라 생각하며 서로 금방 가까워졌습니다. 이것이 제 첫사랑의 시작이었습니다. 그 자매 때문에 교회를 가까이하게 되면서 어느 날 저는 예수님과의 뜨거운 만남을 체험하게 되었습니다. 이 만남이야말로 야곱이 벧엘에서 주님을 만난 체험이었습니다.

주님을 생전 모르다가 갑작스럽게 알게 되고 처음 은혜를 너무 뜨겁게 받아서인지 저의 첫 신앙과 첫사랑은 그야말로 열정 그 자체였습니다. 뜨거운 은혜에 못 이겨 얼마나 찬송을 많이 불렀는지 한 달 만에 찬송가를 100곡이나 익혀버렸고 모든 공예배는 물론 새벽기도까지 다녔습니다. 너무 교회에 열심히 나간다고 학교 기숙사에서 쫓겨날 정도였습니다.

방을 얻어 자취하면서도 뜨거운 신앙생활은 계속되었습니다. 무덤이 많은 뒷산의 나무에 십자가를 걸어놓고 매일 밤 기도시간을 가졌습니다.

그 열심 때문에 세례도 받기 전에 중고등부 학생회장이 되었고, 주일학교 교사가 되기도 했습니다. 그리고 교회에서는 많은 성도님들이 그때부터 저를 아예 '소 목사'라고 불러주었습니다.

오묘하신 하나님은 한 자매에 대한 호기심을 통해 나 같은 이방인을 교회로 이끌어주셨습니다.

아, 빛, 빛이 내려온다

"소강석! 모세를 호렙산에서 부른 내가 이 빛 가운데 너를 부르노라. 너는 장차 세상을 두루 다니며 내 복음을 증거하는 큰 종이 되리니 내가 너로 인해 큰 영광을 받으리라."

고등학교 3학년 여름방학이 되어 전북 용화산 기도원으로 수련회를 갔습니다. 그곳에서 다른 아이들은 다 방언 은사를 받았는데 저만 받지 못했습니다. 주일에 교회도 잘 안 나오던 아이들이나 신앙생활을 별 볼 일 없이 하던 아이들도 방언을 다 받았는데 학생회장인 저만 못 받으니 무척이나 자존심이 상했습니다.

그래서 마지막 날 밤은 기도 동굴에 들어가 철야를 하기로 마음먹었습니다.

"하나님! 제발 저도 방언 기도 좀 하게 해주세요. 누구보다 열심히 믿고 은혜를 사모하는데 왜 저에게만 안 주십니까?"

자정이 되도록 계속 그렇게 기도하고 있었습니다.

그런데 새벽 두세 시쯤 되었을까요? 갑자기 동굴 안이 빛으로 둘러싸이는데, 작열하는 여름 태양 빛보다 더 눈부셨습니다. 그 깜깜하던 동굴이 그렇게도 찬란하게 밝아질 수가 있었을까요? 순간 어린 마음에 황홀한 기쁨이 넘치면서도 두려운 마음이 들었습니다. 감격스러우면서도 떨리는 마음이 교차하는, 무어라 표현할 수 없는 순간이었습니다. 생전에 보지 못한 빛에 둘러싸인 채 들어보지도 못한 마음속 감동의 음성이 들려왔습니다. TV나 영화 등에서 성우가 흉내 내는 신의 음성과도 달랐고, 소설 속에서 느낄 수 있는 상상의 소리도 아니었습니다.

"사랑하는 종아! 모세를 부른 것처럼 이 빛 가운데 너를 부르노라. 내가 너를 사랑한다. 내가 너를 크게 쓰리라."

기쁨과 두려움의 당혹감 속에서 감히 몸 둘 바를 모르고 있던 그때 갑자기 제 혀가 구르면서 나도 모르게 입에서 방언이 터져 나왔습니다. 그러면서 지난날의 모든 죄악이 영화필름처럼 제 눈 앞에 펼쳐지는 것이었습니다. 저는 그 영상을 보면서 눈물 콧물이 뒤범벅이 된 채 먼동이 틀 때까지 회개의 몸부림을 쳤습니다.

참으로 이해하기 힘든 영적 체험이었습니다. 교회에 나간 지 딱 1년이 되어서 일어난 일이기에 저에겐 큰 충격이 아닐 수 없었습니다. 아니, 이런 체험이 저를 목사로 부르시는 계시가 아닌가 싶어서 어린 마음에 두렵기도 하고 한편 부담스럽기도 했습니다.

'하나님이 나를 종으로 부르신다는 것은 내가 목사가 되어야 한단 말이 아닌가? 세상에! 내가 목사가 된다고 하면 난 당장 집에서 쫓겨날 테고 또 나 역시 목사 되는 것은 죽어도 싫은데. 앞으로 교회 장로가 되어 주님을 섬기고 싶은데.'

제 마음의 고민은 이만저만이 아니었습니다. 이 사람 저 사람에게 제 고민을 털어놓았더니 제 이야기를 듣는 사람마다 저에게 목사가 되어야 한다는 것입니다. 그렇게 강력한 은혜와 확실한 소명을 받았으니 만약에 그 길을 안 간다면 하나님의 큰 징계가 있을지도 모른다는 것이었습니다. 그러나 이런 말을 들으면 들을수록 제 갈등과 고민은 커져만 갔습니다. 차라리 방언을 안 받더라도 가만히나 있을걸, 괜히 기도 동굴에 들어가 방정을 떨다가 이런 체험을 한 나 자신이 원망스럽기까지 했습니다.

그런데 또 이상한 것은 이런 고민이 크면 클수록 내 마음은 어찌 그렇게 뜨거워지는지, 정말 설명하기 어려운 현상이었습니다. 갈등하면 할수록 그때 그 동굴에서 있었던 그 빛이 환하게 비춰오고 그 위엄찬 음성이 귓전에 메아리치면서 가슴이 뜨거워졌습니다.

몸에 걸친 단벌옷이 내게 족하고 들고 나선 주의 말씀이 넉넉하였다.
눈보라와 찬바람이 나를 때려도 주님 따라서 가는 이 길은 기쁘기만 하였다.

chapter 02

본토 친척 아비 집을 떠나

집을 나오다

드디어 올 것이 오고야 말았습니다. 누구보다 아버지께서 노발대발하셨습니다.

"자식이 예수 믿는 것도 못마땅한데 목사가 된다니, 우리 가문에 무슨 저주란 말이냐. 그렇게 밥 먹고 살 직업이 없어서 하필 내 자식이 목사가 되려고 하다니…."

아버지는 분을 못 이기셨습니다. 그래서 까딱하면 몽둥이로 저를 두들겨 패며 때로는 메주를 달아놓는 곳에 저를 묶어 놓고 매질하기도 했습니다. 그러면서 동네 사람들 보기 창피하다고 바깥출입도 하지 않으실 정도였습니다.

어머니는 회초리로 때려보기도 하고 때로는 회유도 하셨습니다. 공무원이던 큰형님도 목구멍에 풀칠할 것이 그렇게도 없느냐고 야단하셨습니다. 이런 분들에게 어떻게 제 입장을 설명할 수 있었겠습니까?

이해의 차원과 영역이 달라 도무지 대화가 통하지 않는 가족들에게 어떻게 제 소명을 설명해야 한단 말입니까? 아무리 복음을 이야기해도 통하지 않았습니다. 그래서 맞기도 많이 맞았습니다. 그러면 그럴수록 마음이 얼마나 아픈지, 부모님께 죄송해서 죽을 지경이었습니다. 자식 교육 잘 시켜보려던 아버지께서 저 때문에 저렇게 기가 죽어 계시니 말입니다. 그래서 마음을 돌이켜보려고 하면 제 안에 계신 성령께서 용납을 안 하시는 것입니다. 성령께서는 제 마음이 조금만 흔들려도 질투하시듯 책망하셨습니다.

마침내 어느 추운 겨울 눈보라가 심히 몰아치던 날, 저는 어머니께 회초리를 맞다가 집을 뛰쳐나오고야 말았습니다. "이 웬수 같은 놈, 예수가 밥 먹여주냐? 이 썩을 놈아, 뼈 빠지게 농사지어서 가르쳐 놓으니까 예수쟁이가 돼버렸어! 이놈아, 아예 나가버려! 나가서 살든지 뒈지든지 꼴도 보기 싫으니까 나가버려!" 저도 이럴 바에는 차라리 집을 떠나는 편이 낫다는 생각이 들어 마침내 결단했습니다.

매를 맞다가 엉겁결에 집에서 쫓겨나오다 보니 내의도 못 입고 양말도 못 신은 채 봄 점퍼 하나만 걸치고 있었습니다. 그 추운 날, 10원 한 푼도 없이 손에는 오직 성경 찬송뿐이었습니다. 그날따라 왜 그렇게 날씨가 춥고 눈보라가 거세게 부는지, 그 매서운 눈보라에 온몸이 닭살이 되고 두 볼은 찢어질 듯했습니다.

막상 집에서 나오고 보니 왜 그리도 눈물이 비 오듯 쏟아지는지요. 저도 모르게 두 눈에서 눈물이 줄줄 흘러내렸습니다. 얼마나 날씨가 추웠는지 흐르는 뜨거운 눈물이 금세 턱에서 얼어붙을 정도였습니다.

'아! 이제 나는 어디로 가야 하나?'

갈 곳도 없이 그렇게 한참을 걷다 보니 폐문리 다리에 도착했습니다. 다리 위에 앉아 갈급한 심정으로 성경을 펼쳐 시편 121편을 읽었습니다. 순간 다시 한번 왈칵 눈물이 쏟아져나왔습니다. 눈물을 흘리며 쪼그리고 앉아 하나님께 기도했습니다.

"하나님! 저는 정말 하나님 편에 서 왔습니다. 이 어린 철부지가 하나님 뜻만 좇아 본토와 친척과 아비의 집을 떠났습니다. 그러므로 제게 아브라함과 같은 복을 주시고 오대양 육대주를 두루 다니며 복음을 증거하는 세계적인 종이 되게 하소서."

그러자 마음속에 하나님의 위로의 응답이 뜨겁게 다가왔습니다.

"사랑하는 종아! 네가 읽은 말씀(시 121편)대로 내가 너를 지키며 인도하마. 지금 네 호주머니에 10원 한 푼 없어도 내가 너를 어떻게 먹이고 입히며 인도하는지를 보아라. 내가 장차 너를 참으로 귀하게 쓰고 위대하게 써주리라."

저는 울먹이며 일어나 찬송을 부르며 발걸음을 옮겼습니다. 눈물이 두 볼을 타고 하염없이 흘러내렸습니다. 눈물과 콧물이 범벅되고 감격과 서러움이 혼합되어 4중주의 노래가 나오고 있었습니다.

몸에 걸친 단벌옷이 내게 족하고
들고 나선 주의 말씀이 넉넉하여라
눈보라와 찬바람은 나를 때려도
주님 따라서 가는 이 길은 기쁘기만 하여라

왜 하나님께서 꼭 그때 그런 사건을 겪도록 하셨는가를 생각해봅니다. 그때 그런 시련을 안 겪어도 편하게 일반대학교를 졸업한 후 나중에 나이가 좀 들어서 부모님과 가족들의 제재를 받지 않고도 얼마든지 주의 종이 될 수 있었을 것입니다. 그러나 다시 생각해 보면 그것이 다 오늘의 제가 되도록 하기 위한 하나님의 계획된 훈련이요, 앞으로 더 크고 비밀한 일을 베풀어주시기 위한 하나님의 연단의 과정이었음을 깨닫게 되었습니다.

삶의 바닥에서 떠돌며

무작정 군산으로 올라왔습니다. 그것도 기막힌 하나님의 은혜로 남원 읍내에 사는 중학교 동창인 친구가 군산 갈 차비를 주어서 말입니다. 저는 목사님의 허락을 받고 명석교회에 숙소를 정하였습니다. 그러다가 개복교회의 부흥회(강사 : 피종진 목사님)에 참석하여 그 교회 지하실에서 일주일을 자기도 했습니다. 또 중동성결교회에 가서도 한 주간 신세를 졌습니다. 주로 낮에는 성경을 읽었고 밤에는 기도를 하였습니다. 물론 굶으면서 말입니다. 생전 처음으로 일주일을 굶으니 걸어 다닐 힘도 없고 하늘이 노랗게 보이기 시작했습니다.

배가 고프니 더 추운 것 같았습니다. 너무 추우면 침낭 속에 몸을 넣고 송장처럼 누워 기도를 했습니다. 차디찬 의자의 냉기가 허리에 와 닿아 얼마나 시렸는지 모릅니다. 예배당은 불기 하나 없어 가만히 누워 있어도 얼굴에는 찬 바람이 부는 것 같았습니다. 이렇게 오들오들 떨다가 잠이 들기도 했고 "주여! 주여!"를 외치며 새벽기도 시간까지 밤을 새우기도 했습니다. 이런 저의 형편을 알고 명석교회 집사님들이 저를 데려다가 음식 대접을 해주시기도 했습니다.

그러나 교회 집사님들 집에 가서 한두 끼씩 밥을 얻어먹는 것도 죄송했습니다. 그래서 익산에 있는 친구 집에 가서 며칠을 신세 지기도 했으나 그것도 미안해 다시 교회로 왔습니다. 확실히 그때의 삶은 외로운 집시 생활이었습니다. 그래도 마음은 주 안에서 즐거웠습니다. 가슴이 얼마나 뿌듯했는지 모릅니다. 이 생활은 주님을 사랑하기 때문에 당하는 것이었기 때문입니다. 확실히 하나님의 소명은 아름다웠고 집시 생활 중에서도 소명자의 삶은 자유로웠고 행복했습니다.

신학교 입학

하나님의 은혜와 인도하심은 사람의 생각을 뛰어넘었습니다. 삶의 밑바닥을 떠돌며 외로운 집시 생활을 몇 달 하다 보니 바람 따라 물결 따라 (사실 지내놓고 보니 성령님의 인도였지만) 생전 가보지도 못한 광주광역시라는 곳까지 가게 되었습니다. 그런데 그곳에서 마침내 선지동산으로 오르게 될 줄이야 누가 알았겠습니까?

그 학교를 보는 순간부터 실망스러웠습니다. 학교 캠퍼스부터 왜소했기 때문입니다. 그런데 가는 날이 장날이라고 가자마자 박종삼 교장 목사님을 만나게 되었습니다. 저는 그렇게도 근엄하게 생기신 교장 목사님 앞에서 철없이, 혹은 건방진 모습으로 제 이야기를 떠벌렸습니다. 제가 이런 환상도 보고 이런 응답을 받았느니 하면서 적어도 하나님의 인도로 이곳까지 왔다고 말입니다.

그때 일은 지금 생각해도 쥐구멍으로 들어가고 싶을 정도로 부끄러운 일입니다. 감히 그런 어르신 앞에서 철없이 떠들어댔으니까요. 그러나 교장 목사님은 제 이야기를 깊이 들으시더니 너무도 자상하게 말씀하셨습니다.

"자네! 진짜 소명감이 충만하면 우리 학교로 오게. 자네같이 아무것도 모르는 학생이 신학교 잘못 갔다가 영 못 쓰게 될 수 있네. 우리 학교는 보수주의 신학교이고 교수진도 자랑할 만하지. 만일 시험을 쳐서 자네가 1등 합격을 하면 하나님의 뜻인 줄 알고 내가 자네를 믿음의 아들로 삼아 자네를 키워보겠네."

결국 저는 교장 목사님의 말씀 한마디에 광주신학교(현 광신대학교)에 입학하게 되었습니다. 정말 하나님의 인도하심은 놀라웠습니다. 태어나 생전 처음으로 가본 광주에서 4년간 신학교를 다니고, 거기에서 제 평생 목회의 은인이신 장모님 정금성 권사님을 만나게 되었으며, 제 목회의 잊을 수 없는 동역자 문정남 장로님과 김현숙 권사님 부부를 만날 줄이야 누가 알았겠습니까?

정말 하나님의 신비스러운 역사로 만나게 된 분들이었습니다. 그곳에서 저는 꼭 필요한 사람을 만났고, 그 무엇과도 바꿀 수 없는 주님을 향한 첫사랑으로 열심을 불태우며 소중한 꿈을 가꾸어갈 수 있었습니다. 저는 그 학교에서 목회자로서 갖추어야 할 값진 기본을 훈련받는 축복을 누렸습니다.

허기진 신학생

장학금을 받고 신학교를 들어가게 되어 학비 걱정은 안 했지만 먹고살 대책이 없었습니다. 우선 기숙사에 들어가려면 기숙사비를 내야 할 뿐 아니라, 식권을 구입해서 밥을 사 먹어야 했습니다. 그때 저를 아버지처럼 도와주시던 박종삼 교장 목사님, 그리고 전남 여전도회의 도움은 지금도 잊을 수가 없습니다. 그때는 왜 그리도 책 욕심이 많았던지 밥은 굶어도 책은 꼭 사서 읽었습니다. 그래서 그놈의 책 욕심 때문에 굶기를 밥 먹듯 했습니다.

밥을 굶다 보니 제일 힘들 때가 다다미 침대에 누워 잠을 청할 때였습니다. 캐시밀론 봄 이불 하나를 깔고 누워서 잠을 자려면 찬 나무 바닥에서 올라오는 냉기로 허리가 시렸고, 배는 허리에 딱 붙어서 잠이 오질 않았습니다. 그때마다 "주여! 주여!" 외치든지 성경구절을 암송하다가 잠이 들곤 했습니다.

그렇게라도 잠이 들었으면 편하게 자야 하는데 웬 꿈자리도 그렇게 사나운지. 밤마다 조상귀신들이라 하면서 꿈에 나타나기도 하고, 군대 마귀 같은 것들이 역시 꿈에 나타나 저의 목을 조르는가 하면 벌떼처럼 달려들어 저를 죽이려고 합니다. 그러면 저는 주님을 외쳐 부르며 방언 기도를 합니다. 그렇게 해서 꿈에 나타난 어두움의 권세들을 가까스로 이기고 잠을 깨곤 했습니다. 대략 새벽 세 시쯤일 때가 대부분이었고 온몸은 땀으로 젖어 있곤 했습니다.

잠에서 깨어보면 한 방을 사용하는 다른 분들도 잠을 깨곤 했습니다. 제가 잠을 자면서 실제로 방언 기도를 하고 "주여! 주여!" 하며 크게 외쳤기 때문이랍니다. 그때마다 저는 너무 미안해서 견딜 수가 없었습니다. 그런데 지금 생각해 보면 그런 것들이 다 영적 전쟁의 초보적인 훈련과정이었다는 것을 깨닫습니다. 그때부터 저는 자다가도 기도하는 습관을 가지게 되었습니다. 그 기도 습관은 지금도 계속되고 있습니다.

그러나 그렇게 잠이 깨어 몸을 뒤척거리다가 새벽기도를 나가려면 정말 일어나기조차 힘들었습니다. 배가 허리에 닿을 정도로 쑥 들어가 힘이 없어서 못 일어날 정도였습니다. 그래도 다다미 침대 기둥을 붙잡고 겨우 일어나 예배실로 갑니다. 예배실로 가기 전에 물배라도 채우려고 수돗물을 한 그릇 떠먹습니다.

배가 고프다 보면 두 다리는 왜 그렇게 후들거리는지요. 그럴 때면 3층 예배실로 가는 계단이 유난히 가파르고 험하게 느껴졌습니다. 비틀거리며 올라가다가 넘어지기도 했고 무릎이 까지기도 했습니다. 그때마다 입으로 습관처럼 중얼거리던 말씀이 있었습니다.

"나의 힘이 되신 여호와여! 내가 주를 사랑하나이다"(시 18:1).

그러면서 십자가를 메고 골고다로 향하신 주님의 모습을 생각했습니다. 그렇게 예배실에 올라가서 먼동이 틀 때까지 무릎을 꿇고 바지가 눈물에 젖도록 기도하는 것이 제 하루의 시작이었습니다.

하루는 점심시간이 되어 예배실에 올라가 기도하고 있었습니다. 120원짜리 식권이 없어서 굶고 있는 제 모습이 처량하기도 하고 초라하기도 해서 그냥 앉아서 기도하려니 눈물이 계속 쏟아지기만 했습니다.

"주님! 저 배가 고파요, 정말로 배가 너무 고파요. 저에게 먹을 것을 좀 주세요."

이렇게 기도하고 있으면 어떻게 아셨는지 박종삼 목사님께서 제게 오셔서 그 당시로서는 참 큰돈이었던 5천 원, 만 원, 심지어는 2만 원을 주시며 "강석아, 굶으면 안 된다. 책을 못 사보는 한이 있더라도 굶지 말고 꼭 밥을 먹어라"라고 하셨습니다. 그 돈으로 밥을 사 먹는 대신 책을 사보기도 하고, 때로는 울먹이며 밥을 사 먹기도 하면서 마음으로 목사님의 참사랑을 느꼈습니다.

그런데 가끔 목사님께서 사택으로 저를 부르시는 날이 있었습니다. 그런 날은 소고깃국을 끓이는 날이었습니다. 저를 부르셔서 식사를 같이하게 하셨는데 그럴 때마다 그분의 진한 사랑을 느낄 수밖에 없었습니다. 사모님께서 국을 뜨실 때 목사님과 당신의 아드님 국그릇에는 소고기 건더기를 듬뿍듬뿍 주시는데 제 국그릇엔 웬일인지 무 건더기와 국물만 가득 담아 주십니다. 제가 미워서가 아니고 아무래도 가족을 더 생각하는 것이 인지상정이 아니겠습니까?

저는 밥도 못 먹는 처지이기에 불러주셔서 그렇게 먹게 해주시는 것만도 너무나 감사한데 목사님은 당신의 국에 있는 소고기 건더기를 다 떠서 제게 주십니다. 그리고 아드님 국에 있는 건더기까지 떠주시며 이렇게 말씀하십니다.

"민호야, 너는 항상 잘 먹고 지내지만 강석이는 늘 굶기를 밥 먹듯이 한단다. 그러니까 네가 이해하거라."

그러시면서 당신 아드님의 국그릇의 건더기까지 제게 다 건네주시는 겁니다. 연세 드신 어르신이시니 고춧가루 묻고 밥풀이 주렁주렁 달린 숟가락으로 말입니다. 사모님께서 다시 목사님과 아드님의 국그릇에 고기를 채워드리면 그 건더기를 또다시 제게 건네주십니다. 그 어르신의 마음이 얼마나 애틋하고 감사하던지 저는 눈물인지 국물인지 분간할 수 없는 국물을 마시며 마음 깊이 이렇게 다짐했습니다.

'목사님, 제가 나중에 성공적으로 목회하는 목사가 되더라도 저에게 베푸신 목사님의 사랑을 잊지 않고 목사님처럼 늘 성도들에게 사랑과 섬김을 나누어주며 성도들을 내 몸처럼 아끼는 목사가 되겠습니다.'

저는 다짐하고 또 다짐했습니다.

비명횡사 직전에서

금요일 오후면 학생들이 다 집으로 돌아가기 때문에 6명이 쓰는 방에 저 혼자만 있게 되었습니다. 그날은 다른 학생이 쓰는 이불을 다 제 침대에 가져와서 푹신하게 깔아놓았습니다. 그러면 고급 호텔이 부럽지 않을 정도로 그렇게 편할 수가 없었습니다. 그래서 금요일만큼은 활개를 치면서 편안하게 잠자리에 들었습니다. 그런데 그냥 자는 것이 너무 아까웠습니다. 마침 주머니에 돈도 있고 해서 생각난 것이 라면이었습니다. 평소에 다른 학생들이 방에서 연탄난로에 라면을 끓여 먹는 것이 그렇게도 부러웠기 때문입니다. 그 냄새가 왜 그렇게 향기롭고 맛있게 나는지 침이 솟아올랐습니다. 바야흐로 저도 라면을 맛있게 끓여 먹을 기회가 온 것입니다.

그래서 얼른 가게에 가서 라면을 사다 연탄난로의 뚜껑을 열고 냄비를 올려놓았습니다. 라면이 끓기를 기다리며 포근한 침대에 누워서 안락한 느낌을 누리고 있었습니다. 그러다가 그만 잠이 들어버리고 말았습니다. 연탄난로로 공기가 훈훈해진데다 따뜻한 이불 속에 누워 있다 보니 깜빡 잠이 들어버렸던 것입니다. 연탄난로 뚜껑을 열어놓고 잠이 들어버렸으니 연탄가스를 얼마나 실컷 마셨겠습니까?

그런데 라면을 얼마나 먹고 싶었던지 자다가 부글부글 끓는 냄비의 라면이 생각났습니다. 그러나 라면 생각이 나서 퍼뜩 잠은 깨었지만, 온몸이 말을 안 들었습니다. 의식이 왔다 갔다 하는 것 같았습니다.

"내가 왜 이럴까? 일어나서 라면을 먹어야 하는데…. 왜 이렇게 몸이 말을 안 듣지?"

이런 생각이 교차하는 순간 연탄난로 뚜껑을 열어놓고 잠이 든 것이 생각났습니다. 온몸이 말을 안 듣는 상황 속에서도 그런 생각이 떠오르자 이대로 있다가는 죽을 수밖에 없다는 생각이 들어 몸부림치기 시작했습니다. 그러나 그러면 그럴수록 몸은 굳어지기 시작했습니다.

'안 돼! 이대로 죽어선 안 돼! 주님 일을 한다고 가족에게까지 버림받고 선지동산에 올라왔는데 여기서 연탄가스에 중독돼 죽다니…. 이건 말도 안 돼! 지금 죽으면 하나님 영광만 가리고 말 거야. 난 일어나야 한다. 꼭 일어나야 한다.'

그러나 아무리 일어나려 해도 마음대로 되지 않았습니다. 소리조차 지를 수가 없었습니다. 또 소리를 지른다 해도 달려올 사람도 없었습니다. "주여, 주여" 하고 말해보았지만, 정신은 가물가물해지기만 했습니다. 그런데 얼마 후 갑자기 누가 나를 일으키는 것 같았습니다. 어깨와 손을 잡고 확 일으켜주는 게 아닙니까? 그래서 저도 모르게 일어나 3층 다다미에서 1층 바닥으로 툭 떨어지고 말았습니다. 그러나 거기서 끝나지 않고 다시 일어나 방문을 박차고 열어놓은 후 저는 그대로 정신을 잃었습니다. 그 자리에서 그대로 쓰러져버린 것입니다.

얼마를 지났을까. 누가 와서 저를 깨우는 것 같았습니다. 일어나보니 벌써 점심때가 다 되었고 연탄난로는 방바닥에 엎어져 있었으며 방바닥은 다 타버렸습니다. 3층 다다미에서 떨어지면서 난로와 부딪친 모양이었습니다. 그제야 제정신이 들었지만, 머리가 울려 한 발짝도 걸을 수가 없었습니다. 그래도 겨우겨우 기다시피 하여 예배실로 올라갔습니다. 거기서 밤늦게까지 기도를 하였습니다. 저를 살려주신 하나님께 너무 감사하다고 고백하고 다시 한번 내 인생을 서원하기 위해서였습니다.

거기서 몇 시간을 누워서 기도하는데 눈물이 하염없이 쏟아졌습니다.

라면 한 그릇 때문에 이런 일을 겪는 제 신세가 처량하기도 했고 또 그런 가운데 저를 살려주신 하나님 은혜가 감사해서 울었습니다. 가만히 생각해보니, 다다미 침대 위에서 도무지 일어날 수 없는 중에 천사가 와서 초자연적으로 내 몸을 일으켜주었던 것이 분명했습니다. 생각하면 생각할수록 슬프기도 했고 감사하기도 했습니다.

그때 하나님께 이런 서원을 했습니다. 평생 금요일은 철야기도를 하는 날로 삼는다고 말입니다. 그때부터 저는 금요일만 되면 무등산 기도원으로 가거나 다른 교회, 혹은 신학교 예배실에서 철야기도를 하기 시작했습니다. 이 서원은 지금까지 지켜왔고 앞으로도 지킬 것입니다. 지금도 저는 그때 그 사건을 생각하면서 금요일 밤 철야기도를 뜨겁게 인도합니다.

성결 훈련과 순교 연습

신학교 1학년 때였습니다. 광주 금남로5가에 있는 중앙극장에서 주기철 목사님의 순교를 소재로 한 영화 〈저 높은 곳을 향하여〉를 관람하게 되었습니다.

별다른 기대 없이 신앙 영화라는 이유로 보러 갔는데 그 영화가 얼마나 은혜스럽던지 영화를 마칠 때까지 옷깃이 축축하도록 울고 말았습니다. 그래서 우유와 빵을 사 먹으면서 같은 영화를 보고 또 보고 마지막 상영 시간까지 계속 앉아서 감상했습니다. 그 영화의 감동은 어린 신학생인 저의 마음을 사로잡아 은혜로 적셔놓기에 충분했습니다.

특별히 주기철 목사님이 못 길 위를 걷는 장면, 순교를 눈앞에 두고 산기도를 하는 장면, 주 목사님께서 출옥하여 집으로 오는데 어머님께서 교회부터 다녀오라고 책망하시는 장면을 보면서 저는 눈물을 쏟아놓았습니다.

'주여! 저도 주 목사님처럼 순교할 수 있게 하옵소서. 기왕 한 번 죽는 것, 저도 저렇게 영광스럽게 죽게 하여주옵소서. 저런 참 목사가 되게 하여주옵소서.'

정말 남이 보면 창피할 정도로 주체할 수 없는 눈물이 마구 쏟아졌습니다. 마지막 영화가 끝나서야 저는 자리에서 일어섰습니다. 벌써 밤은 깊어 아마 11시가 다 되었을 것입니다. 극장을 나왔지만, 머릿속과 가슴속은 온통 주기철 목사님의 순교 장면이 담긴 영상으로만 가득 차 있었습니다. 그 누구와 말이라도 나누면 이 감동이 사라질 것만 같은 생각이 들어 앞만 묵묵히 바라보며 마냥 서 있었습니다. 거기서 학교로 가려면 길을 건너 버스를 타야 하기에 감동에 취한 채 길을 건너 무작정 버스를 기다리고 있었습니다.

밤이 늦어 인적이 드물었고 버스를 기다리는 사람은 거의 없었습니다. 그때 한 아가씨가 저에게 다가오더니 요란스레 껌을 씹으면서 무엇인가를 물어보았습니다. 무슨 말인지 알아듣지 못한 저는 "예?"하고 되물었습니다.

그러자 이 아가씨가 "잘해줄게, 놀다 가요"라고 말하는 것입니다. 그때까지만 해도 저는 그 말이 무슨 뜻인지 전혀 몰랐습니다. 그래서 저는 또 "예? 뭐라고요?" 하고 되물었습니다. 그랬더니 이 여자가 제 손을 덥석 잡더니 "이리 와, 임마! 얌전한 척하면서 아무것도 모르는 척해?" 하며 저를 꽉 안아 저만큼 떨어진 골목 쪽으로 미는 것이었습니다. 순간 제 온몸에 소름이 쫙 끼쳐왔습니다. 가까이서 보니 시뻘겋게 칠한 입술과 푸르스름하게 칠한 눈이 눈에 들어왔습니다.

'워매! 이 여자 창녀 아냐?' 그때야 저는 그 여자가 창녀라는 사실을 직감할 수 있었습니다. 그 순간 저도 모르게 "주여!" 하고 큰 소리를 외치며 젖 먹던 힘을 다해 그 여자를 밀었습니다. 얼마나 힘껏 밀어버렸는지 뒤로 넘어져 머리가 땅에 부딪히는 소리가 '퍽' 하고 났을 정도였습니다. 그 여자가 넘어지는 것을 보고 저는 그 길로 도망을 쳤습니다. 필사의 힘을 다해 달렸습니다.

금남로5가에서부터 얼마나 힘차게 뛰었는지, 일신방직 공장 옆 철도가 있는 곳까지 한 번도 쉬지 않고 단숨에 뛰었습니다. 계속 그 여자가 저를 쫓아오고 있는 것만 같았기 때문입니다. 한참을 뛰다가 뒤를 돌아보니 따라오는 사람이 아무도 없었습니다. 그때야 철길에 푹 주저앉아 숨을 몰아쉬었습니다.

"주여! 세상에, 제가 창녀에게 유혹을 받다니요. 그러나 정말 마음으로라도 0.1퍼센트도 범죄하지 않게 도와주신 하나님! 너무나 감사합니다. 정말 감사합니다."

그때 저는 보디발의 아내에게 유혹을 받아 도망가던 요셉의 심정을 이해할 수 있었습니다. 제가 그런 일에 조금이라도 상식이 있었거나 그런 유혹을 한 번이라도 경험해보았더라면 여유 있게 농담이라도 한마디 했을 텐데, 사실 마음속으로라도 그럴 수 없었고 그럴 여유도 없었습니다. 극장에서 순교 영화를 보고 눈물을 쏟으며 충만한 은혜를 받은 상태에서 어떻게 그럴 수가 있었겠습니까? 어느 정도 안정이 되자 저는 하나님께 감사하면서 찬송을 불렀습니다.

저 높은 곳을 향하여

영화의 장면들을 생각하면서, 특별히 주기철 목사님께서 못 길 위를 걸어가신 장면을 그리면서 "저 높은 곳을 향하여 날마다 나아갑니다"라는 찬송을 불렀습니다. 이 찬송에 취하다 보니 저는 저도 모르게 철길에서 신발을 벗고 맨발로 왔다갔다 하면서 찬송을 부르고 있었습니다. 12시가 가까운 시각이었으니, 아마 누가 보았더라면 분명 미친 사람인 줄 알았을 것입니다. 미친 것은 확실히 사실입니다. 예수님께 그만큼 미쳐 있었으니까요. 그때 하나님은 그런 제 모습을 어떻게 생각하셨을까요? 저의 중심을 보신 하나님께서 말입니다.

한참을 이렇게 날뛰다가 다시 운암동에 있는 신학교를 향해 걸어갔습니다. 계속해서 콧노래로 찬송을 부르면서 말입니다. 그때의 기쁨, 그때의 감격! 어떻게 표현할까요? 한마디로 바람에 나부끼는 새털 같은 기분이었습니다. 그래서 너무 좋아 뛰기도 하고 다시 걷기도 하면서 신학교까지 갔습니다.

"하나님! 제 평생 지금 이 마음을 품게 하소서. 죽는 그날까지 이 마음을 지키게 하소서. 지금의 이 순결, 이 깨끗한 마음, 주님 품에 갈 때까지 간직하게 도와주소서. 부디 제 마음이 더러워지지 않게 하소서. 제 마음이 음란으로 오염되지 않게 하소서."

그때 이렇게 결심했습니다. 마음을 깨끗하게 하기 위해서 눈 관리와 생각 관리를 잘하자고 말입니다. 그리고 하나님께서도 특별히 이 부분에 대해 저를 훈련시켜주셨습니다. 눈은 항상 신령한 곳으로 돌리도록 하고 마음은 언제나 거룩한 상상력으로 채우도록 훈련을 받았습니다. 그럼에도 불구하고 많이 넘어지고 자빠지는 저였지만, 그래도 이렇게 살려는 열정

자체가 소위 저의 영적인 나실인 훈련이었습니다.

저는 지금까지도 그때 그 여자의 모습이 계시록에 나오는 바벨론 음녀의 이미지로 남아 있습니다. 세상의 간교한 마귀의 유혹의 상으로 머릿속에 기억되어 있습니다. 이 체험은 경건생활을 하는 데 큰 도움이 되었습니다. 확실히 하나님은 성결을 가장 기뻐하십니다. 성결하게 살려고 할 때 하나님이 기뻐하셨고, 성결을 유지할 때 능력이 나타나도록 하셨으며, 성결로 무장했을 때 목회를 더욱 축복해주시고 견고하게 다지게 해주셨습니다.

저는 가끔 우리 교회 여성도들에게 이런 부탁을 합니다.

"성도님들! 제발 교회 오실 때 입술을 시뻘겋게 바르고 눈을 시퍼렇게 칠하고 오지 마세요. 더구나 제발 껌은 소리 내서 씹지 말고요. 그런 모습을 보면 그때 그 여자 생각이 난다니까요."

지금도 그때 그 여자를 생각하면, 그리고 그때 힘을 다해 도망을 쳤던 것을 생각하면 목이 마르는 것 같아서 물을 안 마실 수가 없습니다. 그런데 이제 와서 생각해 보면 그 여자에게 좀 미안한 마음도 있습니다. 그냥 뿌리치고 도망갈 수도 있었을 텐데, 하필이면 뒤로 넘어지도록 힘을 다해 밀 게 뭡니까? 그때 그 여자 머리를 다치진 않았는지 모르겠습니다. 그러나 당시 신문이나 방송에 그 장소에서 여자가 머리를 다쳐 병원에 실려 갔다는 소식은 며칠 후까지 전혀 보거나 들을 수 없었습니다.

또 저는 그 후부터 지금까지 신발을 벗고 걸어 다니며 찬송을 하는 습관을 갖게 되었습니다. 산기도를 가서나 아무도 보지 않는 곳이면 제가 주기철 목사님인 양 상상의 못 길 위를 걸어갑니다. 언젠가 저도 이런 길을 갈 수 있다고 상상하며 여기서 순교 연습을 하는 것입니다. 아무튼 창녀를 만난 그 사건도 저에겐 큰 유익이 되었습니다. 그 사건 때문에 저의 성결 훈련과 순교 연습이 시작되었으니까요.

지금도 가끔 시간을 내어서 용인의 순교자 기념공원을 다녀오곤 합니다. 또 마포에 있는 외국인 선교사 묘지를 다녀옵니다. 그러면서 순교 영성을 스스로 훈련하곤 합니다.

양복보다 더 귀한 예수

광주 모 교회를 다닐 때였습니다. 주일학교 교사로 봉사를 하는데 신학생이라 설교할 기회가 찾아왔습니다. 그런데 양복을 안 입고 불그스름한 점퍼를 입고 왔다는 이유로 설교할 기회를 박탈당해버렸습니다. 그때 제겐 양복이 없었습니다. 어찌나 속상하고 자존심이 상하던지 그때부터 양복 한 번 입어보는 것이 소원이 되었습니다.

그러던 어느 날 공휴일이 되어 교회에서 중고등부 야유회를 가게 되었습니다. 마침 그날 기숙사에는 양복을 안 입는 전도사님이 있었습니다. 그래서 생전 처음으로 그분의 양복을 한 번 빌려 입을 수 있었습니다. 그분은 키가 크고 늘씬한 분이었기에 윗옷이 제겐 반코트와 같았습니다. 와이셔츠 목둘레도 맞지 않았지만 그래도 좋아서 목단추를 잠그고 넥타이도 그 전도사님이 미리 매준 것을 목에 걸고 조심스레 매만져보았습니다. 거울 앞에 선 제 모습은 제법 그럴싸했습니다. 더구나 앞으로 머리를 가지런히 빗어보니 제가 보아도 괜찮아 보였습니다.

같은 방 선배 전도사님들도 모두 잘 어울린다고 칭찬을 아끼지 않았습니다. 그래서 우쭐해지고 대견스러운 마음으로 교회로 갔습니다. 거기에

다 007가방까지 빌려서 들고 갔습니다. 교회로 향하는 발걸음이 얼마나 가볍고 활기찼는지 모릅니다.

'야! 내가 양복을 입었구나. 내가 이렇게 멋있는 줄 꿈에도 몰랐어. 주여! 양복을 입어보게 하시니 정말 감사합니다. 저 오늘 학생들 앞에서 설교 좀 했으면 좋겠어요.'

드디어 교회 앞까지 갔습니다. 그런데 다른 교사들이 제 인사는 안 받고 저를 보고 웃어대는 것이었습니다. 학생들까지 깔깔대기만 했습니다. 처음엔 제가 너무 멋있어서 웃는 줄 알았는데 그게 아니었습니다. 저쪽에서 어느 여선생이 이런 말을 하는 게 아니겠습니까?

"워매! 저 소 선생! 어쩌다가 오늘 반코트를 입고 왔네이! 어쩐 일로 007가방까지 들고 왔당가이. 와! 정말 웃긴다."

그 말을 듣는 순간 주위를 보니 양복을 입고 온 사람이 한 사람도 없었습니다. 그날은 야유회를 가니 전부 운동화를 신고 청바지나 운동복 차림을 하고 왔던 것입니다. 전도사님, 부목사님, 장로님, 그리고 담임 목사님까지 말입니다. 하필 그날 저만 양복을 입고 온 것입니다. 그것도 반코트처럼 긴 양복에다 007가방까지 빌려서 들고 왔으니 개밥에 도토리가 된 셈이지요. 그런 저의 모습을 보는 사람마다 히죽히죽, 깔깔대고 웃을 수밖에 없지 않겠습니까? 저는 쥐구멍이라도 찾고 싶었습니다. 그래서 교회 후문 쪽으로 몰래 빠져나와 버스를 타고 학교로 도망을 와버렸습니다.

기숙사로 와서 옷을 벗어서 던져버렸습니다. 넥타이도 개 목걸이 풀듯이 풀어 던져버렸고 007가방도 내던져버렸습니다. 그리고 3층 본관 예배실로 달려가 엉엉 울기 시작했습니다.

"하나님! 이럴 수가 있습니까? 제가 이런 모욕과 수치를 당하다니요. 이런 일이 있을 줄 미리 아셨으면 양복을 못 입고 가게 하실 일이지 왜 입고 가도록 가만히 놔두셨습니까? 주의 일을 한다고 이 정도까지 충성하는 종에게 양복 한 벌도 못 주십니까? 양복 한 벌이 없어서 이런 수치를 당하게 하십니까? 저는 다음 주에 교회 못 갑니다. 창피해서 못 갑니다. 주님! 제발 양복 한 벌만 주세요. 양복 한번 입고 싶습니다. 죽어도 내 양복 한번 입고 설교하다가 죽고 싶습니다."

예배실에 아무도 없겠다, 서러움은 걷잡을 수 없이 복받쳐 오르겠다, 책상을 치며 목놓아 울어댔습니다. 얼마를 울었을까요? 그때 십자가에 못 박힌 주님이 피투성이로 만신창이가 된 모습으로 제게 오셔서 제 마음을 어루만지시며 이렇게 말씀을 하시는 것 같았습니다.

"사랑하는 종아! 그렇게 양복을 입고 싶으냐? 그러나 너는 양복보다 더 귀한 것을 가졌느니라."

"그것이 무엇입니까?"

"그것은 나 예수다. 너는 지금 나를 갖고 있지 않느냐? 너는 평생 나를 빼앗기지 말아라. 나를 놓지 말아라. 앞으로 내가 너에게 넥타이, 와이셔츠, 양복을 셀 수 없을 정도로 많이 주리라. 정말 비싸고 고급스러운 양복도 입게 하고 너를 참으로 존귀한 자로 높여주리라. 그러나 너는 그때도 기억하여라, 내가 너를 위해 수치스러운 알몸으로 십자가에서 죽었다는 사실을. 그리고 너는 가슴에 새겨라, 지금 이 올챙이 시절을. 네가 끝까지 나를 빼앗기지 않고 굳게 잡으며 겸손하고 성결하면, 나는 너를 참으로 승리케 하고 참된 알곡의 종, 존귀한 종이 되게 하리라."

그날 하루 종일 회개하며 땅바닥에 엎드려 기도하였습니다. 금식하면서 눈물로 다짐하고 또 다짐했습니다. 죽는 그날까지 내 안에 오직 예수님으로만 충만케 하리라고 말입니다.

꿈을 잉태하는 나날들

끼니도 제대로 이어가지 못하고 양복 한 벌 못 입어 쩔쩔매던 저였지만 꿈은 천리만리까지 뻗어갔습니다. 그것은 제가 만든 꿈이 아니라 애당초 하나님께서 저를 부를 때 주셨던 찬란한 약속이요 비전이었습니다. 저는 하나님께서 주신 이 꿈과 비전을 소중하게 품고 잉태하여 보석처럼 갈고 닦는 의무를 준행해야 했습니다. 그래서 저는 성경책 맨 앞장에 저의 꿈을 세세하게 적어두었습니다.

배가 고파도, 밥은 못 먹어도 그것은 꼭 읽었습니다. 예배실에 올라가면 강단 옆에 조그만 방에 큰 거울이 하나 걸려 있었습니다. 저는 그 거울 앞에서 저의 얼굴을 보며 저 자신에게 이렇게 말했습니다.

"소강석! 너는 모세 같은 종, 여호수아, 다윗 같은 종으로 살아야 할 것이다. 그러니 지금은 배고파도 부디 잘 참아내거라. 지금은 네 모습이 초라해도 꾹 참아내라."

그리고는 강단에 올라가 혼자서 설교 연습을 하기도 했습니다. 아무도 없겠다, 강단에서 찬송 인도 연습도 하고 부흥강사의 연습도 했습니다. 그러다 배가 고파 힘이 없으면 현기증이 나서 쓰러지기도 했습니다.

"주여! 지금은 이렇게 초라한 모습에 불과하지만 언젠간 목회에 성공하여 저 같은 신학생들에게 꿈을 잉태케 하는 희망의 메시지를 전할 기회가 있게 하소서. 저같이 가난하고 도와주는 사람이 없고 배경 없는 사람도, 하나님만 사랑하고 의지하며 뜨거운 소명감으로 똘똘 뭉쳐 있으면 하나님께서 크고 귀하게 써주신다는 사실을 선포할 수 있게 하소서."

이렇듯 밥은 제대로 못 먹어도 꿈이 있기에 하루하루가 족했습니다. 인생 밑바닥에 살면서도 마음은 하늘에 있었고 눈은 저 높은 정상에 있었습니다. 그러기에 배가 고파도 가슴은 언제나 뜨거웠고 비전으로 가득 차 있었습니다. 청운의 이상, 찬란한 약속의 비전이 가슴속에 요동하니 하루하루의 삶이 설렘의 연속이었고 행복 그 자체였습니다.

그 꿈은 지금도 계속되고 있습니다. 지금도 저는 꿈으로 살아갑니다. 비전으로 호흡하고 꿈을 양식으로 먹으며 살아갑니다. 지금도 앞으로 이루어질 찬란한 약속을 생각하면 가슴이 설렙니다. 아무리 피곤해도 꿈 없이 잠든 적이 한 번도 없었고 꿈 없이 일어난 적이 한 번도 없을 정도로 꿈을 먹고 살아갑니다. 꿈이 있다는 것이 얼마나 보배로운지요.

욕심쟁이 신학생

꿈과 비전이 남달리 많고 하나님의 기업과 사명에 대한 열정이 남달리 많다 보니 욕심 또한 많아지게 되었습니다. 찬란한 약속을 이루고 받을 사명을 멋지게 감당하려면 남달리 은혜를 많이 받아야 한다고 생각했습니다. 예배 시간에 맨 앞자리에 앉는 것은 기본이고, 언제 어디서든지 기도할 때에 마지막까지 남아 기도하는 것을 당연하게 여겼습니다. 특별히 새벽기도 시간에는 기도 경쟁이 벌어집니다. 누가 오랫동안 남아서 기도하는지 경쟁을 하는 것입니다. 남들은 어떻게 생각했는지 모르지만 그때 당시 저는 의자에 올라가 무릎을 꿇고 마지막까지 기도해야 기도 경쟁에서 승리하는 것으로 여겼습니다.

저는 아무리 피곤하고 힘이 없을 때에도 끝까지 남아 기도하는 것을 목표로 하였습니다. 어떤 때는 너무 힘이 들어 일찍 방으로 들어가고 싶은 마음이 들기도 했지만 그럴 수가 없었습니다. 혹시 다른 사람이 더 오래 남아 기도하는 것을 볼 때면 이런 기도를 하기도 했습니다.

"주여! 저 사람이 제발 그만 내려가게 하옵소서."

그래도 내려가지 않으면 다시 기도합니다.

"주여! 제발 저 사람이 빨리 좀 내려가게 하옵소서. 제가 죽을 지경입니다."

이렇게 해서라도 기어이 남이 내려간 뒤에까지 기도합니다. 그렇게 하고 의자에서 내려와야 은혜를 더 많이 받은 것 같고 승리한 것으로 여겼습니다. 그래서 맨 마지막에 예배실을 나올 때는 얼마나 마음이 뿌듯하고 스스로 대견스러웠는지 모릅니다. 떠오르는 아침 햇살을 바라보며 기숙사로 돌아오는 그 기쁨은 누구도 알 수 없는 혼자만의 기쁨이었습니다.

이것은 산기도를 갈 때도 마찬가지였습니다. 무등산에 헐몬수양관이 생겨 그곳으로 기도를 다녔을 때입니다. 군데군데에서 기도하는 사람들을 둘러보고 저도 맨 꼭대기에서 기도를 하기 시작했습니다. 누가 열정적으로 기도하는가, 누가 끈질기게 가장 오래 하는가 하는 싸움을 시작하는 셈입니다.

그런데 말이 쉽지 바위 위에 2시간 반에서 3시간가량을 무릎 꿇고 기도하다 보면 다리가 저리다가 감각이 없어져버릴 정도가 됩니다. 그래도 눈을 뜨고 둘러보면 아직도 무릎을 꿇고 기도하는 사람 몇이 있습니다. 대부분이 남자보다 여자인 경우가 많았습니다. 세 시간이 지나도 끄떡하지 않는 사람들을 보면 하나님께 또 이렇게 기도합니다.

"주여! 저 여자의 마음에 감동을 주셔서 그만 일어나게 해주옵소서. 무릎이 아파 죽겠습니다. 그렇다고 포기하고 일어설 수도 없고요. 하나님, 제발 저 좀 봐주십시오."

그러면 대부분은 이 기도 덕분인지 쉽게 승리를 하곤 했습니다. 그런데 한번은 이런 일도 있었습니다. 3시간 30분이 지났는데 한 여자분이 일어날 기미를 보이지 않는 것입니다. 아무리 기도해도 끄떡도 안 하지 않겠습니까? 그래서 저도 죽기살기로 생각하고 기도했지요.

"주여! 좋습니다. 무릎이 저리고 관절염이 생겨도 좋습니다. 앉은뱅이가 되어도 좋사오니 알아서 하십시오."

그래도 그 여자분은 끄떡도 않고 있었습니다. 그런데 놀라운 일이 벌어졌습니다. 갑자기 하늘에 먹구름이 생기더니 빗방울이 뚝뚝 떨어졌습니다. 그러다가 순식간에 소나기로 변하지 않겠습니까? 그러니까 그 여자분은 비를 안 맞으려고 일어서서 내려가버렸고 저는 그분이 내려간 다음에 일어서게 되었습니다. 나 홀로 바위 위에 서서 소낙비를 맞으며 기도하는 기쁨, 그 감격! 그것은 큰 성을 빼앗은 용사의 기쁨보다 더 컸습니다.

"오 하나님! 이 비가 과연 엘리야에게 내리셨던 단비입니까? 주여! 이 비 때문에 기도에 승리하게 하시니 감사합니다. 주여! 감사합니다."

"빈 들에 마른 풀같이 시들은 나의 영혼…."

소낙비를 맞으며 일어서서 두 손을 들고 찬송을 하는 제 모습! 하나님은 그때 저의 모습을 어떻게 보셨을까요? 심보가 고약한 놈이라고 하셨을까요, 아니면 심보는 고약하지만 기특한 놈이라 하셨을까요?

그런데 한 번은 진짜 임자를 만났습니다. 어느 한 여성도가 오래도록 기도하는데 이번엔 아무리 기도해도 비가 오질 않았습니다. 4시간이 훨씬 지났는데도 *끄떡*도 하지 않습니다. 다리에 마비가 올 것만 같았습니다. 그래서 도저히 참지를 못하고 마침내 진 것입니다. 그러나 이게 웬일입니까? 다리를 주무르고 가까이 가서 보니 그분은 기도를 하고 있는 것이 아니라 엎드려 잠을 자고 있었던 것입니다. 지금 생각해 보면 참으로 보통 극성이 아니었던 것 같습니다.

그뿐 아니라 남에게 기도 후원받는 데도 욕심이 컸습니다. 집안에서 아무도 나를 위해 기도해주는 사람이 없으니, 저를 위해 기도해주는 사람이 있는 것이 저의 제일 큰 소원이었습니다. 집에서 홀로 나와 기도 후원자도 한 명 없이 외롭게 사명자의 길을 걸어야 하는 것이 너무 안타까웠기 때문입니다. 부모님들의 따뜻한 기도 후원을 받고 신학교를 다니는 분들을 보면 그것이 얼마나 부러웠는지 모릅니다.

그래서 저는 만나서 대화가 통하는 사람마다 저를 위한 기도를 부탁했습니다. 특별히 기도생활을 많이 한 사람에겐 무조건 기도 부탁을 하였습니다. 어려운 형편에도 선물이나 촌지 헌금(?)을 드리며, 밥은 굶으면서도 기도 후원자 모집 로비 활동을 했던 것입니다.

저는 무식하리만큼 은혜 받는 일과 기도 받는 일에 욕심이 많았습니다. 이유는 단 하나! 하나님 앞에서 앞으로 크게 쓰임받고 큰일을 하기 위한 목적 때문이었습니다. 세상에 미련을 둔 것은 아무것도 없었습니다. 오직 하나님의 기업, 하나님께 받은 사명, 하나님의 은혜에 대한 욕심으로만 충만했습니다.

하나님은 확실히 주의 일을 하려고 하는 자를 더 붙들어 쓰시는 것 같습니다. 저같이 못나고 가진 것이 없고 부족한 것이 너무 많아 내놓을 것이 아무것도 없는 사람이라도 주의 일에 욕심을 부리고 하나님의 일을 열정적으로 하려고 하면 써주신다는 사실입니다. 저는 그 사실을 확신하기 때문에 지금도 거룩한 욕심, 영적인 욕심은 여전히 버리지 않고 있습니다.

기도의 어머니

성경을 깊이 읽으면서 하나님의 축복도 내려오는 일정한 길이 있음을 알았습니다. 그중의 하나가 조상을 통해 내려오는 혈통적 축복입니다. 즉 조상이 하나님께 부지런히 충성하고 희생의 씨를 뿌리면 반드시 후손들이 축복의 열매를 거두어 순탄하고 형통한 길을 달리는 축복의 원리를 깨닫게 되었습니다.

그러나 저희 가정은 조상 때에 하나님께 충성과 희생의 씨를 뿌리는 것은 고사하고 당시 친척 중에도 예수 믿는 사람이 전혀 없었습니다. 그러니 저는 혈통적 축복은 찌꺼기도 받을 것이 없고 오직 저 혼자서 황무지를 개척해야 할 사람이었습니다. 때로는 하나님이 원망스럽다는 생각이 들 정도였습니다. 하나님께서 저를 크게 쓰시려면 믿음의 명문가에서 태어나게 하실 일이지 왜 불신 가정에서 태어나게 하셨는가 하는 생각이 들어서 말입니다. 그런데 기도하다가 이런 지혜가 떠올랐습니다. 이것은 성령님이 주시는 음성이요 희망의 불빛이었습니다.

"좋아! 이제라도 잡을 것이 있지 않느냐? 믿음의 처갓집을 잘 만나면 되지 않겠느냐?"

"그래! 처가를 잘 만나면 되지 않겠는가? 조상 대대로 하나님께 충성해 온 처가를 만나면 그 영적인 축복의 맥이 내게 연결되지 않겠는가?"

그래서 배필감의 조건을 놓고 이렇게 기도하였습니다.

"하나님! 첫째로, 조상 때에 죽도록 충성한 가정을 처가로 섬기게 하옵소서. 하나님께 물질 다 바치고 재산을 바쳐 충성한 가정이라면 알거지라도 좋습니다. 가난뱅이도 좋습니다. 그 가정의 딸과 결혼하여, 조상과 부모가 뿌린 씨를 제 목회 현장에 축복의 열매로 거두어들이게 해주십시오.

둘째로, 오직 기도로 사는 장모님, 기도의 영력과 영권이 충만한 장모님을 주소서. 그래야 앉으나 서나 저를 위해 기도해주시지 않겠습니까? 최자실 목사님 같은 분을 만나게 해주십시오.

셋째로, 아들도 없고 딸도 많이 없고 오직 외동딸만 있는 집이면 더 좋습니다. 혈통적 축복이 모두 저에게만 오게 해주십시오.

넷째로, 장인 어르신이 믿음이 별 볼 일 없을 바에야 차라리 안 계신 쪽이 낫겠습니다. 그래야 영적인 장모님이 순전히 장인 어르신에게 매이지 않고 주의 일에만 죽도록 충성하지 않겠습니까?"

그러던 어느 날, 그날도 무등산의 기도원에서 금식 겸 굶식을 하고 있었습니다. 그날 여자 성도 열대여섯 분이 제가 기도하는 곳 위쪽에서 그룹으로 기도를 하고 있었습니다. 그런데 기도하는 소리와 모습만 봐도 영적인 고단자들임을 알 수 있었습니다. 그리고 그 그룹의 기도 리더자는 얼굴이 환하게 빛나는 듯했습니다. 한참 동안을 유심히 살펴본 후 저는 그 분에게 다가갔습니다.

"집사님! 저를 위해 기도 좀 해주십시오. 저는 기도가 고픈 신학생입니다."

그러자 그 분은 저를 보시더니 대뜸 "주의 종이 되려면 사도 바울과 같이 목숨 내놓고 가야 합니다. 그렇지 않으면 그만두는 게 좋을 것입니다.

요즘 신학생들을 보면 한숨 나올 때가 많아요" 라고 하시며 쳐다보지도 않고 자기 기도만 하는 것이었습니다.

순간 얼마나 자존심이 상하는지 화가 머리끝까지 났습니다.

'세상에 저렇게 쌀쌀맞을 수가 있을까? 나 같은 사람에게 그런 말을 할 수 있다니…. 저 사람은 영통을 한 게 아니라 먹통을 했구먼.'

저는 다시 제자리로 돌아와 소리를 고래고래 지르고 악을 쓰며 기도를 했습니다.

"주여! 나를 저런 사람보다 7배나, 70배나 큰 기도의 영력을 주옵소서. 능력 있는 기도자가 되게 하옵소서. 그리고 저 사람들보다 더 큰 사랑의 종이 되게 하옵소서."

씩씩거리며 한참을 기도하고 있었는데 누가 옆에 와서 제 어깨를 두드렸습니다. 누군가 했더니 아까 제가 찾아간 그분이었습니다. 그렇게 쌀쌀맞던 분이 왜 그렇게 부드러운 모습으로 저를 대하는지 저도 놀랐습니다.

"기도 중에 실례합니다마는 아깐 정말 죄송했습니다. 깊이 기도하고 있는 중에 말을 걸어 무심코 그만 그런 말을 해버렸습니다."

이유인즉 하나님께서 기도하는 동안 이분을 책망하셨다는 것입니다. 그래서 그 분은 제게 미안해하며 사과를 하신 것입니다. 그런데 이렇게 해서 만난 정 권사님이 몇 년 후 저의 장모님이 되셨고, 제 목회의 기도 은인이요 재산이요 기둥이 되셨습니다.

그분의 신앙은 '오직 예수'의 믿음이었습니다. 살아도 예수, 죽어도 예수! 아침에도 예수, 저녁에도 예수! 낮에도 예수, 밤에도 예수! 오직 예수로만 충만한 생활을 했음을 역력히 볼 수 있었습니다.

얼마나 교회를 사랑하고 주의 종을 잘 섬겼던지 자녀들이 어릴 때에 엄마를 이해 못할 정도였답니다. 전답 팔아서 교회를 건축하고, 농사짓고 장사해서 가난한 주의 종 가정을 먹여 살렸고, 씨암탉을 잡아도 국물 하나 자녀들에게 맛보이지 않고 주의 종을 대접한다고 교회로 다 가져갔답니다.

워낙 여러 가지 은사가 강력하게 나타나니까 세상에서는 그리 많이 배운 분은 아니셨지만 수많은 교회에 간증집회와 은사집회를 다니셨습니다. 그리고 그때마다 전부 무보수 집회였고, 가난한 교회에는 오히려 눈물로 적신 헌금을 드리고 왔답니다. 그곳 기도원 목사님의 양복을 맞춰 드리기도 했으니 참으로 그 분은 현대판 사르밧 과부의 모습이었습니다.

바로 그 분이 저의 장모님이 되신 것입니다. 제 기도제목대로 어쩌면 그렇게 마음에 맞는 장모님을 하나님께서 주셨는지 놀라울 뿐입니다. 오직 예수님께 충성하며 희생하고, 나실인과 같이 순결하게 사시는 신앙인이었던 그 분은 저의 믿음의 어머니요 영적인 스승입니다.

지금도 그 분은 언제나 스데반처럼 죽고 저를 바울 같은 종으로 키우겠다는 신조로 살아가십니다. 저는 이분의 삶에서 나타난 산 교훈과 기도의 제물, 희생의 밑거름을 먹으며 영적으로 견고하게 자라게 되었습니다. 그리고 이 모든 것들이 제 목회 현장에도 축복의 열매로 나타나기 시작했습니다.

장모님의 기도가 제 목회 현장에 얼마나 큰 힘이 되었는가는 더 이상 설명할 필요조차 없습니다. 지난날 하나님을 향한 그 분의 모든 희생과 충성이 제 목회 현장에 축복의 씨로 뿌려져 지금 그 열매를 거두고 있는 것입니다.

사무친 열정

어느덧 세월이 흘러 대학 2학년 2학기가 되었습니다. 저는 그날도 자정이 다 되도록 3층 예배실에서 여느 때처럼 찬송을 부르며 기도를 하고 있었습니다. 주로 성경은 아침과 초저녁에 읽고 기도는 새벽과 밤늦게 하는 것이 저의 습관이었기 때문에 그날도 늦은 밤 예배실에 홀로 앉아 찬송을 힘차게 불렀습니다.

그날따라 찬송이 저의 심장의 피를 끓게 하였으며 복음의 열정의 고백을 토해내도록 하였습니다. 사면 벽을 메아리쳐 다시 제게 들려오는 찬송 소리의 여운이 제 심장을 진동시켜 더 깊은 은혜의 감격 속에서 찬송을 부르게 하고 있었습니다. 가슴에 사무치도록 제 뜨거운 열정의 피가 실핏줄 구석구석에까지 빠르게 맴돌았습니다. 저는 전신의 뼈가 찔리고 진동하도록 울며 노래를 하였습니다.

"부름 받아 나선 이 몸 어디든지 가오리다…."

이 찬송만 부르면 저도 모르게 눈물이 납니다. 예수님만 생각하면 가슴이 뜨겁고 받은 사명을 생각하면 피가 뜨거워질 수밖에 없습니다. 한마디로 당시 제 가슴은 복음으로 설렌 가슴이었고 오직 예수로 피 끓는 심장의 고동, 바로 그것이었습니다.

이런 심장의 고동과 함께 저는 그날 저녁 저도 모르게 이런 기도를 하고 있었습니다.

"주여! 시골 벽촌에 가서 교회를 개척하고 싶습니다. 거기서 복음을 전하며 교회를 세우고 싶습니다. 가장 어렵고, 핍박이 심하고, 교회를 세우기 힘든 곳에 교회를 세울 수 있게 해주세요."

그래서 그날 밤부터 겨울방학이 오기까지 시골에 교회를 개척하는 것을 놓고 꾸준히 준비 기도를 하기 시작했습니다. 물론 교회를 개척해보고 싶은 마음이 그날 저녁에 갑자기 생긴 것은 아니었습니다. 원래 저는 용화산에서 은사 체험을 한 뒤 노방전도를 많이 했습니다. 버스, 기차, 공원, 터미널, 극장에서까지 아무 데서나 성령의 감동이 오면 노방전도를 했습니다. 학교 수업이 없는 날은 혼자 거지 전도 순례 여행도 하였습니다. 얼마나 보람되었는지 모릅니다. 그러나 가슴은 뿌듯했지만 실제적인 열매를 맺기가 힘들었습니다. 그 자리에서 영접을 시키지만 가까운 교회에 정착시키는 것은 참 어려운 일이었습니다. 그 결과 생각한 것이 교회 개척이었습니다. 지역 교회를 개척하면 전도와 목회를 효과적으로 할 수 있기 때문이라 생각해서였습니다.

이 생각은 지금도 변함이 없습니다. 그래서 지금도 저는 지역 교회 전도론을 주장하는 목회자 중 한 사람입니다. 왜 다른 지역에 가서 모르는 사람에게는 전도를 잘하면서 내가 사는 주위에서는 전도를 못하느냐는 것입니다. 자기 교회가 위치한 지역에서는 전도를 못합니다. 그러나 다른 지역으로 가서 전도를 하면 잘합니다. 물론 이것도 하고 저것도 해야 하겠지만 먼저 자기 지역을 영적으로 장악하고 복음화시켜야 한다고 생각합니다. 그러면서 다른 지역 전도도 해야 하지 않겠습니까? 그것이 실속 있는 전도요 선교라고 생각합니다.

그러기에 저는 선교도 막연하게 하기보다는 먼저 지역 교회 운동의 선교를 모색하고 있습니다. 물론 이것은 내 교회부터 성장시키고 선교하자는 말이 아닙니다. 지역 교회가 먼저 지역 사회부터 복음으로 장악하고 다른 지역도 전도하는 실속 선교를 이야기하고 있는 것입니다. 아무튼 저는 이런 생각 때문에 시골에서 개척을 시작하게 된 것입니다. 이것이 저에게 있어 목회의 시작이었습니다.

멋모르고 뛰어든 시골 개척

그때 저의 가슴은 용광로처럼 뜨거웠고 사명감이 충천하여 가장 개척하기 어려운 지역이라고 하는 화순군 능주면 백암리라는 곳을 개척 장소로 선택했습니다. 이곳은 백암리 1,2구와 광사리를 합해서 약 300여 호정도 되는 동네였는데 교회가 없었습니다. 특별히 이 마을은 옛날 능주지역의 목사(牧使)가 태어난 곳이라고 해서 아직도 반상(班常)의 차별이심한 곳이었고, 미신이 크게 성행할 뿐 아니라 텃세가 너무 세기에 타 부락 사람이 이사 와서는 살기 힘든 곳이었습니다.

그런데 이런 곳에 하룻강아지 범 무서운 줄 모르고 무턱대고 덤벼든 것입니다. 저는 먼저 수년 동안 비어 있던 빈 집 헛간을 빌려서 교회 문을 열었습니다. 그리고 겨울방학 내내 축호(逐戶) 전도를 했습니다. 환자가 있으면 정성껏 기도했더니 신유의 역사도 많이 일어났습니다. 특별히 곧 장모님이 되실 정 권사님 기도 후원의 힘이 컸습니다. 그러자 교회가 급성장을 했습니다. 앉을 장소가 없어 주일학교는 마당에서 예배를 드려야 했습니다. 이때 류중룡 장로님께서 개인적인 지원을 뜨겁게 해주셨고 서광교회(김창래 목사님)에서도 지원을 해주셨습니다.

그런데 갑자기 무서운 핍박이 시작되었습니다. 조그만 전도사 녀석이들어와 동네 사람들을 꾀어 조상 제사를 못 지내게 하고 부락 전통을 못지키게 한다는 이유였습니다. 그리고 동네 한가운데에 교회를 지으면 그마을의 복이 떠난다는 것이었습니다. 또 한 가지 이유는 그 동네에서 약

2킬로미터 정도 떨어져 있는 어느 교회 전도사님이 동네 이장을 찾아와서 유언비어를 퍼뜨렸기 때문입니다. 저 백암교회 전도사는 사이비 전도사라고 말입니다. 그 말을 듣고 난 후에 어찌나 입맛이 씁쓸하던지….

그래서 백암리 부락 유지들은 교회에 대한 비상 대책을 세우게 되었으니 당시 교회를 나간 자는 벌금 1만 원, 이를 신고한 자는 상금 6천 원, 교인 집에 일해 준 사람도 벌금 1만 원, 게다가 만일 교회에 땅을 파는 사람은 아예 그 부락에서 추방당한다는 이른바 부락 자치법을 세우게 되었습니다.

참으로 어처구니없는 일이었지만 현실은 현실이었습니다. 밤마다 부락 청년들은 교회에 와서 오물을 뿌리고 갔으며, 천막 교회에 화약을 던져 구멍이 나도록 하였을 뿐 아니라, 차임벨 줄까지 끊어버렸습니다. 어떤 때는 남녀노소 100명, 200명이 술을 먹고 와서 저의 멱살을 잡고 행패를 부렸으며, 부락의 반상회는 교회 몰아내기 반상회였습니다. 어디 그뿐인가요? 부락 사람은 저녁에 예배를 드리고 가는 아기 업은 아낙네에게 달려들어 머리채를 뜯고 구타를 하기도 했고, 그래서 병원에 입원까지 하게 되기도 했습니다.

또 그들은 교회에서 사놓은 땅에 교회를 못 짓도록 면사무소, 군청, 도청까지 민원을 제출하였고, 경찰서에 저를 고소까지 하였습니다. 교회에 변을 보고 가지 않나, 분뇨를 뿌리고 가지 않나, 정말 인간으로는 못 할 짓만 골라서 해가며 저를 괴롭혔습니다.

마을 분위기가 이쯤 되자 교회 꼴은 말이 아니었습니다. 교인 수가 추풍낙엽처럼 떨어져 30명도 채 안 되었고 그렇게 많던 주일학교 학생들도 40~50명밖에 안 되었습니다. 설상가상으로 부락 사람은 교회로 빌려준

빈집 주인에게 압력을 넣어 그 빈집에서마저 쫓겨나고 말았습니다. 그래서 할 수 없이 교인 집 옆방을 얻어 예배를 드릴 수밖에 없었습니다.

그뿐 아니라 마을 유지들은 불교의 승려와 용하다는 점쟁이를 데려와 마을에 절간을 짓도록 해주고 무당집을 차려주었습니다. 그리고 그들과 함께 마을 차원에서 종교적 행사까지 벌이기도 했습니다. 그렇게 해서 마을 사람들의 종교적 관심마저 그쪽으로 향하도록 한 것입니다. 가슴이 미어지고 분하기 짝이 없었습니다. 어린 전도자를 괴롭혀도 이렇게 피를 마르게 할 수 있단 말입니까? 저는 하루하루를 그저 눈물로만 보냈습니다. 전도의 문도 막혔고, 교회를 짓는다는 것은 인간적으로 볼 때 100퍼센트 불가능이었기 때문입니다.

겁 없는 시골 개척교회 전도사 시절
몸은 괴로웠어도 열정만은 젊은 사자의 그것이었다.

chapter 03

출항을 앞둔 영혼 어부

3년 6개월 동안 이어진 시련

매달리고 또 매달렸지만 어찌할 수 없었습니다. 마을 유지들을 찾아간다고 되는 것이 아니었습니다. 몇 번을 찾아가도 화석처럼 굳은 마음은 움직일 줄 몰랐습니다. 아니 날카롭게 저를 공격해왔습니다. 이런 세월이 2년 이상 계속되었습니다. 그런 가운데 학업도 계속해야 했습니다.

오직 기도할 수밖에 없었습니다. 방학이 되면 무조건 오토바이를 타고 무등산 헐몬수양관으로 갔습니다. 나중엔 등록비가 부담되어 기도원이 아닌 다른 산에 가서 울부짖고 오는 것이 저의 일과가 되었습니다.

아무리 기도해도 기적은 일어나지 않았습니다. 무등산에 올라가 부락의 주동자 세 명만 하나님께서 적당히 손 좀 봐달라고 그렇게 기도했는데도, 기도하고 오면 더 기세등등해져서 회관 앞에 서 있는 것이었습니다. 하나님께서 그 사람들 손 좀 봐주시면 그들이 교회 짓는 데 앞장설 텐데, 그렇게 기도하면 할수록 더 씩씩해지는 모습을 보면 분통이 터졌습니다. 그래도 저는 오직 엘리야의 하나님을 외치며 기도하고 또 기도하였습니다. 이러한 시간이 3년 반이나 계속되었습니다.

그러던 어느 날 기도 중에 이런 위로의 말씀이 한여름의 시원한 산바람처럼 다가왔습니다.

"사랑하는 종아! 실망하지 말라. 내가 너를 풀무불의 시련으로 연단하고 있노라. 백암교회를 지을 뿐만 아니라 장차 다른 교회도 더 많이 짓게 될 것이다."

분명히 먹장구름 속에서 나타난 은빛 광채의 음성이었으며, 3년 6개월의 가뭄 끝에 내린 단비 같은 응답이었습니다. 그 후로 더 힘을 얻어 매일 매일 무등산을 바라보며 큰 소리로 외쳤습니다. 나무를 향해 설교를 하기도 하고, 하늘을 향해 목청껏 찬양하기도 했습니다. 장차 나의 성도들이 저 나무처럼 많아질 것을 생각하고 많은 사람들 앞에서 설교하고 찬양할 것을 생각하면서…. 그때 눈물로 부르고 불렀던 노래가 있었습니다.

우리의 소원은 성전, 꿈에도 소원은 성전,
이 소원 다해서 성전, 성전을 주소서.
내 영혼 살리는 성전, 이 민족 살리는 성전,
성전이여 어서 서라, 성전이여 서라.

스물네 살 전도사의 헌당

마침내, 어느 날 백암리 아랫마을(2구)에 살던 최 모 여인이 저를 찾아왔습니다. 이 여인을 통해 하나님께서는 교회당을 지을 수 있는 350평의 땅을 주셨습니다. 이 놀라운 은혜의 역사로 드디어 땅의 기초를 파게 된 것입니다.

최 모 여인이 저를 찾아와 말해준 사연은 실로 기가 막힌 이야기였습니다. 자신의 두 딸이 먼저 죽었는데 두 딸이 귀신이 되어 그 여인에게 들어왔다는 것입니다. 두 딸이 밤마다 나타나서 엄마가 점상(占床)을 받으면 대한민국에서 제일가는 점쟁이가 될 거라고 말하며 자신을 괴롭힌다는 것입니다. 그리고 최 모 여인의 눈에는 다른 사람의 미래와 과거와 운명이 보여서 도저히 괴로워서 살 수가 없다는 것입니다. 도시에 나가서 점상을 받고 무당이 되려고 유명한 무당을 다 찾아다녔지만 영발이 부족했는지 신이 내리지를 않더랍니다. 그러다가 아랫마을에 사는 무당 집에 찾아갔답니다. 제가 산에 가서 목이 터져라 하나님의 살아 계심을 보여달라고 울부짖으며 기도하고 있을 바로 그때였던 것입니다.

아랫마을에 살던 무당은 꽤나 유명해서 '마담 무당'이라고 불리던 사람으로, 그 사람을 통해서 많은 새끼 무당들이 배출되었습니다. 그 여인은 자신의 처지를 이 무당에게 다 이야기했답니다. 그랬더니 그 무당이 하는 말이 "나는 너를 아주 능력 있는 무당으로 만들어줄 수 있어. 그런데 네가 아주 영특한 무당이 된다 할지라도 네 병은 안 낫는다. 그러니 병도 고치고 무당도 안 되려면 교회로 가라. 저 윗동네에 교회가 있으니 거기 가서 고침을 받아라"라고 하더라는 겁니다.

그런데 저는 그때까지만 해도 나이가 어리고 귀신 쫓는 일을 많이 해보지 않아 통 자신이 없었습니다. 그래서 제가 만일 귀신을 쫓는다면 "나사렛 예수 이름으로 명하노니 더러운 귀신아 물러갈지어다" 하고 담대히 말해야 함에도 불구하고, 두렵고 떨리는 마음으로 아마 이렇게 말했던 것 같습니다. "귀신아, 제발 부탁인데 여기서 나가주는 게 어떻겠니?"라고 말입니다. 주님께 기도할 때만 담대했지 그런 일을 해보지 않아서 그런 것입니다.

그러나 나이가 어려도 하나님의 종은 역시 하나님이 쓰십니다. 지금은 저의 장모님이 되신 권사님을 모시고 같이 기도를 하는데 힘이 확 생기는 것입니다. 그래서인지 기도를 받은 그 여인이 십자가처럼 쫙 누워서 노란 거품을 품더니 그 즉시 나아서 신앙생활을 잘했습니다. 그리고 한 주에 열네 명까지 전도를 해오는 것입니다. 한 여인이 귀신에게서 해방이 되고 병을 고침 받았다는데, 순수한 시골 사람들이 그 여인의 간증을 듣고 교회로 오지 않겠습니까?

뿐만 아니라 그 여인이 다니면서 자신이 받은 응답이라며 이렇게 얘기를 했습니다. "누구든지 교회와 주의 종을 핍박하는 사람은 삼대를 빌어먹는다. 누구든지 본보기로 교통사고 나서 죽는다" 라고. 이런 라고 말을 한 지 얼마 되지 않아 정말로 어떤 사람이 교통사고로 죽었습니다. 그랬더니 언제부터 1만 원씩 내라던 벌금 얘기가 스르르 사라지더니 교회는 더욱 부흥이 되었습니다. 그런데다가 그해에 땅을 샀습니다. 누구도 땅을 팔지 않았는데 하나님의 도우심으로 산 것입니다.

첫 삽질을 하는 순간, 감격의 눈물이 쉴 새 없이 쏟아졌습니다. 지하실을 팔 때는 그 속에 가서 무릎을 꿇고 기도하며 울었습니다. 기둥이 올라가면 기둥을 끌어안고 울어댔습니다. 저녁이 되면 가마니를 깔아놓고 밤을 새워 기도하다가 갑자기 마음이 격동해지면 까끌까끌한 시멘트 벽돌에 입술을 대고 울고 또 울었습니다. 옥합을 깨뜨리며 주님의 두 발에 입맞춤을 했던 마리아의 심정으로 말입니다. 스물네 살짜리의 햇병아리 전도사는 감격스러운 그 심정을 그렇게밖에 표현할 수 없었기 때문입니다.

온 교인이 와서 손수 벽돌을 나르고 주일학교 학생들까지 벽돌 쌓는 일을 도와주었습니다. 그 모습을 보던 저는 밥을 안 먹어도 배가 불렀습니다. 참으로 온 성도들은 그야말로 땀과 피를 짜고 짰습니다. 그때 고비마다 성전 건축헌금을 해주신 류중룡 장로님은 제 생전에 잊을 수 없는 은인이십니다.

"시온의 영광이 빛나는 아침 어둡던 이 땅이 밝아오네."

드디어 헌당식을 하게 되었습니다. 빚을 한 푼도 지지 않고 입당을 하였기 때문에 입당식 겸 헌당식을 하게 된 것입니다. 이는 류중룡, 장민기 장로님의 후원 덕분이었습니다. 뒤늦게 동참하신 문정남 장로님과 김현숙 권사님의 고마움도 잊을 수가 없습니다.

헌당식에 모인 사람 중에 눈물을 안 흘린 사람이 하나도 없었습니다. 모두가 엘리야의 하나님을 노래하였습니다. 심지어는 그날 참석한 마을 이장과 동네 유지들도 참회의 눈시울을 적시고 말았습니다. 이 일이 있은 후에 흩어진 성도들이 다시 모여들기 시작했습니다. 그래서 헌당식을 마치고 그 무당이 고마워서 인사도 할 겸 찾아갔더니 문구멍으로 내다보던 그 무당이 하는 말이 놀라웠습니다.

"아이고, 이 누추한 곳까지 주의 종께서 어쩐 일이신가요? 어차피 우리가 같은 업종(?)에 종사하는데 서로 도우며 살아야지 그까짓 것 가지고 뭘 여기까지 찾아오십니까? 그런데 내가 왜 그 아주머니를 당신에게 보낸 줄 압니까? 당신 이마에는 예수가 써 있습니다. 우리도 귀신이 임하면 작두를 타기도 하는데, 전능하사 천지를 창조하신 하나님이 그까짓 병하나 못 고치겠냐는 생각 때문에 교회에 보낸 것입니다."

나중에 알고 보니 그는 처녀 때 교회에 다녔다가 안 믿는 집으로 시집을 가서 결국은 무당까지 되었던 것입니다. 그 분은 저의 전도를 받고 하나님을 믿게 되었습니다. 이 얼마나 아름다운 이야기입니까? 이 얼마나 소설 같은 역전 스토리입니까? 저를 포기하게 하고 교회를 망하게 하려고 불러들였던 무당을 통해 오히려 교회가 부흥하는 계기가 되도록 하나님께서 역사하셨으니 말입니다.

이제는 점쟁이도 마을을 떠났고 승려도 힘을 쓰지 못하게 되어버렸습니다. 오히려 점쟁이는 마을을 떠나면서 전도까지 해주고 떠났던 것입니다. 도무지 교회 전도사의 영적 능력에 눌려 점을 못 치겠다고 하며 점상을 꼭 받아야 할 사람에게 교회로 나가라고 전도를 한 것입니다. 그렇게 해서 나온 분이 나중엔 집사가 되었습니다. 그러면서 교회는 부흥의 고속도로를 달리기 시작했습니다.

베들레헴 목동 생활

저의 처녀 목회는 이렇게 숱한 고난과 시련으로 일관했습니다. 그러나 그것은 분명 다윗의 베들레헴 목동 생활이었고, 앞으로 큰일을 위한 예비 과정이었습니다. 이곳에서의 피나는 훈련은 앞으로의 큰일을 대비하기 위한 연단임이 분명했습니다. 저는 이곳에서의 복음을 위해서라면 언제든지 죽을 수 있는 훈련을 받았습니다. 오직 양과 교회를 위해 사는 목양일념의 목회정신을 터득하게 되었고, 기본적인 믿음 훈련, 인내 훈련, 겸손 훈련 등을 받게 되었습니다. 오직 뜨거운 소명감과 사명감에 불타 있으면 맨손으로 출발해도 하나님이 꼭 사용해주신다는 너무도 고귀한 진리를 확신하게 되었습니다.

만일 제가 모태신앙으로 태어나 믿음의 가정에서 순탄하게 자랐다면 하나님은 저를 이런 방법으로 인도하지 않으셨을 것입니다. 아마 가장 합리적이고 순리적으로 인도하셨을 것입니다. 그러나 어려서부터 제삿밥만 먹고 우상과 불신문화 속에서만 살았던 무지하고 어리석은 저였기에, 하나님은 특별한 은혜와 영적 체험을 통해 저를 강권적이고 일방적으로 불러주셨다고 생각합니다.

서울에서의 신학 공부

하나님의 축복 가운데 신학부 과정은 서울에서 공부할 수 있게 되었습니다. 그래서 그처럼 정들었던 백암교회도 사임을 해야 했습니다. 하나님이 주신 더 큰 비전을 위해서 말입니다. 하나님께서 서울의 목회학 석사(M. Div.) 과정을 통해 깊이 있고 체계적인 신학 공부에 열중하게 하셨습니다. 조직신학은 세계적인 석학 서철원 박사님께 배우게 하셨고, 구약신학은 손석태 박사님과 이진태 박사님, 정규남 박사님, 신약신학은 고(故) 정원태 박사님, 김세윤 박사님 등에게 배울 수 있는 축복을 주셨습니다. 그리고 나중에 신학 석사(Th. M.) 과정은 나용화, 홍인규, 김광채, 차종률 교수님 같은 분들로부터 가르침을 받는 축복을 받았습니다.

이런 유명한 석학들 밑에서 공부할 수 있었다는 것은 지금도 자랑스럽고 그 무엇과도 바꿀 수 없는 하나님의 축복이었습니다. 만약에 제가 이런 분들 밑에서 공부하지 않았다면 날마다 "불로! 불로!"만 외치고 다니는 길들여지지 않은 들나귀가 되어버렸을지 모릅니다. 들나귀 같은 3류 부흥사(?)가 되어 빈 수레 소리를 요란하게 내면서 1년 52주 내내 먼지만 일으키고 다녔을 것입니다.

저는 이 은사들 밑에서 저의 영적 체험을 신학적으로 정립했던 것은 물론이고, 저의 다듬어지지 못한 모든 사상과 편견들을 균형 있게 다듬을 수 있었습니다. 한마디로 이론적이고 교리적인 신학 공부와 체험적이고 은혜로운 영성의 균형과 조화를 이루는 공부를 한 셈입니다.

또 하나 감사한 것은 하나님께서 제게 일찍부터 실천신학 쪽에 눈을 뜨게 해주셨다는 것입니다. 특별히 신학교 시절부터 교회 개척 쪽에 눈을 뜰 수 있게 해주셨다는 것이 얼마나 감사한지 모릅니다. 저는 원래 교단적인 배경이 전혀 없어서 안정된 교회의 교육전도사 자리도 구하기가 힘들었습니다. 그런 일에도 학연 같은 배경이 있어야 하는데 말입니다. 어쩌면 저는 그런 이유 때문에 교회 개척에 눈을 뜰 수밖에 없었는지도 모릅니다.

그래서 학교 공부는 기본적으로 하고, 틈틈이 교회 개척에 관심을 갖고 필요한 세미나도 다니며 성장하는 교회도 탐방을 하였습니다. 명 설교자들의 목회전략과 설교를 듣고 나름대로 분석하는 일을 즐거하였으며, 각 교회의 주보와 전도지를 모으는 일도 열중했습니다. 그중에 색다른 주보나 전도지는 자세히 관찰하여 그 좋은 점을 내 것으로 만들었습니다. 당시 인쇄에 대해 전혀 무지했던 저는 인쇄소 직원을 찾아가 밥을 사주며 인쇄에 대해 교육도 받았습니다.

그리고 '교회 개척 전략'이라는 두꺼운 노트를 준비해놓고 좋은 아이디어만 나오면 항상 그곳에 메모를 해두었습니다. 그것이 나중에 목회의 아이디어 뱅크 역할을 하였습니다.

'내가 서울에서 개척을 시작한다면 전도는 어떻게 할까? 새신자가 교회를 찾아오면 어떻게 영접시키고 양육할까? 새신자 심방은 어떻게 하고 또 예배는 어떻게 인도할까? 철야기도와 새벽기도는 어떻게 할까?'

이런 것들을 골똘하게 생각하다 보면 갑자기 기발한 아이디어나 착상이 나왔습니다. 물론 그것들이 현실적이지 않을 수도 있지만 이런 생각의 기회를 많이 가지고 관심을 가지면 가질수록 그쪽으로 눈이 더 넓고 깊게 떠진다는 사실을 깨닫게 되었습니다.

시작이 어설프긴 했지만 그래도 이런 개척에 대한 관심과 준비가 남들보다 조금이라도 빨리 교회를 성장시키는 요인이 되었다고 생각하며, 지금도 무척 감사하게 생각합니다.

서울의 푸른 꿈

서울에서 신학교를 다니면서 처음으로 남산타워에 올라가 보았습니다. 꼭대기에 올라간 저는 입이 딱 벌어지고 말았습니다. 어렸을 때부터 그렇게 와보고 싶던 곳에 이제야 오게 되었다는 감격과 어마어마한 서울의 크기 때문이었습니다.

'하나님께서 이 넓은 곳으로 나를 인도해주신다니. 이곳에서 교회를 개척하게 하시고 대교회로 성장케 하여 지구촌을 무대로 일하게 하신다니….'

생각만 해도 가슴이 두근거렸습니다. 얼마나 가슴이 설레던지 그만 저도 모르게 "주여!" 하고 소리를 지르다 창피를 당한 적도 있었습니다. 그러나 그런 설렘 후에는 반드시 현실이 보였습니다. 어느 정도라도 재정적 기반이 있어야 서울에서 개척을 할 수 있을 텐데, 제게는 아무 밑천도 없었기 때문입니다.

그래도 신학교를 다니는 동안 기회만 있으면 남산에 올라가서 서울 시가지를 내려다보며 이렇게 기도했습니다. 그리고 서울의 푸른 꿈, 청운의 이상을 키워갔습니다.

"저 넓은 서울 땅! 과연 하나님은 나를 어느 쪽으로 인도하실까? 어느 쪽에서 개척을 하게 하실까? 아브라함에게 동서남북을 바라보라고 하신 하나님! 저도 동서남북을 바라봅니다. 저의 갈 길을 보여주소서. 제가 가야 할 곳을 가르쳐주소서. 그리고 개척에 필요한 물질도 예비해주실 줄로 믿습니다."

유리창 밖으로 보이는 서울을 내려다보며 이런 기도의 영감 속에 취하다 보면 저도 모르는 사이에 눈물이 흘러나오곤 했습니다.

합동 구애 작전

신학부 졸업도 얼마 남지 않았습니다. 졸업이 얼마 안 남았다는 것은 서울에서 개척을 할 때도 얼마 남지 않았다는 말과 같은 것이었습니다. 그동안 저는 정말 데이트 한 번 못 해보았습니다. 믿기지 않을지 모르지만 예수를 열심히 믿느라고 너무 바빠서, 또 백암교회를 개척하느라 정신이 없어서 연애할 기회가 없었습니다. 그때까지 여자 손목 한 번 잡아보지 못했고 그때는 그것이 죄인 줄 알았습니다.

이제는 데이트를 해야 할 때가 되었습니다. 교회 개척을 하려면 결혼을 해야 한다는 많은 목사님들의 조언이 뒤따랐습니다. 총각 신분으로는 힘들다는 것입니다. 그래서 저도 기왕에 결혼을 할 거라면 개척 전에 해야겠다고 마음을 먹었습니다.

그런데 문제가 생겼습니다. 결혼할 대상자는 있는데 그 자매가 저하고는 죽어도 결혼을 안 하겠다는 것입니다. 안 하겠다는 정도가 아니라 아예 만나주지도 않고 전화도 안 받는 것이었습니다. 그 자매는 정 권사님의 딸인데, 권사님이 아무리 달래도 아무 소용이 없었습니다. 목사 사모는 절대로 안 하겠으며, 특히 저 같은 사람과는 죽어도 결혼을 안 하겠다는 것입니다. 아무리 자식이라도 어머니 마음대로 마음까지 돌릴 수는 없는 노릇이었습니다. 방법은 기도하는 것밖에 없었습니다.

그 자매가 저에게 그토록 거부반응을 보인 이유는 어렸을 때 자기 어머니가 지나칠 정도로 열심히 믿었다는 것 때문입니다. 닭을 잡아도 자녀들에게는 국물도 맛보이지 않고 목사님께 갖다드리며, 농사를 지어 추수를 해도 교회에 먼저 갖다 바치고, 소 팔고 논 팔아서 앞장서서 교회 건축헌금을 드렸다는 것입니다. 가난한 목사님, 어려운 교회는 보이는 대로 도와주면서 자녀들을 먹이고 입히는 데는 거의 신경을 못 썼답니다. 그래서 어느 때부터인가 목사에 대한 피해의식이 생기게 되었고 절대로 엄마처럼 믿지 않겠다고 결심을 하게 된 것입니다. 그런데 자기 엄마보다 더했으면 더했지 절대 덜하지 않는 열성파 예수쟁이 전도사와 결혼을 하라니 펄펄 뛰는 것은 당연했습니다. 게다가 키도 작고 못생기고 가진 것 하나 없는 남자이니 말입니다.

그때까지만 해도 저는 키 작은 줄 모르고 살았습니다. 가난이 뭔지도 모르고 살았습니다. 그러나 그때 비로소 제가 키가 작고 못났으며 가난한 줄 알게 되었습니다.

그래도 저는 밀어붙였습니다. 그런데 전화를 해도 받지 않고 편지를 써도 뜯어보지도 않고 찢어버렸습니다. 편지를 아무리 잘 써도 한 자도 안 읽어보니 어떻게 해야 하겠습니까? 그녀가 간호사로 근무하는 종합병원 옆 다방에서 7시에 기다리겠다고 편지하고 나가면 8시, 9시가 되도록 어항 옆에 앉아 물고기만 바라보다 오기가 일쑤였습니다. 직접 찾아가면 욕세례를 퍼부으며 모욕을 주는 것이었습니다. 꽤 말을 잘한다는 저였지만 그 여자 앞에서는 속수무책이었습니다. 그렇다고 같이 맞받아치지도 못하는 형편이었습니다.

사실 그것은 그녀가 욕을 잘해서 그런 게 아니라 저와 죽어도 결혼을 안 하기 위한 쇼였습니다. 그렇게 무식하게 행동하면 포기할 줄 알았던 모양입니다. 하지만 어림없는 생각이지요. 저는 그녀를 절대 포기할 수 없었습니다. 그래서 연애 경험이 없는 저는 데이트도 믿음으로 밀어붙였습니다. 그러나 너무 밀어붙이니까 그녀가 이제는 해외근무 수속을 밟기 시작했습니다. 너무나 귀찮고 스트레스를 받는다고 아예 해외로 도망을 가버리겠다는 것이었습니다.

그래서 이번에는 일주일을 기도하면서 전략을 세웠습니다. 먼저 하나님께 충분한 자금을 신청했습니다. 그것을 일주일 내에 주시면 제 전략이 통할 것이라고 믿었습니다. 그런데 3일 만에 하나님께서 주셨습니다.

드디어 일주일 후 토요일이었습니다. 그녀가 근무하는 적십자병원 앞에 저는 뭉칫돈(?)을 주고 택시 한 대를 대기시켜 놓고 잠복근무를 하였습니다. 물론 이 전략은 그녀의 어머니 정 권사님과 짜낸 지혜이기도 합니다.

드디어 잠복근무를 시작한 지 정확히 33분 후 병원에서 다섯 명의 여자들이 나왔습니다. 그중에 권사님의 딸인 배정숙 자매도 있었습니다. 일행 중에는 수간호사, 간호과장인 듯한 분도 있었습니다. 어떻게 저의 기도대로 일이 착착 진행되는지…. 저는 그들을 계속 미행하였습니다. 물론 제 뒤로 멀찌감치 택시가 따라오고 있었습니다.

그들이 적십자병원에서 충정로 쪽으로 가던 중 한 여자가 전화를 하기 시작했습니다. 무슨 약속이나 모임이 있어 보였습니다. 바로 그때였습니다. 머리 모양도 특별히 신경 쓴데다 양복에 구두까지 맞춰 잘 차려입은 저는 배정숙 자매 앞으로 가서 입을 열었습니다.

"정숙 씨! 어떻게 된 겁니까? 나하고 1시 30분에 만나기로 약속해놓고 지금 2시가 되었는데, 어디 가는 거예요? 미스 배가 먼저 나에게 만나자고 했잖아요?"

그녀는 얼빠진 사람처럼 아무 말도 못했습니다. 간호과장, 수간호사가 있는 곳에서 평소처럼 제게 욕을 퍼부을 수도 없었으니 답답했을 것입니다. 저는 얼굴이 홍당무가 된 그녀의 손을 자연스럽게 잡았습니다. 그 순간 대기시켜 놓은 택시가 제 앞에 와서 섰습니다. 저는 자연스럽게, 그러나 엄중한 자세로 그녀를 택시로 밀어 넣었습니다. 그녀는 그 순간부터 제 일방적인 태도에 압도당했는지 아무 말도 못 했습니다.

속으로 침이 마르고 초조했지만 겉으로는 품위 있는 모습을 지키며 여유 있는 체했습니다. 택시는 내장산으로 달렸습니다. 택시 안에서 침묵은 계속되었고 저는 다소곳한 그녀의 손을 꼭 잡고 있었습니다. 영화에서나 볼 수 있는 모습이 벌어진 것입니다.

드디어 내장산에 도착했습니다. 금방 눈에 띄는 벤치로 가서 나란히 앉았습니다. 가을바람이 산들산들 불어왔습니다. 한 1분쯤 침묵의 시간이 흘렀을까? 미리 꾸며진 거룩한 각본대로 일어나 정숙 씨의 머리에 손을 얹고 안수기도를 해버렸습니다.

"주여! 주의 종이 사랑하는 딸의 머리에 손을 얹었습니다. 오늘 사랑하는 딸에게 도장 찍어주소서. 결재하여주소서. 목사 사모로 이미 인 쳐주신 줄로 믿습니다. 특별히 소명이 확실한 저 같은 목사 후보생 사모로 도장 찍어주신 줄로 믿습니다. 할렐루야!"

제 평생 그렇게 온 힘을 다해 안수기도를 해본 적은 없었습니다. 그 기도 덕분에 배정숙 자매를 설득할 수 있었습니다. 기도를 마치고 자연스럽게 데이트를 하기도 어색해져서 더 이상 내장산에 있을 필요가 없어진 우리는 바로 차를 타고 다시 광주로 왔습니다. 광주로 오면서 창밖을 내다보며 주님과 이런 대화를 나누었습니다.

"주여! 연애하는 데도 뜨거운 소명감이 필요하고 우직한 믿음이 필요하군요. 이제 저의 개척도 절반은 이루어졌네요."

1,500원짜리 결혼반지

돌아오자마자 저는 결혼 날짜부터 잡았습니다. 12월 26일! 딱 50일을 앞두고 결혼 날짜를 정한 셈입니다. 그러자 이번에는 그쪽 집에서 펄쩍 뛰었습니다. 방 얻을 돈도 준비해놓지 않은데다 언제 준비해서 결혼을 하느냐는 것입니다. 방 한 칸 얻을 돈도 없는 주제에 무슨 결혼이냐는 의미였습니다. 그러나 그게 무슨 큰 의미가 있느냐고 하며 저는 밀어붙였습니다. 감사하게도 그때마다 항상 정 권사님은 제 편이 되어주셨습니다.

드디어 결혼식. 평소에 존경하던 김창래 목사님의 주례로 결혼식을 치렀습니다. 당시 신부는 빌려서라도 드레스를 입었지만 저는 헌 양복을 입었고, 길거리 리어카에서 산 1,500원짜리 모조 반지가 결혼 예물의 전부였습니다. 또한 단칸방에서 장모님, 처남과 함께 몇 달을 살다가 나중에야 다른 방을 쓸 수 있게 되었습니다.

물론 빚을 지면서 여행도 갈 수 있고 방을 몇 개 쓸 수도 있었겠지만,

그 당시 저의 관심사는 오직 교회 개척이었습니다. 모든 생각, 모든 목표를 개척에 두었습니다. 그렇다고 아내를 소홀히 한 것은 아닙니다. 누구보다 사랑하는, 세상 무엇보다 귀한 나의 보배였습니다. 나의 사랑 십보라! 모세가 애굽에서 도망을 가 광야의 객이 되었을 때 이드로의 딸 십보라를 만나 가정을 이루었듯이, 저도 광주라는 광야에서 그녀를 만나 가정을 이룬 것입니다.

저는 하나님께 점수를 따고 싶었습니다. 하나님께서 오늘의 고생을 반드시 장차 보상해주시리라고 믿었기 때문입니다.

'기왕 고생해온 것, 사서라도 좀 더 해보자. 개척을 위해 열정을 부리는 이 모습을 하나님께서 보신다면 가만히는 안 계시겠지.'

아내는 점점 제 모습을 이해하기 시작했습니다. 전혀 불평도 없었습니다. 오히려 제 열정에 서서히 동화되어 갔습니다. 그러자 하나님도 감동되셨는지 그때서야 신혼방을 차리고 가난하게라도 개척할 수 있는 물질을 부어주기 시작하셨습니다. 그리고 1,500원짜리 결혼반지는 훗날 값비싼 반지들로 바뀌어 개척 후 새에덴 강단에 건축헌금으로 올라갔습니다. 지금은 신혼 때 말없이 고생을 참아준 아내와 값진 것들로 풍성히 채워주신 하나님께 감사할 뿐입니다.

안타깝게도 특별한 사연이 담긴 우리의 결혼 예물은 지금은 사라지고 없습니다. 도선생(?)께서 특별 심방을 와 가져가버렸기 때문입니다. 1,500원짜리 모조 반지라는 것도 모르고 그 반지를 가져간 사람은 얼마나 실망을 했을까요? 그러나 저에겐 다른 어떤 값비싼 보석보다 더 소중하고 의미 있는 것이었기에 저 역시 서운했습니다.

거침없이 달리는
맨발의 소명자

설교 중에 쥐들이 행진을 하고
때로는 비방과 외로움에 몸부림치던 날도 있었지만
개척자의 소명 때문에 나는 참고 또 참았다.

The Called

chapter 04

그물을 던져라

구체적인 기도 준비와 후원자 모집

개척 전에 무엇보다 기도 준비가 있어야 합니다. 저는 준비된 재정이 전혀 없어 더욱 기도할 수밖에 없었습니다. 그때의 기도 제목은 '오직 개척만 하게 하소서' 하는 것이었습니다. 개척하는 것이 최대의 소원이었던 저는 거리를 다니면서 종탑을 세워놓은 2층이나 지하의 개척교회만 보면 그렇게 부러울 수가 없었습니다. 그래서 2층에서든지, 지하에서든지 아니면 천막을 치고서든지 개척하기만을 소원했습니다.

아침마다 가정예배를 빠뜨리지 않았고, 낮에는 주로 무등산 헐몬수양관에 가서 산기도를 하였습니다. 밤에는 책을 읽거나 개척을 구상하는 시간을 가졌습니다. 기도할 때도 무작정 개척만 하게 해달라고 매달리기보다 필요한 물질, 개척 장소 선정, 개척 후원자 확보, 개척의 성공 전략을 놓고 구체적으로 기도하게 되었습니다.

이렇게 구체적으로 기도를 하니까 하나님께서 구체적으로 응답을 해주시기 시작했습니다. 생각지도 않았던 분이 엘리야를 도운 까마귀처럼 저희 집에 찾아오셨습니다. 멀리 원주에서 오신 어느 집사님이 계모임 때문에 광주에 오셨는데, 곗돈으로 가지고 온 100만 원을 개척 헌금으로 바치고 가지 않겠습니까?

그래서 그걸 은행에 저축해놓고 날마다 저금통장을 붙잡고 기도하였습니다. 그러자 하나님께서 후원자들을 보내주셨습니다. 평소에 잘 알지 못하는 분들까지 도움의 손길을 뻗어왔습니다. 몇 달 후 저는 문홍동의 방 두 개짜리 집으로 이사를 하게 되었습니다.

점점 확신이 생겼습니다. 개척을 위한 기도 후원자들이 확보되기 시작했습니다. 곧 일천번제 헌신자 12명이 나왔습니다. 1,000일 동안 하루도 빠짐없이 매일 1,000원씩 헌금을 하며 하루에 한 시간씩을 정해 놓고 기도하는 것을 통상 일천번제라고 하였습니다. 그리고 일반 기도 후원자도 30명 정도 모였습니다.

그때 저는 매우 어설펐지만 이런 내용으로 후원자 모집을 위한 편지를 친필로 썼습니다. 2주 동안 바울선교훈련원(원장 조동진 목사)에서 선교 세미나에 참석했는데 그때 선교사들이 띄우는 선교 편지에서 힌트를 얻었던 것입니다.

귀하의 후원이 필요합니다

이 편지가 전달된 모든 분들에게 하나님의 은혜와 평강이 있기를 기원합니다. 저는 서울에 교회 개척의 꿈을 갖고 기도하며 준비하는 소강석 전도사라고 합니다. 18세(고2) 때 예수를 믿고 19세(고3) 때 집에서 쫓겨나와 7년을 고학으로 신학 공부를 하였습니다. 고생도 많이 했고 밥도 많이 굶었습니다. 그러나 저에겐 꿈이 있습니다. 찬란한 비전이 있습니다. 하나님께서 저에게 찬란한 약속을 주셨습니다. 이 약속을 굳게 잡고 지금까지 달려왔습니다. 그리고 이 꿈을 갖고 서울에서 교회를 개척하려고 합니다.

이 시대에 교회가 없어서 개척을 하는 것이 아니라 보다 이상적이고 수많은 교회 중에서 모델 같은 교회를 이루어보고자 개척을 하려는 것입니다. 저는 누구보다 영적인 목회, 섬기는 목회를 할 것입니다. 또 십자가 목회, 순교적 목회를 할 것입니다. 상처받은 자, 영적으로 갈급한 자를 치유하고 은혜를 끼치려고 합니다. 세계 선교를 위해 힘쓸 것이며 언제든지 주님을 위해서라면 목숨을 초개처럼 드리는 이 시대의 참 목자상을 가지고 목회할 것입니다.

저에게는 기도 후원자가 필요합니다. 저는 기도를 재산으로 여기는 종입니다. 주님을 위해 젊음을 바치고 목숨 바쳐 일해보고 싶습니다. 언제든지 주님 위해 죽기를 원합니다. 저의 기도 후원자가 되어주시지 않으시렵니까? 장차 제 목회의 영광을 함께 나누겠습니다.

소강석 전도사 드림

그때는 타자기도 없어 직접 손으로 쓴 것을 복사해서 아는 사람에게 나누어주었습니다. 그런데 이 편지의 효과가 생각 밖으로 컸습니다. 마음에 감동을 받은 사람이 또 친한 친구에게 소개하고 전달하여 기도 후원자가 많이 확보되었고, 제가 개척을 시작한 후에도 계좌 운동을 벌여 송금을 해주었습니다.

기도 후원자들 역시 자원하여 경제적 후원자가 되어주었습니다. 그때 문정남 장로님, 김현숙 권사님 부부를 비롯하여 12명의 일천번제 기도 후원자는 수년 후에 다 서울로 이사를 와서 새에덴교회의 중직자들이 되었습니다.

브리스길라와 아굴라

하나님께서 저를 광주로 보내셔서 베풀어주셨던 그 많은 은혜와 축복 중에서 가장 큰 두 가지 축복을 대라고 하면 정금성 권사님과의 만남과 문정남 장로님 부부와의 만남을 들겠습니다. 이분들은 하나님의 기이하신 인도로 저와 처음 만난 이후로 지금까지 목회의 두 기둥이 되어주셨습니다.

문정남 장로님은 천성이 어린아이같이 순진무구한 분이었고 김현숙 권사님은 은혜를 강렬히 사모하며 영성이 깊은 분이었습니다. 이런 분들이었기에 저와 금방 가까워질 수밖에 없었고 그분들은 광주에서 저와 같이 개척을 하려는 꿈까지 갖게 되었습니다. 그분들은 아예 자기들의 땅에 교회당부터 지어놓고 개척을 하자고 했습니다. 저에겐 얼마나 좋은 기회입니까?

그러나 저는 그 제의를 사양하고 서울로 왔습니다. 수년 후에는 서울로까지 따라오셔서 새에덴교회의 장로, 권사가 되셨고 지금의 교회를 건축할 때 땅을 사는 일부터 건축을 다 마칠 때까지 한결같이 섬기는 모습으로 함께하셨습니다. 우리나라에 과연 이런 장로와 권사가 몇 명이나 될까 궁금합니다. 아마도 흔하지는 않을 것입니다.

하나님이 특별히 부르신 이 부부를 제 목회의 오른팔, 왼팔로 붙여주신 것입니다. 이것이 바로 하나님께서 소명자에게 붙여주시는 인맥의 은혜요 인적 자원의 축복인 듯합니다. 지금도 저는 항상 확신하고 있습니다. 소명감이 충만하고 소명의식으로 뜨거워져 있는 자에게는 하나님께서 필요한 지혜, 필요한 물질, 필요한 사람까지 언제나 어떤 방법으로든지 꼭 붙여주신다는 것을 말입니다.

하나님의 뜻을 따라

문정남 장로님 부부를 통해 광주에서 기성 교회 담임목사로 부임하는 것이나 진배없는 좋은 개척의 기회가 있었지만 저는 하나님의 인도를 따라 기어이 서울행을 선택했습니다. 고생이 되고 죽을 일이 닥친다 할지라도 그렇게 하지 않을 수 없었습니다. 왜냐하면 하나님께서 아무런 개척 멤버도 없는 곳이지만 소명을 주셔서 그곳으로 인도하고 계셨기 때문입니다. 이 일로 교회 개척을 도와주시려던 문 장로님과 김 권사님은 상당히 섭섭해하실 수밖에 없었습니다.

그래서 문 장로님은 더 이상 저의 후원자가 되지 않으려고 했습니다. 다만 남편 모르게 김 권사님이 은밀한 후원을 해주셨습니다. 그러나 그때나 지금이나 제가 결정을 잘했다고 생각합니다. 그런 좋은 여건 속에서 교회를 시작했다고 해서 성공하리라는 보장도 없을 뿐 아니라 경험도 없이 무턱대고 시작했다가 두 분과의 관계가 안 좋아졌다면 어떻게 되었겠습니까? 제겐 엄청난 고생길이 되었지만 하나님의 인도를 따라 순종을 해서 서울로 왔기에 결국 하나님은 그 분들을 저의 생명처럼 귀중한 양들이 되게 해주셨고 어떤 재산과도 바꿀 수 없는 목회의 오른팔, 왼팔이 되게 해주셨습니다.

확실한 결단으로 마음이 홀가분해진 저는 드디어 서울 나들이를 시작했습니다. 개척 장소를 물색하기 위해서였습니다. 지금도 목동 신시가지와 상계동 아파트 지역을 발이 닳도록 돌아다니던 때가 기억납니다. 그러나 아파트 단지의 상가를 임대하는 것은 하늘의 별 따기만큼 어려울 뿐만 아니라, 얻을 수 있다 해도 도무지 자금 사정이 맞지 않았습니다.

하는 수 없이 오류동, 궁동, 화곡동, 영등포, 연신내, 불광동, 월계동, 석관동, 개포동, 잠실 등을 거쳐 가락동까지 오게 되었습니다. 그동안 이곳저곳을 돌아다니면서 돈 때문에 얼마나 많이 속상했는지 모릅니다. 이것은 모든 개척자들이 겪는 서러움이기도 할 것입니다. 적은 돈에 좋은 장소를 임대하고자 하지만 냉정한 현실이 나의 딱한 사정을 수용해줄 리 만무하기 때문입니다. 그래도 어디 싼 건물이 있겠지 하는 기대를 가지고 기적을 바라면서 몇 달 동안을 열심히 다녔습니다. 그러다가 지치면 남산 타워에 올라가서 서울 시가지를 내려다보면서 기도를 하거나 상념에 잠겼습니다.

그러나 그대로 있을 수는 없었습니다. 목동 신시가지나 상계동 아파트 단지에서 개척할 꿈은 일찌감치 포기하고 현재보다는 미래를 바라볼 때 전망이 있는 곳을 택하기로 했습니다. 그래야 지금은 임대가격이 저렴해서 좋고 나중엔 성장할 수 있는 희망이 있어서 좋으니 말입니다. 즉 무작정 장소를 보러 다니는 것이 아니라 먼저 나의 주어진 형편과 상황에 맞으면서도 장래성이 있는 지역을 전략적으로 선택하기로 했습니다.

그렇게 생각하고 선정한 지역이 송파구 가락동이었습니다. 가락동은 그때만 해도 재개발된 지가 얼마 안 된 지역이었고 앞으로도 문정동, 오금동, 장지동 쪽으로 뻗어갈 수 있을 뿐 아니라, 나중에 교세가 커지면 성남 쪽까지 교구화시킬 수 있다는 비전이 보였기 때문입니다. 게다가 당시 가락동은 건물 임대료가 꽤 저렴했습니다.

지금 생각해 보면 가락동으로 지역을 선정한 것은 퍽 잘한 일이었습니다. 그때 가락동을 선정했기 때문에 후에 가까운 신도시 분당에 땅을 사서 예배당을 지을 수 있게 된 것입니다. 그 당시 목동 신시가지와 상계동 지구를 돌아다니며 그토록 부러워했던 교회들은 지금도 그 모습 그대로인 것을 봅니다. 어렵게 시작한 교회이지만 새에덴교회가 훨씬 더 빨리 성장을 했습니다.

괜히 아파트 단지를 선호하다가 무모하게 시작하여 중간에 실패하는 것보다 형편에 맞게 적은 금액으로 시작하여 거기서 교회를 부흥시켜 신도시로 왔던 것이 제게 맞는 전략이었습니다. 이 모든 것이 하나님의 은혜가 아닐 수 없습니다. 그렇게 발을 동동 구르며 목동과 상계동을 다닐 때도 하나님 보시기에 저에게는 가락동이 훨씬 더 적합하였기 때문에 하나님께서 저를 가락동으로 인도해주신 것으로 믿습니다.

지역 조사와 지역 교회 조사

가락동을 개척 지역으로 선정하고 나서 곧바로 착수한 것이 지역 조사였습니다. 그 지역에 맞는 목회전략을 수립하기 위한 것이었습니다. 그래서 설문지를 만들어서 제가 직접 일주일 동안 지역 주민 100여 명을 만나의식구조 및 종교 실태와 성향 조사에 나섰습니다. 보다 효과적으로 조사하기 위해 일반 주민도 만나보았지만 지역 사회의 유지급이나 지역 여론을 형성할 수 있는 사람들, 즉 가락향우회, 부녀회, 통장, 미용실 원장, 부동산 업자 등을 설문대상으로 삼았습니다.

지역 조사에 이어 저는 곧바로 지역 교회 조사에 착수했습니다. 그러나 지역 교회를 탐방한다 할지라도 목사님들을 만나기가 힘들었습니다. 혹 만나더라도 대부분 대화하기를 꺼렸습니다. 그래서 저는 교회를 탐방하며 주보나 기타 자료를 통해서 간접적으로 조사를 할 수밖에 없었습니다.

그렇게 자료를 모으다 보니 그 지역 교회의 특징들이 눈에 띄었습니다.

첫째, 가락동 지역의 교회들은 많은 경우 다른 지역에서 이사를 왔다는 점입니다. 즉 다른 지역에서 성공하지 못하고 이곳으로 이사를 온 것입니다.

둘째, 대부분 교회의 성장 속도가 느리다는 것입니다.

셋째, 다양한 프로그램을 가지고 활동적으로 움직이는 교회가 두드러지게 나타나지 않았습니다.

넷째, 대형 교회는 하나도 없었고 중형 교회가 하나둘 있을 정도였습니다.

다섯째, 그 지역에 사는 그리스도인들이 지역 교회에 많이 나가지 않고 있었습니다.

여섯째, 지역 주민들은 지역 교회에 대한 관심이 거의 없었을 뿐 아니라 부정적인 이미지를 갖고 있음을 파악하게 되었습니다.

이런 조사 결과, 확신과 자신감이 생겼습니다. 내적으로는 영적인 부분을 살리며 외적으로는 지역 사회 봉사를 통해 교회 이미지를 잘 살릴 수 있을 것이라는 감이 잡혔습니다.

교회 안에서는 여러 가지 프로그램을 활성화시켜 성도들의 영적 욕구를 충족시켜주고 교회 밖으로는 지역 봉사를 통해서 주민들에게 지역이 요구하는 교회상을 심어주어 좋은 소문을 일으키는 것으로 가상전략을 세웠습니다.

쥐들의 행진

드디어 건물을 계약했습니다. 1,800만 원 보증금에 38만 원 월세, 지하 40평짜리였습니다. 무엇보다 그 건물이 마음에 들었던 것은 바깥쪽이 빨간 벽돌로 지어져서 얼핏 보면 교회 건물같이 보였습니다. 거기에다가 간판을 크게 달아놓으면 제법 작은 교회 건물처럼 그럴싸하게 보일 것 같았습니다. 그러나 사실 방과 화장실을 뺀 예배실 평수는 25평쯤밖에 안 되었습니다. 모자라는 보증금을 준비하기 위해 계약금 완불 기간을 석 달이나 미루어놓고 그동안 기도하며 치밀한 개척 전략을 준비하였습니다.

저는 보증금 마련도 고심이었지만 보증금을 제외하고 약 200~300만 원 이상의 '비자금(?)' 마련을 위해 끙끙 앓아야 했습니다. 아내가 전혀 간섭하거나 달라고 할 수 없는 신성한 비자금, 곧 교회 시작 전후에 교회를 대대적으로 홍보할 수 있는 자금이 필요했던 것입니다. 다행히 하나님 은혜로 1,000만원을 빌릴 수 있게 되어 보증금과 200만 원의 홍보 자금도 해결할 수 있었습니다.

마침내 광주를 완전히 떠나 가족들과 함께 서울 가락동으로 이사를 했습니다. 급한 성격인지라 어서 빨리 첫 예배부터 드리고 싶었습니다. 실내 인테리어나 음향 등 예배를 위한 시설을 설치하지도 않았는데 그저 빨리 첫 예배를 드리고 싶은 간절함뿐이었습니다. 그러나 가장 중요한 것은 교회 간판과 강단 시설이었습니다. 음향 시설과 내부 인테리어는 나중에야 마무리지었습니다. 냄새나는 지하라는 약점을 감추기 위해 미색 커튼으로 사방을 둘러 아늑하고 조용하며 가족 같은 분위기를 느끼게 하였습니다. 예상대로 오는 사람들마다 작지만 포근하고 산뜻하다고 했습니다.

준비도 다 안 된 상태였지만 주위 여러 곳에 첫 예배를 알리는 현수막을 달았습니다.

"새에덴교회가 첫 예배를 드립니다."
"여러분 곁에 새에덴교회가 시작됩니다."
"새에덴교회에서 좋은 설교가 시작됩니다."

홍보 전단지를 찍어 집집마다 직접 돌렸습니다. 전단지는 '사랑하며 섬기는 교회'라는 목회 소신을 상징화한 발 씻는 그림을 첫 면에 인쇄하여 특징 있게 만들었습니다. 그 그림이 제법 사람들의 관심을 끌었습니다.

드디어 첫 예배를 드리게 되었습니다. 주일 10시가 되니 가슴이 두근거렸습니다. 과연 몇 명이나 올까?

'주여! 제발 한 명이라도 보내주옵소서.'

두근거리는 가슴으로 강단에 엎드려 기도했습니다. 11시가 다 되었습니다. 한 시간 전부터 정 권사님과 집사람은 한복을 입고 예배당 문 앞에서 안내를 하고 있었습니다. 한 사람이라도 올 것을 기대하면서 말입니다. 그 모습이 얼마나 고마운지 정말 가슴이 찡하였습니다.

마침내 한 사람이 왔습니다. 건물 주인이 첫 예배라고 축하하는 의미에서 온 것입니다. 또 한 사람이 왔습니다. 교회 간판을 달았던 간판 집 아저씨인데 제가 간판값을 전혀 깎지 않았다고 고마운 마음에서 와주었다는 것입니다. 그리고 또 한 명이 왔습니다. 아기를 업고 왔는데 저하고 토요일 날 약속한 이정애 할머니였습니다. 이렇게 네 명이라도 모였으니 첫 예배치고는 괜찮은 셈이었습니다.

그러나 솔직히 말해서 이들은 교인으로서 나온 것이 아니라 인사로 나온 것입니다. 다음 주일에는 안 나올 것이 뻔했습니다. 그래도 당장이 아쉬워 찬밥 더운밥 가릴 처지가 아니었습니다. 게다가 다음 주일부터 오기로 했던 인천에 사시는 박영호 집사님 부부와 양천구에 사시는 김정호 집사님 부부가 예배가 시작되자 오시는 것이었습니다. 얼마나 힘이 나는지 제 온몸이 땀에 젖도록 설교를 했습니다. 한참 설교가 무르익어 가는데 강단 앞에서 쥐새끼들이 왔다갔다하는 것이었습니다. 그러다가 큰 왕쥐한 마리가 방 한가운데를 횡단하더니 새끼들이 그 뒤를 짹짹거리며 행진을 하는 게 아닙니까? 한마디로 장엄한 쥐들의 행진(?)이었습니다. 그러니 예배 꼴이 어떻게 되었겠습니까? 처음으로 예배에 온 사람들이 설교는 안 듣고 쥐들만 구경하는 것이었습니다.

얼마나 당황했는지 진땀이 났습니다. 설교하다 말고 쥐들을 쫓을 수도 없는 노릇이라 우물쭈물하다 보니 준비한 설교도 엉망이 되어버렸습니다. 첫 예배는 완전히 쥐들이 망쳐버렸습니다. 그러나 하나님은 언제나 합력하여 선을 이루시는 법! 오히려 설교하다 말고 당황하고 죽을 쓰며 진땀을 흘리는 저의 모습이 안 되었던지 이정애 할머니와 간판집 오병호

씨는 예배 후 저를 위로해주었습니다. 그리고 젊은 전도사가 불쌍하다고 그 후로 계속 교회에 나와주었습니다. 이것도 큰 수확이었습니다. 제 설교를 매주 고정적으로 들어줄 사람이 생겼기 때문입니다. 어찌 보면 쥐들의 행진이 이 두 사람을 잡아준 셈입니다.

사람이 그립고 아쉽던 시절

밤예배가 문제였습니다. 그나마 오신 분들이 낮예배만 드리고 가버리면 밤예배는 집사람과 장모님만 앞에 두고 설교해야 했습니다. 이것처럼 어색하고 힘든 것이 없었습니다. 게다가 집사람은 이제 막 돌 지난 아들 녀석과 뒤에서 같이 놀아주어야 하니 말입니다. 그래서 밤예배 시간만 되면 공포증까지 생겼습니다. 낮에는 전도하고 밤에는 집에 들어가지 않고 강단에서 새우잠을 자면서 100일 작정기도를 했습니다.

'주여! 사람 좀 많이 보내주소서.'

저의 갈급한 기도제목이었습니다. 전도도 하나님이 문을 열어주어야 하고 교회 부흥도 하나님이 사람을 보내주셔야 합니다. 한 선배 목사님이 제게 이런 말을 한 적이 있습니다.

"소 전도사! 자네도 개척하면 하나님께 순한 양들만 보내달라고 기도하게나. 개척교회 때 악한 염소가 많이 오면 목회자가 피가 말라 죽는다네. 나는 애당초 악한 염소는 보내주지 마시고 순한 양들만 보내달라고 기도하니까 하나님께서 꼭 그렇게 역사해주시더군. 내 경험이니 자네도 기도도 잘할 뿐 아니라 사람 관리를 잘해야 하네."

그 선배 목사님의 말씀이 생각이 났지만 우선 사람이 그리워 죽겠는데 순한 양, 악한 염소를 가릴 것 있겠습니까? 그때는 지나가는 거지가 앉았다만 가도 감사할 정도였습니다. 그래서 저는 하나님께 기도했습니다.

"주여! 순한 양도 좋습니다. 천덕꾸러기 염소도 좋습니다. 양이든 염소든 그저 많이만 보내주옵소서. 까짓것 염소라도 하나님의 능력으로 양으로 변화시키면 될 것 아닙니까?"

애걸복걸하는 심정으로 눈물을 흘리며 간절히 기도하였습니다. 그때 주님께서 제게 이렇게 말씀하시는 듯했습니다.

"사랑하는 종아! 나는 한 마리 잃은 양을 사랑했다. 우리 안에 있는 99마리를 두고 잃은 양 한 마리를 찾으려고 찾아 나섰다. 그러므로 너도 잃은 양 한 사람 한 사람이 들어오면 그를 죽도록 사랑해주어라. 그러면 많은 사람을 보내주리라."

그날 밤 저는 밤새 울었습니다. 울며 기도하고 서원했습니다.

"주님! 그럼요. 사랑하고 말고요. 염소든 양이든 정말 보내만 주시면 사랑하겠습니다. 저들의 상처를 싸매주고 치료하며, 살리는 목회를 하겠습니다. 주님이 저를 그렇게 사랑해주셨듯이 이 생명 다해 한 영혼을 귀히 여기는, 사랑하며 섬기는 목회를 하겠습니다. 설사 뿔이 열 개나 달린 염소라도 눈물로 그를 변화시켜보겠습니다."

그러면서 저는 빈 의자를 붙잡고 다니며 눈물로 기도를 했습니다. 이 많은 빈 의자에 제발 사람을 보내주시어 앉게 해달라고요. 그렇게 기도하다 보면 눈물이 왜 그렇게 쏟아지는지요.

그런데 왜 기도의 응답도 빨리 주시는지, 그런 기도를 하면서부터 순한 양 말고 모난 염소들만 모여들기 시작했습니다. 이런 사람들이 70~80명 이상 모여 북적거리는 새에덴교회! 상상해보십시오. 교회를 개척해보신

분들은 어떤 결과가 나타날지 짐작할 수 있을 것입니다. 다시 원점으로 돌아가고 마는 것입니다. 얼마나 힘든 일인지 모릅니다. 근거 없는 소리가 나돌고 모함을 당하고 하다 보면 젊은 혈기에 참기가 힘듭니다. 더구나 제 가슴을 미어지게 했던 것은 자기들끼리 파당을 지어 갈라지고 흩어지는 것이었습니다. 그러나 이럴 때일수록 주님의 응답이 생각났습니다. 그래서 눈물을 머금고 끝까지 사랑과 겸손과 진실로 그들을 대하며 죽기까지 인내했습니다.

그러자 그들이 변화되기 시작했습니다. 물론 중간에 교회를 빠져나간 성도도 있었지만 그들도 대부분 나중엔 사죄하는 마음을 갖게 되었습니다. 자기들 잘못도 깨달았지만 새에덴교회에서 너무나 많은 것을 배웠다는 것입니다. 역시 사랑 앞에는 안 녹을 자가 없습니다. 진실과 겸손과 인내의 자세 앞에는 이길 자가 없다는 것을 그때 깨달았습니다.

저의 이런 모습이 어느 정도 하나님 눈에 들었던지 그때부터 하나님께서 사람들을 더 보내주셨습니다. 일꾼들을 붙여주실 뿐 아니라 일꾼을 만드는 숙련된 영적 지도력을 주셔서 웬만한 문제 인물도 큰 일꾼으로 변화시키고 양성할 수 있게 해주셨습니다. 결국 그런 어려운 일들이 복잡한 인물과 인간관계를 잘 해결할 수 있는 숙련된 영적 지도력을 습득하는 계기가 된 셈입니다.

지금도 저는 한 사람을 귀중히 여기는 사랑으로 섬기는 목회를 하고 있습니다. 그리고 하나님은 계속 사람을 제 목장에 보내주고 계십니다. 모든 것이 하나님의 은혜일 뿐입니다.

3단계 전도 전략

저는 전도를 준비전도, 간접전도, 직접전도의 3단계 전략으로 계획하여 실행해보았습니다. 목회자의 지역전도는 1회성으로 끝나는 순회전도가 아니라 장기적인 전략을 가지고 효율적으로 지속되어야 한다고 생각했기 때문에 성급하게 하지 않고 3단계로 나누어서 시작했습니다.

저는 개척교회 목회자들이 너무 성급하게 순회전도를 하듯이 일방적으로 가가호호 방문을 하면서 공격적인 전도를 하기 때문에, 열심히는 하지만 실패를 거듭하는 것을 보았습니다. 그래서 생각해낸 것이 3단계 전도 전략이었습니다.

첫 번째 단계는 준비전도입니다.

교회 체질을 전도 분위기의 체질로 변화시키는 단계입니다. 이것은 가족 단위의 개척교회라 할지라도 얼마나 중요한지 모릅니다. 새 교인이 오면 친절하게 영접하고 안내하는 것에서부터 교회를 소개하고 등록으로 유도하고 정착시키는 만반의 준비를 갖추는 것이 중요합니다. 아무리 작은 교회라 할지라도 이 준비가 되어 있지 않으면 새 교인이 왔다가도 다시는 안 오기 때문입니다. 그래서 저는 이 부분을 먼저 준비했습니다.

두 번째는 단계는 간접전도입니다.

이것은 소위 지역 사회에 좋은 이미지를 심어주기 위해 토질 개량을 하는 것입니다. 즉 지역 주민에게 새에덴교회를 긍정적이고 매력 있는 교회로 인식시켜서 전도의 문이 잘 열리게 하는 전략입니다. 그러기 위해서는 무엇보다 교회 소문이 잘 나야 합니다.

새에덴교회를 개척할 당시 그 지역의 주민들은 교회에 대해 부정적이었으며 교회가 자꾸 생겨나는 것에 대해서 못마땅하게 생각하고 있었습니다. 그러므로 앞으로 개척할 분들은 이것을 잘 해결해야 합니다. 이 부정적인 지역 주민의 의식구조를 잘 바꾸어야 합니다.

당시 이 문제를 홍보 전략으로 해결하기 시작했습니다. 저는 처음에 "어떻게 생각하십니까?"라는 제목으로 글을 써서 교회를 홍보했습니다. 서두에는 지역 주민들의 부정적 의식에 공감하는 글로 시작했습니다. 정말 교회가 많이 서 있는데 새에덴교회가 또 생기게 되었다고 썼습니다. 그러나 끝에 가서는 제가 말하고자 하는 것을 썼습니다. 먼저 교도소를 천 개 짓는 것보다 하나님의 교회 하나 서는 것이 더 유익하다는 링컨 대통령의 말을 인용하고 나서, 다른 교회와 다른 새에덴교회의 차별성, 상대성, 독특성과 함께 왜 새에덴교회가 이 지역에 꼭 세워져야 했는가의 당위성을 썼습니다.

이것을 전단지로 만들어 지역에 뿌렸습니다. 특별히 지역 여론의 산실인 부동산, 미장원 등은 이런 주제 말고도 다른 주제로도 많은 글을 써서 뿌렸습니다. 예컨대 '자녀 교육을 위한 긴급동의 제1호', '부부 10계명', '6·25에 대한 기독교적 재조명', '기독교적 입장에서 본 광복절', '가락동 캠페인' 등이 그것입니다. 동시에 직접적인 교회 소개지도 만들었습니다. '교회 이름', '목회 비전', '목회 철학', '어떻게 지역을 섬길 것인가' 등을 담은 소개지를 잘 인쇄해서 홍보했습니다.

그러자 실제로 지역 주민이 새에덴교회를 보는 시선이 달라졌습니다. 미장원, 부동산 등에서는 자기들이 교회를 안 나와도 새에덴교회를 소개하고 전도까지 하는 일이 일어났습니다. 간접전도의 효과는 놀라웠습니다. 장년 성도가 50~60명 되었을 때 교회 홍보를 위해 동사무소 동장님을 찾아갔습니다.

"동장님! 동을 위해 일하시느라 얼마나 수고가 많으십니까? 제가 동사무소와 연합해서 경로잔치를 한번 해볼까 해서 왔습니다."

모든 경비는 교회에서 부담하고 장소와 노인들을 초청하는 것만 동사무소에서 담당하면 어떻겠냐고 제의했습니다. 동장님은 너무 좋아하셨습니다.

그래서 날짜를 정해서 약 200여 명의 노인들을 초청해서 경로잔치를 벌였습니다. 그 자리에는 구청을 비롯해 많은 기관과 정당의 유명인사가 와 계셨는데 사무장님이 사회를 보고 제가 인사 겸 설교를 하게 되었습니다. 저는 그때 동장님을 한껏 칭찬해드렸습니다.

"할머니, 할아버지! 여러 어르신들을 뵈니 고향에 계신 저희 어머니 아버지를 뵙는 것 같습니다. 어르신들을 모시게 된 것을 너무나 영광스럽게 생각합니다. 그러나 오늘 이런 자리를 마련하게 된 것은 저보다도 동장님이 더 많은 애를 쓰시고 수고를 하신 덕분입니다. 저희는 돈만 냈을 뿐 동장님께서 모든 것을 다 하셨습니다. 저는 목사이기에 팔도를 다 유람해보았지만 우리 동장님같이 효사상과 경로사상이 투철하신 분은 처음 보았습니다. 우리 동장님 너무 훌륭하십니다. 이런 동장님이 가락동의 동장님으로 계신 것이 너무나 감사합니다. 우리 다 같이 박수 한번 쳐드릴까요?"

노인들은 물론 내빈들까지 일제히 박수를 쳤습니다. 그러자 동장님 얼굴은 홍당무가 되어 헛기침을 하며 어쩔 줄 몰라 하셨습니다. 경로잔치는 성대하고 즐겁게 끝났습니다. 잔치가 끝나자 동장님이 부르셨습니다.

"아이고, 목사님! 이 은혜를 어떻게 갚아야 할지요. 내가 목사님께 도와드릴 것 없습니까?"

이렇게 물으시는 동장님에게 저는 도리어 제가 동장님을 도와야지 무슨 말씀이냐고 하였습니다.

그런데 그 후부터 동사무소의 홍보와 후원이 이어졌습니다. 포스터나 현수막을 언제 어느 곳에든지 자유롭게 붙일 수 있었고, 또 동네의 각종 현황과 전출입자 정보를 빠르게 알 수 있었습니다. 그래서 이사를 오는 사람에게 먼저 가락동에 이사를 오게 됨을 축하한다는 이사 축하카드를 보냈고, 그 후 전도 대상자에게는 이슬비전도편지를 꾸준히 보내서 교회에 등록시키는 데 큰 도움을 얻었습니다.

확실히 이슬비전도편지는 저의 3단계 전도 전략에 빼놓을 수 없는 어깨 동무였습니다. 원래 저는 성격이 급해서 개척 초창기부터 전도를 속전속결식으로 밀어붙이고도 남았을 것입니다. 그러나 그렇게 안 하기를 잘했다는 생각은 지금도 변함이 없습니다. 그렇게 했다가는 속전속결로 개척에 실패를 해버렸을지도 모르기 때문입니다.

그러나 너무나 다행스럽게도 이 3단계 전도 전략에 있어서 이슬비전도편지가 큰 힘이 되어주었고 이 전도매체를 무기로 삼아 꾸준하고 성실하게 대상자들에게 보냈습니다. 그 후로도 경로잔치는 물론 동사무소와 연합하여 소년소녀 가장 돕기, 극빈자 돕기 등을 많이 했습니다. 그 결과 지역에 교회 소문이 퍼져나갔습니다. 좋은 소문이 나니까 자연히 전도의 문이 열렸고 교인이 저절로 들어왔습니다. 초등학교 입학식 때 무료 음료 제공도 전도에 큰 도움이 되었습니다.

세 번째 단계는 직접전도입니다.

앞에서 말한 대로 지역 사회의 토질을 개량시켜놓고 직접전도에 나섰습니다. 저도 가가호호 방문하여 전도했습니다. 그리고 교인들을 훈련시켜 전도를 보냈습니다. 멀리서 이사 온 기존 신자나 믿다가 낙심하여 신앙 생활을 쉬고 있는 자에겐 긍정적인 교회 인상 심어주기와 좋은 담임목사 알리기 훈련을 시켜서 보냈습니다. 그렇게 해서 새에덴교회의 상대성, 차별성, 독특성을 잘 이야기하도록 했습니다. 그리고 순수한 불신자는 전도 폭발의 복음 제시나 제가 만든 한국적인 복음 제시 방법으로 전도를 하도록 했습니다. 이것을 위해 전도요원에게는 교회, 목사, 예수님 자랑 30가지를 써서 외우게 하기도 했습니다.

이미 교회 소문이 잘 나 있어서 전도하기가 비교적 쉬웠습니다. 그래서 새에덴교회는 그 지역에서 가장 급성장한 교회가 되었고 계속해서 꾸준히 성장의 길을 걷게 되었습니다. 3단계 전도 전략은 확실한 효과를 보이는 전도입니다. 물론 이제 막 입주가 시작되는 신도시나 아파트 단지 내 상가의 교회는 조금 다르겠지만 거기서도 이런 전략은 기본적으로 필요합니다.

개인전도 열정

저는 예수를 믿자마자 전도를 습관화하기 시작했는데 고3 때 뜨거운 체험을 하고 나서부터 노방전도(외침전도)를 하기 시작했습니다. 버스나 극장에 가서도 했고 시장과 공원, 역전과 터미널 등지에서도 많이 했습니다. 그것은 신학교를 다니면서도 계속되었습니다. 그러나 교회를 개척해

놓고 그 지역에서 목회자가 일방적으로 외침전도를 하는 것은 자칫 주민들에게 거부감을 주게 되고 교회에 대한 부정적 이미지를 심어줄 수 있다고 생각했습니다. 실제로 같은 지역에 그런 교회가 있었는데 지역 주민들은 그 교회가 이단 교회가 아니냐는 말까지 하는 것을 보았습니다. 그래서 저는 이런 비효율적인 전도방법보다 3단계 전도 전략을 세워서 실행했던 것입니다.

개척교회 목회의 실패 요인 중 하나는 거미 목회입니다. 거미는 으슥한 곳에 거미줄을 치고 날아가는 곤충이 잡히기를 기다립니다. 이처럼 어떤 개척교회 목회자들은 직접 전도를 나가지는 않고 정기예배의 거미줄만 쳐놓고 주일이 되면 새 교우가 자기 발로 걸어오기를 기다립니다. 이런 식으로는 성장할 수 없습니다. 나가서 데려오든지, 못 나가면 그들이 스스로 오도록 구실을 만들어주어야 합니다.

부지런히 돌아다녔습니다. 적어도 개척 목회자는 자동차 판매원이나 보험회사 세일즈맨보다는 부지런하고 열정적이어야 한다고 생각하면서 말입니다. 새벽기도 후 이른 아침에는 교회 주보나 홍보지를 집집마다 우편함 속에 넣고 다녔습니다. 기도하는 마음으로 부지런히 하루에 300가구 이상을 방문했습니다. 그리고 오전에는 부동산이나 미장원, 노인정 등을 다니며 교회를 홍보했고 오후에는 집집마다 찾아다니며 전도를 했습니다.

그러나 너무 일방적으로 몰아붙이는 전도는 일부러 피했습니다. 천국 지옥만 이야기하면서 처음부터 당신이 지금 예수 안 믿으면 지옥 간다는 말은 피하고 처음엔 인사하러 온 것처럼 이야기를 걸고 교회를 소개하면서 교회에 나오라고 권유합니다. 그러다가 그의 삶의 고민이나 걱정 등

약점이 엿보이거나 그가 스스로 이야기하면 분명히 천국과 지옥을 말하며 복음을 제시하고 예수를 통한 문제 해결의 길도 소개합니다. 그렇게 해서 자연스럽게 교회로 이끌었습니다.

물론 전도 대상자로 선정이 되면 끝까지 물고 늘어집니다. 그분이 교회에 나올 때까지 끝까지 찾아갑니다. 그때 그렇게 물고 늘어지며 전도했던 양계숙 씨는 지금 새에덴교회 여전도사가 되어 충실한 주님의 일꾼이 되었습니다. 그분을 전도하던 시절 미꾸라지처럼 쏙쏙 빠져나가 저를 애먹이더니 지금은 그분이 옛날 자기 같던 사람을 용하게 전도해냅니다. 정말 아이러니한 하나님의 은혜입니다. 그런데 성도가 70~80명이 넘으면서 개인전도 할 시간이 빠듯해지기 시작했습니다. 그때부터는 전도요원을 훈련하여 파송하는 일과 설교 준비에 주력했습니다.

교회 개척 1주년 기념 부흥회,
이때 내 뇌리에는 온통 섬김, 사명, 부흥뿐이었다.

chapter 05

흔들리며 다져지며

밥순이 사모님

개척교회는 무엇보다 사랑이 많고 화기애애한 가족적인 분위기가 넘쳐야 합니다. 아무리 예배가 역동적이고 설교에 은혜가 넘쳐도 예배가 끝나고 바로 집으로 뿔뿔이 흩어져버리면 교인 간에 사랑의 교류가 있을 수 없습니다. 그래서 저는 개척 초창기부터 주일 낮에 교인들에게 밥을 지어서 대접했습니다. 예배 시간엔 가슴이 뭉클하도록 은혜를 받고 예배가 끝나면 교인들이 함께 식사를 한 것은, 그야말로 가족적인 분위기의 개척교회를 이루는 데 금상첨화의 역할을 했습니다.

이렇게 하기 위해서는 누군가가 희생을 해야 했습니다. 바로 그 희생자가 제 아내였습니다. 집사람은 주일 낮 점심을 준비하기 위해 주중에 수시로 가락시장에 갔습니다. 경제 사정이 어렵다 보니 상인들이 버리고 간 배추나 무를 주워서 김치도 담고 된장국도 끓였습니다. 그래도 맛은 일품이었습니다.

그때만 해도 봉고차도 없었고 손수레 같은 것도 전혀 없었으니 그 많은 채소를 주워 교회까지 머리에 이고 와야 했습니다. 한번은 소금부대에 잔뜩 채소를 이고 허리가 다 드러난 채 땀을 뻘뻘 흘리며 집으로 돌아오다가 시장통에서 그만 고향 친구를 만났더랍니다.

"정숙아! 너 지금 여기서 뭐 하니? 너 어디서 야채장사 하는 거니? 남편이 뭐 하는 사람이길래 이렇게 고생을 하고 살아?"

그 말을 듣는 순간 집사람은 눈앞이 캄캄해서 무슨 말을 어떻게 해야 할지 몰랐답니다. 친구가 남편과 함께 그랜저 승용차를 타고 가는 모습을 본 후에야 정신을 차리고 집에 돌아왔답니다. 말은 안 했지만 그때 자존심이 얼마나 상했겠습니까.

이런 아내의 모습을 보니 정말 미안해 죽을 지경이었습니다. 신혼여행은커녕 제대로 된 반지 하나도 못 끼워주고 신혼방도 제대로 못 차려주고 살아오다가, 이제는 개척교회를 하면서 이런 일까지 시켜야 하니 말입니다. 그러나 저는 일부러 겉으로는 대수롭지 않게 여기는 척하며 이렇게 말을 했습니다.

"살다 보면 그런 일도 있을 수 있지, 뭘 그런 일을 가지고. 마음 상할 것 없어요. 나 같으면 오히려 하나님께 감사하겠소. 다 그것이 하나님 때문이었고 하나님을 위해 하는 일이었으니까."

그러나 마음속으로는 이렇게 말하고 있었습니다.

'여보! 정말 미안하오. 그러나 언젠가는 날 만나서 행복하다고 고백하는 날을 맞이하게 될 것이오. 그러니 부디 지금은 잘 참아주길 부탁하오.'

정말 집사람에게 고마운 것은 그렇게 식모처럼 궂은일을 맡아 했지만 성도 앞에서는 단 한 번도 싫은 모습을 보이거나 불평 한마디 하지 않았다는 것입니다. 주일 아침 일찍부터 준비를 해서 교인들에게 정성껏 점심을 대접했습니다. 밥순이 아내 덕분에 교인들은 밥상에 둘러앉아 한 가족처럼 어울려 밥상 공동체를 이루어갔습니다. 그러면서 교인은 점점 늘어

갔고, 이 희생적인 집사람의 섬김의 모습에 감동되어 그 일은 서서히 여집
사님들의 손으로 옮겨가기 시작했습니다.

개척 시절 어려운 교회 살림을 억척스럽게 꾸리던 아내는 지금은 조용
히 내조에 힘써주고 있습니다. 많은 은사와 재능이 있음에도 제 목회에
누가 될까 봐 가정과 배후에서 저의 영성 관리에 힘써주고 있는 아내에게
생각할수록 감사하는 마음뿐입니다.

예배가 승부수

아무리 전도를 잘해 와도 예배가 활기를 잃거나 설교가 무미건조하면
새 교인은 왔다가도 도망을 가버립니다. 따라서 전도를 열심히 해오는 것
도 중요하지만 살아 있는 예배, 감동적인 설교가 더 중요합니다. 무엇보
다 예배가 생동적이고 축제가 되도록 하기 위해 토요일 저녁 저는 강단에
서 설교 리허설을 하고 예배 속에 하나님의 충만한 임재가 있도록 간절히
기도했습니다.

토요일 저녁, 제가 먼저 가슴이 뜨겁고 성령의 충만한 임재를 느끼면 다
음 날 주일예배에 더욱 은혜가 넘쳤습니다. 지친 심령들이 새 힘을 얻고
새로운 비전과 확신을 가지고 돌아가는 모습을 그들의 눈과 얼굴을 통해
역력히 볼 수 있었습니다. 개척 초창기엔 축도를 할 수 없는 전도사였기
때문에 축도 문제로 고민이 많았습니다. 그래서 축도시간에 주기도문송
도 불러보고 새에덴회가도 불러보았습니다. 그러다가 목사 안수를 받은
후 축도 전에 일제히 기립하여 새에덴회가를 부르도록 하자 성도들의 내
부 결속이 크게 향상되는 것을 느낄 수 있었습니다.

만세 반석 말씀 위에 터전을 잡고
보혈 샘물 생수의 성령 흐르는 곳에
그리스도 중심하여 서로 서로가 사랑하며
섬기는 영광스런 새에덴교회

변화 받은 성도들이 경배하는 곳
축복받은 교우들이 교제하는 곳
진리 횃불 드높이고 전도하여서 교회 성장
가정 축복 영광스런 새에덴교회

십자가의 복음만이 우리의 사명
부활 복음 전파하여 충성 다하자
민족 구원 세계 선교 불길 일으켜
하늘나라 확장하는 영광스런 새에덴교회

곡이 밝고 생동감이 있는데다가 가사 또한 복음적이고 희망적이어서
이 회가를 부름으로써 회중이 한 공동체가 되는 일체감을 마련해주었습
니다. 그러나 이런 이점이 있는 반면에 보수적이고 전통적인 신앙을 가진
분들에겐 약간의 거부반응이 생기기도 했습니다. 특별히 분당에 와서 새
로 오신 분들이 자꾸 질문을 하는 것이었습니다. 왜 꼭 송영시간에 새에
덴회가를 불러야 하느냐고 말입니다.

그래서 그 후부터는 축도 전에 교회 회가 대신 담임목사 솔로 축복송
을 부르기 시작했습니다. 대부분의 교회는 설교 후에 광고시간이 있지만

저는 축복송을 부를 때부터 광고시간을 설교 전으로 옮겼습니다. 그리고 설교 후 찬송을 부를 때 마지막 절은 모든 성도가 기립하여 부릅니다. 그 후 모든 성도가 기립한 채로 제가 성도들이 미리 드린 헌금에 대한 헌금기도와 목양기도를 합니다. 그리고 나서 제가 축복송을 부릅니다. 성도를 사랑하고 성도들에게 하나님의 은혜와 축복이 임하기를 원하는 최고의 마음으로 부릅니다.

이렇게 축복송에 깊이 취해 부르다 보면 저부터 가슴이 울먹거리고 심장이 저려오면서 눈에서는 눈물이 흘러내립니다. 그러면 성도들에게서 연쇄반응이 나타납니다. 이 노랫소리를 들으며 가사대로 한 주간 동안 하나님의 은혜와 축복이 임하도록 간절히 기도합니다. 중요한 것은 한 주간 내내 성도들의 귓전에서 마지막 담임목사의 축복송 소리가 계속 맴돈다는 것입니다. 물론 제가 노래를 잘했기 때문이 아닙니다. 목소리가 좋아서 그렇게 된 것도 아닙니다. 무엇보다도 성도를 사랑하며 성도가 더 은혜받고 복 받기를 원하는 목사의 열정, 그것이 가장 중요한 것입니다. 그 열정에 성령께서 역사하셨고, 그 성령의 역사에 성도들의 가슴이 녹아나며 실제로 그런 은혜와 축복이 임하게 되는 것입니다. 요즘 제가 잘 부르는 축복송 가사는 다음과 같습니다.

나의 모든 실수를 주여 기억 마시고 바른 길로 인도하소서
기쁠 때나 슬플 때 나와 동행하시며 밤낮으로 인도하소서
내 모든 형편을 주여 기억하시고 늘 나와 동행하옵소서
나의 생명 주 앞에 남김없이 드리니 주여 나를 지켜주소서

축복송이 끝나면 이어 민수기 6장 24-26절의 말씀을 낭독합니다.

여호와는 네게 복을 주시고 너를 지키시기를 원하며 여호와는 그의 얼굴을
네게 비추사 은혜 베푸시기를 원하며 여호와는 그 얼굴을 네게로 향하여 드
사 평강 주시기를 원하노라.

그리고 나서 축도를 하면 성도들은 정말 새로운 힘과 용기를 얻어 집으
로 향합니다. 또한 오늘 내가 이 교회를 잘 왔구나 하는 보람과 다음 주
일에도 꼭 와야지 하는 기대감까지 갖고 돌아갑니다. 저는 무미건조한
교리 설교보다 생활 중심의 설교, 영성이 물씬 풍기는 영적 설교를 지향합
니다. 그리고 피상적인 문맥과 관찰, 상투적이고 무미건조한 단어 사용은
피합니다.

아름다운 이야기가 있는 예배

설교란 '성경에 기록된 하나님의 구속 이야기(God's Redemptive Story)
를 그리스도 안에서 성령의 조명을 받아 오늘날의 언어와 문화로 현대인
에게 다시 이야기(Retelling)하는 것'이라고 생각합니다. 그러므로 하나님
의 말씀이 인간의 언어로 성육신 되어 계시된 성경을 문맥적으로 파악하
는 것은 물론 특별히 주어진 본문 속에서 계시의 본질을 찾으려고 노력합
니다. 말씀이 인간의 언어로 기록된 계시의 형태라고 한다면 그 계시의 형
태 속에는 반드시 하나님의 계시의 본질이 있기 때문입니다.

따라서 저는 문맥적인 이해와 파악을 기본으로 하면서 원래 하나님께

서 이 본문 속에서 무엇을 핵심적으로 말씀하시고 강조하시려는가를 이해하려고 애씁니다. 그리고 이것을 발견해서 기막힌 예화를 사용하여 실감 나게 이야기체로 전달합니다. 이렇게 이야기체로 설교하기 위해서는 성경을 단순히 문장이나 글자로만 보아서는 안 됩니다. 먼저 성경을 사건이나 드라마처럼 보아야 합니다.

성경은 원래 문자로 기록되기 전에 하나의 이야기였습니다. 그러므로 문자로 기록된 성경을 설교자가 다시 이야기로 끌어낼 수 있어야 합니다. 저는 성경을 이야기로 끌어내기 위해서 역사 배경을 중요시했고 성경의 줄거리(plot)를 중시했습니다. 그래야 성경 속에 감추어진 감정이나 깊은 정서, 또한 기록자의 깊은 의도와 계시의 본질을 알고 감동적으로 전할 수 있기 때문입니다. 물론 설교 준비를 하면서 제가 먼저 은혜를 받아야 하고 제가 먼저 이 설교 속에 푹 빠져 젖어들어야 합니다. 그러고 나서 성도들에게 전하면 그야말로 감동적인 역사가 나타납니다. 때로는 이야기체로, 때로는 웅변하듯이 호소력 있게 선포하면 틀림없이 성도들에게서 웃거나 우는 감동적인 역사가 나타납니다.

제가 직접 찬송을 부르거나 찬양을 잘하시는 성도에게 특별히 미리 부탁해두었다가 가끔 설교 중간에 그 주제에 맞는 찬양을 부르게 합니다. 그러기 위해서는 미리 저와 많은 연습을 해야 하고 최종적인 리허설도 합니다. 저는 개척 초창기부터 설교 원고를 완성하면 꼭 강단에 가서 리허설을 했습니다. 교회 문을 꼭 닫아놓고 강단에 서서 연습했습니다. 그러다가 기도하러 온 성도가 문을 두드리면 겸연쩍어하기도 했고, 또 문을 잠가놓은 줄 알고 열심히 소리를 지르다가 그만 성도들이 들어오는 바람에 당황한 적도 있었습니다.

리허설을 한 후 의자마다 손으로 만지고 다니면서 기도합니다.

"주여! 내일 이 의자에 사람이 다 앉을 수 있도록 사람을 보내주옵소서. 이 의자에 앉아서 오늘 제가 준비하고 연습한 설교를 듣고 꼭 은혜를 받게 하옵소서. 주여! 하나님이 보내주셔야 사람들이 내일 이 의자에 앉아서 제 설교를 들을 수 있습니다. 저는 설교를 들을 사람이 없으면 설교를 못 합니다. 이 의자에 사람이 앉아 있지 않으면 어떻게 설교할 수 있겠습니까? 피를 토하다 쓰러져 죽는 한이 있더라도 생명을 다하여 설교하겠사오니 제발 이 의자에 앉을 사람을 보내주소서."

이렇게 기도하는 순간은 언제나 마음이 찡하여 의자를 붙잡고 기도하다가 엉엉 울기도 했습니다. 지금은 교인 수가 많아진데다 토요일 저녁에 본당으로 기도하러 오는 성도들이 너무 많아 본당 강대상에서 설교 리허설을 못하게 된 것이 아쉽습니다. 대신 서재 책상 앞에 서서 그 일을 쉬지 않고 있습니다.

목양칼럼을 통한 감성적 소통

저는 개척 초창기부터 주보에 '목양칼럼'을 쓰기 시작했습니다. 목사와 성도는 항상 유기적인 대화의 장이 있어야 하며 유기적인 의사소통을 통하여 목자는 양을 알고 양은 목자를 아는 목양관계가 되어야 한다고 생각합니다. 그런데 교인이 70명이 넘으니 일일이 돌아보고 개별적으로 대화하는 것이 어려워졌습니다.

그렇다고 늘 전화나 심방만 할 수도 없는 노릇이고, 그래서 생각해낸 것이 목양칼럼이었습니다. 물론 그때 다른 분들도 주보에 목양칼럼을 쓰시는 것을 볼 수 있었습니다.

논설문이나 사설, 혹은 평론 같은 무미건조한 글은 지양하고 목사로서 말하기 힘든 고민이나 갈등, 하나님과 성도들을 사랑하는 솔직한 심정, 그리고 일상생활에서 느꼈던 신앙적이고 목회적인 교훈들을 이야기체로 썼습니다. 때로는 편지글로 쓰기도 하고 시를 싣기도 했습니다. 처음에는 글 쓰는 것이 부담도 되었지만 성도들이 좋아하는 모습을 보고 계속하게 되었습니다.

확실히 글이라는 것은 대단한 매력과 힘을 가지고 있습니다. 말로 표현하기 힘든 것들, 또 말로 표현해서는 어색한 것들을 글로는 얼마든지 표현할 수 있기 때문입니다. 이 목양칼럼을 통해 성도들과 자연스러운 교제를 하게 되었습니다. 서로 마주 보고 직접적인 대화가 없어도, 일주일 동안 전화 한 통 주고받지 못했어도 목양칼럼을 통하여 목사와 성도가 함께 대화를 하게 됩니다.

아니, 직접 마주 보고 대화하는 것보다 더 깊은 인격적 만남이 있어 더 따뜻한 호흡이 느껴집니다. 성도들은 자연스럽게 목사의 형편과 심정을 알게 되고 더욱 목사를 가까이하며 기도하게 될 뿐 아니라 온 성도가 한 식구처럼 일체감을 느끼게 되었습니다.

목양칼럼을 쓸 때마다 하나님 앞에서 저의 솔직한 모습을 바라보게 되며 성도들을 더욱 사랑해야겠다는 각오와 결단이 더욱 새로워집니다. 결국 목양칼럼은 성도와 목사를 인간관계가 아닌 목양관계로 더욱 연결해 주는 강한 끈이 되었습니다. 참고로 개척교회 시절에 쓴 저의 목양칼럼 한 편을 소개합니다.

한 성도를 보내는 목사의 마음

목양일념(牧羊一念)! 이 글자가 기록된 보기 좋은 액자가 제 서재 앞에 걸려 있었으면 하고 생각하면서도 아직 걸어놓지 못하고 있습니다. 저는 목회를 위해 태어났고 목사 일을 하도록 부름 받았으며 하나님이 제게 맡겨주신 일이 오직 목양이기에 다시 태어나도 또 이 길을 택할 것입니다. 그래서 항상 음식점을 보아도 교회 생각, 술집을 보아도 교회 생각, 백화점을 보아도 교회 생각, 회사 빌딩을 보아도 교회 생각, 빈 땅을 보아도 교회 생각, 서울 근교 야산만 보아도 교회 생각뿐입니다. 어디 그뿐이겠습니까. 정치인을 봐도 교인 생각, 전철을 타도 교인 생각, 시장을 가도 교인 생각, 학생을 봐도 교인 생각, 저 사람들이 다 우리 교인, 내 양이 되었으면 하고 생각합니다. 그러다가 주일에 몇 사람이 등록하면 그 등록지를 몇 주 동안 제 호주머니 속에 넣고 다닙니다. 그리고 차를 몰고 다니면서도 생각하고 기억하며 이들이 제가 목양하는 목장에서 잘 자라고 복 받기를 기도합니다.

조그마한 개척교회에서 이렇게 목양일념으로 불타던 어느 날, 젊은 목사에겐 그저 반가운 두 부부가 교회에 등록했습니다. 한동안 교회도 잘 나오고 이전에 큰 교회에서 신앙생활을 했다고 하고 순종도 잘하는 것 같아서 부부를 집사로 임명했습니다. 집사로 임명한 지 두 주가 지나서 김 집사가 술에 흥건히 취하여 저를 찾아왔습니다. 이유인즉 맨정신으로는 도저히 상담이 안 되고 술을 마셔야 목사님께 이야기를 할 수 있기 때문이라는 것입니다. 영문을 몰랐지만 그래도 어린 양을 맞이하는 마음으로 그를 맞았고, 비록 나이는 제가 훨씬 어리지만 아비의 마음과 목자의 심정으로 그를 포용하고 품어주었습니다. 그러자 제 앞에서 지난 과거의 숱한 일들, 파란만장한 인생의 얼룩진 뒤안길의 스토리를 숨김없이 내놓았습니다. 주먹 생활, 가정적으로 부끄러웠던 일들, 교도소 이야기까지…. 그리고 자신은 이런 놈인데 아무리 예수 믿는다고 집사가 될 수 있느냐는 것입니다. 그래서 저도 그의 손을 붙잡고 간절히 눈물로 기도했습니다. 술 썩은 냄새가 토할 것같이 제 비위를 자극했지만 그를 사랑하는 제 눈물의 기도는 그 역겨움을 덮기에 충분했습니다. 그도 한없이 뜨거운 눈물을 흘렸습니다. 이런 일이 있고 난 후 그는 제 앞에서 순종하는 한 마리의 어린 양이 되었습니다. 어쩌면 그렇게 어린애같이 단순할 수가 있고 절대 순종과 절대 충성과 헌신을 할 수 있을까요? 그는 피곤해도 잠을 안 자고 괴로워도 소 목사의 말이라면 거역하는 법이 없었습니다. 한마디로 제 오른팔이요, 두 다리 역할을 했습니다. 그가 얼마나 눈에 띄게 변화되었던지 가락시장 사람들이 다 인정하는 터였습니다.

"김 씨가 저렇게 변화되다니…."

그의 변화는 한마디로 하나님의 영광이요 소 목사의 명예였습니다. 그의 가정은 얼마나 행복하게 되었는지 모릅니다. 그동안 제가 그 부부에게 개인적으로 대접받은 것만 해도 황송할 정도였습니다.

그런 그가 미국으로 이민을 가야 했습니다. 그들은 사랑이 많고 살아

계신 하나님을 실제로 만났던 새에덴교회를 평생 떠나고 싶어 하지 않았습니다. 그리고 열정적인 젊은 목사와 떨어지고 싶지 않아서 눈물을 많이 흘렸습니다. 아마도 가슴이 시리고 애도 탔을 것입니다. 마지막 날 저녁, 교회에서 철야기도를 할 때 그들의 눈에선 눈물이 마르질 않았습니다. 아무리 바빠도 공항까지 작별하러 갔던 저는, 그렇게 눈물을 감추려 했지만 아무도 모르게 차창을 보며 눈물을 흘려버렸습니다. 그들이 눈물을 흘렸다면 저는 그들보다 훨씬 더 많이 흘렸을 것입니다. 사랑하는 한 성도를 보내는 젊은 개척교회 목사의 미어지는 가슴은 하염없는 눈물을 흘리게 했습니다. 그가 제게 주고 간 엑셀 승용차를 타며 그를 생각했습니다. 한 명의 영혼에도 그토록 애절한 마음으로 안타까워하는 것은 제가 개척교회 목사이기에 그랬는지도 모릅니다. 하지만 지금도 그들을 생각하면 어린애를 화롯가에 두고 나온 부모처럼 가슴이 죄곤 합니다. 부디 여기서처럼 좋은 성도가 되어야 할 텐데 말입니다. '집사님들, 부디 잘되십시오.'

새에덴교회 성도님! 적어도 제가 여러분 한 영혼, 한 영혼을 이처럼 사랑한다는 사실을 아십니까? 목사의 가슴속에 응어리진 네 글자, 목양일념을 알고 있습니까? 개척교회 목사만이 느끼는 한 영혼에 대한 애틋한 사랑, 그처럼 사랑하고 눈물로 양육했던 한 성도를 멀리 떠나보내야만 하는 가슴 아픈 안타까움과 애환은 이루 말할 수 없습니다. 하지만 사랑했던 한 성도를 보내며 앞으로 제가 가야 할 목양일념의 길을 더 의미 깊게 새겨봅니다.

딸 앞에는 죄인

확실히 하나님은 제 목회의 근본적인 문제를 교회 성장 자체에 두신 것이 아니라, 저의 뜨거운 소명감에 두셨습니다. 다시 이것을 깨닫고 소명의 열정을 불태웠습니다. 집에서 쫓겨났을 때의 각오와 다시 개척을 시작한다는 마음으로 열정의 칼날을 갈았던 것입니다.

그 결단에 대한 한 표현으로 교회에서 받는 1년 치 사례비를 모두 하나님께 바치기로 하였습니다. 우선 그것이 하나님 앞에 드리는 저의 가장 정직하고 진실한 결단의 표현이라 여겼기 때문입니다.

말이 쉽지 1년 동안 사례비를 모두 바치며 산다는 것은 너무나 어려운 일이었습니다. 그때만 해도 목회자의 사정을 돌아볼 만큼 성숙한 교인들이 많지 않았기 때문에 사적으로 쌀을 가져다주거나 도움을 주는 분이 별로 없었습니다. 그러기에 생활하기가 정말 힘들었습니다. 저보다 더 힘들었던 사람은 집사람이었습니다.

그런데 그즈음 집사람이 둘째 아이를 갖게 되었습니다. 게다가 집사람의 입덧은 위험수위를 넘을 정도로 심해 밥을 거의 먹지 못했습니다. 그러니 몸은 수척해질 대로 수척해졌습니다. 가끔 먹고 싶다는 것이 있었는데 너무 비싼 것이라든지, 구하기 힘든 것만 먹고 싶다는 것이었습니다. 그때 일을 생각하면 가슴이 아프기만 합니다.

그뿐 아니라 하나님께 작정한 강단의 100일 기도를 지키느라 집에도 못 들어가고 집사람 혼자 고생을 하도록 내버려뒀습니다. 그러다 아내는 하혈을 하기 시작했고 산부인과에서는 소파 수술을 해야 한다고 했습니다. 이미 아이도 잘못된 상태이고 산모까지 위태로울 지경이었기 때문입니다. 정말 그때 집사람의 얼굴은 핏줄이 새파랗게 보일 정도였습니다.

이쯤 되니까 제 마음에도 갈등이 생겼습니다. 괜히 하나님께 서원을 했다는 생각까지 들었습니다. '하나님도 형편과 중심을 보시니 지금이라도 하나님께 했던 서원을 번복할까' 하는 마음도 들었습니다. 그러나 끝까지 서원을 지켰습니다. 한 달도 빠짐없이 사례비를 모두 헌금으로 드렸고 100일 동안 하룻밤도 빠짐없이 강단을 지키며 기도했습니다. 그리고 생사화복이 하나님께 있는데 왜 소파 수술을 하느냐고 산부인과 의사의 말을 듣지 않았습니다. 자연 유산이 되었으면 되었지 그렇게 할 수는 없다고 했습니다.

그때부터 장모님이신 정 권사님과 함께 아내의 배에 손을 얹고 간절히 기도하였습니다. 그러자 그렇게 하혈을 많이 하고 틀림없이 유산이 되리라고 했던 태아는 하나님의 은혜로 유산되지 않았습니다. 그 무렵 저는 5·27 총동원 전도주일을 준비하느라 정신없이 바빠지게 되었습니다. 그래서 또 아내에게 등을 돌릴 수밖에 없었습니다. 이때 저를 대신해서 집사람을 도와준 당시 김경애, 배애숙 집사님 부부와 광주에서 일천번제를 드리며 음으로 양으로 후원해준 김현숙 권사님을 비롯하여 여러분들께 지금도 감사하는 마음입니다.

이윽고 크리스마스가 다가오고 있었습니다. 집사람이 주일학교 교사들과 함께 크리스마스트리를 꾸민다고 하루 종일 의자 위에 올라가 천장에 은종이 꽃을 붙이고 있었습니다. 그러다가 그만 과로 때문에 출산 예정일이 한 달이 넘게 남았음에도 불구하고 양수가 터져버리고 말았습니다.

그때도 저는 크리스마스 준비로 아내를 병원으로 데려다주지 못했습니다. 정 권사님도 광주에 내려가 계셔서 집사람 혼자 눈물을 글썽이며 산부인과 병원으로 가야 했습니다. 집사람 평생에 그때처럼 섭섭한 때가 없었다고 합니다. 지금 생각하면 너무 미련하고 어리석었지만 그때 제 소견에는 밀린 교회 일과 미리 약속한 심방을 하는 것이 더 중요하다고 생각했습니다.

오후 늦게 병원에서 딸을 낳았다는 소식이 와서 그때서야 병원에 갔습니다. 미안한 마음과 반가운 마음에 단숨에 달려갔습니다. 신생아실 유리창을 통해서 본 딸의 모습! 예쁘고 사랑스럽게만 보일 딸의 모습은 얼굴도 등도 배도 다리도 온몸이 번데기처럼 쭈글쭈글했습니다. 팔십 대 노인의 살결처럼 온통 주름 잡혀 있었습니다. 다른 아이들은 통통한데 제 딸은 눈조차 뜰 힘이 없는지, 울 힘도 없는지 눈은 절반쯤 뜨고 울지도 않았습니다. 정말 꼭 ET(외계인) 같았습니다. 딸아이 앞에서 죄책감이 제 어깨를 눌러오는 것을 느꼈습니다.

'이럴 줄 알았더라면 빚이라도 내서 태중의 딸을 건강하게 키웠을 텐데. 얼마나 배 속에서 배를 주렸으면 저렇게 되었을까? 세상에, 내가 그렇게 무심했다니….'

아기에게 너무나 미안하고 불쌍한 마음이 들어서 화장실에 가서 훌쩍훌쩍 울었습니다.

'아가야! 미안하다. 어쩌다가 이 가난한 개척교회 목사의 딸로 태어났니? 아빠는 이미 너에게 죄인이 되었구나. 그러나 이제부터라도 너를 힘 있게 키워보련다. 그리고 너는 하나님께 몸과 마음과 생명을 바쳐 충성을 다하는 목사의 딸이다. 그러므로 하나님께서 하나님의 자존심을 걸고 너를 잘 키워주실 것이다. 아니 하나님은 이 아빠의 자존심을 꼭 세워주실 것이다. 부디 잘 자라다오. 부디 잘 자라다오.'

'하나님! 모든 것이 제가 어리석은 탓이지만 그래도 저는 오직 하나님께 충성을 했습니다. 우직하게 하나님만 섬겼습니다. 부디 긍휼의 은총을 제 딸에게 베푸소서. 하나님의 자존심을 걸고 하나님을 사랑하는 이 종의 딸을 잘 자라게 하옵소서. 부디 이 종의 믿음의 자존심을 세워주소서. 살고자 하는 자는 죽을 것이요 죽고자 하는 자는 살 것이라는 역설의 진리를 제 딸을 통해 보여주옵소서.'

'그리고 여보! 정말 미안하구려. 정말 당신 얼굴을 볼 면목이 없소. 그러나 언젠가는 당신과 함께 세계여행을 다니며 당신을 행복하게 해주리다. 정말 미안하오.'

딸 현이가 태어난 지 벌써 32년이 지났습니다. 갓난아기 때에 저를 마음 아프게 했던 모습은 어디에도 없고 아주 건강하게 자랐습니다. 공부도 운동도 웅변도 잘하고 쾌활한 성격 덕분에 친구도 많았습니다. 미국 유학도 다녀오고 지금은 새에덴교회에서 믿음으로 자란 변호사 신랑과 결혼하여 두 아이의 엄마가 되었습니다.

어떻게 현이가 저렇게 건강하고 똑똑하고 야무지게 자랐을까? 생각하면 할수록 하나님의 은혜요 축복이 아닐 수 없습니다. 지금도 현이를 보면 죄책감이 느껴집니다. 그러나 현이를 볼 때마다 하나님 앞에는 드리고 싶은 말이 많습니다. 그리고 더 큰 하나님의 은혜를 깨닫곤 합니다. 언제나 하나님은 하나님께 충성하는 자의 편에 서주신다는 사실을 말입니다.

아마 하나님 앞에서 하나님의 종으로서는 그때 제가 많은 점수를 땄는지도 모릅니다. 제가 비록 우둔하고 미련하기는 했지만, 중심을 보시는 하나님이시기 때문입니다. 현이가 다섯 번째 맞는 생일을 기념해서 목양 칼럼란에 공개편지를 쓴 적이 있는데 소개를 해봅니다. 많은 성도들이 이 내용을 읽고 눈물을 흘렸습니다.

사랑하는 딸 현에게!

사랑하는 딸, 현아! 어쩌면 그렇게도 아빠를 쏙 빼닮았는지, 너의 모습을 볼 때마다 네가 나의 사랑하는 딸임을 새삼스럽게 느낀다. 크리스마스가 다가올 때마다 아빠는 너의 탄생에 관한 일들을 생각하지 않을 수가 없구나. 특별히 올해는 조카 에스더 동생의 탄생을 보니 너의 탄생에 관한 추억이 더 역력하게 떠오르는구나.

네가 엄마에게서 잉태될 때쯤 아빠는 목사의 사명감에 불타 있었고 교회 성장에 미쳐 있었지. 기도, 설교 준비! 전도, 심방을 위해 나 혼자 몸으로 뛰느라 하루가 어떻게 지나가는지 모를 때였어. 게다가 그때는 아빠가 교회에서 받은 생활비 전부를 1년 동안 건축헌금으로 드렸던 때인지라 생활이 몹시 어려울 때였단다.

더구나 엄마는 너를 잉태하고 나서 입맛이 없어 하루에 한 끼도 못 먹을 때가 더 많았단다. 물론 밥을 못 먹더라도 가끔 먹고 싶은 과일이나 고기가 있었는데, 아빠에게 미안해서 먹고 싶은 것을 전혀 말을 안 하였단다. 하긴 먹고 싶은 것이 있다고 아빠에게 말을 했어도 아빠는 엄마 말에 신경도 못 썼을 것이다. 오직 교회에만 전념하였기 때문에 말이다. 또 돈이 없어서도 그랬을 거야. 그래서 엄마는 야윌 대로 야위어 얼굴이 노랗다 못해 황달기까지 보일 정도였단다. 힘줄이 얼굴에까지 푸르스름하게 보였고 얼굴이 노랗기도 하고 검푸를 때도 있었단다.

설상가상으로 산부인과에서는 배 속에 있는 태아까지 위태롭게 되었다고 널 포기하라고 했어. 도저히 넌 이 땅에 태어날 수 없는 아이니 차라리 산모의 건강을 위해서 널 포기하라는 거야. 그래도 아빠는 하나님을 믿었다. 네가 내 딸이 되어 이 땅에 태어날 것을 말이야. 그래서 아빠가 기어코 수술을 못 하게 했던 거야. 아마 그때 아빠의 믿음과 결단이 너에게 있어서 두고두고 대견스럽게 자랑할 수 있는 이야깃거리가 되겠지?

그러나 그때 널 위해 엄마에게 보약 한 제 지어 먹이지 못하고 엄마가 그토록 먹고 싶어 했던 과일이나 음식을 한 번 못 사주었으니 지금 생각하면 얼마나 가슴 아픈 일인지 모른다. 엄마가 먹고 싶은 것은 곧 배 속에 있는 네가 먹고 싶은 것이었으니 말이야. 하긴 그땐 지금도 잊히지 않는 5·27 총동원 주일을 준비하느라 아빠는 아무런 경황이 없었단다. 아빠는 집에도 들어가지도 않고 계속 교회에서 잠을 자면서 5·27 총동원 주일 준비에 미쳐 있었던 거야. 그러니 엄마가 밥을 먹는지, 잠을 자는지 사정을 전혀 몰랐어. 원래 너의 출생 예정일은 1월 하순경이었다. 그런데 산월이 다가오는데도 엄마 배는 불러오지 않는 거야. 외숙모(에스더 엄마) 배처럼 남산만 하게 불러와야 하는데 말이야. 크리스마스가 다가올 무렵, 그때만 해도 교회가 개척교회인지라 엄마가 크리스마스트리를 꾸미다가 그만 너무 무리를 한 탓으로 양수가 터져버렸지. 그래서 넌 행복(?)하게도 한 달을 빨리 이 세상에 나와버린 것이었어. 양수가 터지던 날, 엄마가 아침 일찍 급하다고 하며 병원까지 태워달라고 부탁을 했었지. 그러나 아빠는 그날 너무 바쁜 탓으

로 엄마 혼자 택시를 타고 가라고 했단다. 마침 할머니도 광주에 심방
차 가 계셨으니 엄마는 쓸쓸하게 혼자 병원에 가서 너를 낳게 되었다.
네가 태어났다는 소식을 듣고 아빠는 그때서야 병원으로 달려갔었지.
신생아실 유리문을 통해 너의 얼굴을 처음 보았던 아빠의 마음이 어
떠했는지 아니? 배 속에서 너무 못 먹어 얼굴 모습은 그만두고 손 마
디마디까지 쭈글쭈글한 모습! 얼굴이 얼마나 주름투성이었던지 주름
살 사이로 피가 고여 있을 정도였으니, 아빠는 그만 너를 보자 죄 없
는 네가 가엾기도 하고 그보다 아빠의 도리를 다하지 못한 죄책감으
로 울음이 터져 나와 화장실에 가서 얼마나 울었는지 모른단다. 다른
애들은 그렇게 얼굴이 포동포동하고 생기가 충만한데 너는 죽지 못해
산 아기처럼 인상을 쓰고 눈을 뜨는 모습이 아빠의 가슴을 미어지게
하였어. 나중에 널 집에 데려와서 네 몸 전체를 보았을 때 아빠는 오기
가 발동(?)하기까지 하였단다.

"아! 하나님이 살려주셨구나. 네가 생명이기에, 이미 내 딸이기에 하
나님이 살려주셨어. 그런데 난 그 생명을 위해 무엇을 했던가? 좋다,
이제부터라도 내 딸을 잘 먹이자. 이제부터라도 잘 키워보자."

아빠 특유의 오기가 발동해서 너에게 가장 비싼 분유를 먹이기로 하
였단다. 이제라도 아빠의 사명을 실천하려고 말이야. 그러나 그것도
잠깐, 또 목회에 미친 아빠는 널 가까이하지 못했단다. 네가 우유를 잘
먹는지, 네가 밥을 먹는지도 모르고 아빠는 교회만을 위해 뛰었던 거
야. 그래서 너에게 실격된 아빠로 지금까지 오고 말았다.

그러나 현아! 넌 하나님이 키우셨단다. 누구보다 건강하고 누구보다 아름답고 누구보다 훌륭하게 키워주실 거야. 어쩌면 넌 아빠 딸로 태어난 것이 행복일지도 몰라. 오히려 그것이 너에게 더할 나위 없는 축복이 될 거야. 언젠가 넌 소 목사의 딸이 된 것을 세상에서 바꿀 수 없는 영광이라고 확인하게 될 때가 있을 것이다. 어쩌면 아빠가 널 사랑해주지 못한 것이 널 사랑하는 것이고, 교회에 전념하고 사명에 전념하는 것이 너에게 전념하는 것이며, 이것이 도리어 널 사랑하는 것일지도 모른다. 왜냐하면 아빠의 사랑은 목사로서 역설적 사랑일 때가 있기에 말이다. 바로 이 역설적 사랑이 널 최고로 복 받은 딸이 되게 할 것이야. 이 역설적 사랑을 보증하사 하나님께서 친히 널 최고로 영광스러운 아빠의 딸이 되게 할 거야. 모리아 산 제사를 통해 이삭에게 복을 주시던 하나님께서 역설적 은혜로 너 현이에게 말이야.

아빠는 지금 개척자의 길을 뛰고 있다. 자생하는 개척자로서 이 황무지와 사막 땅에서 승리의 꽃을 만발하게 피우기 위해 아빠는 지금도 온몸에 땀을 흘리고 있단다. 현아! 이제 승리가 눈앞에 보이고 있다. 조금 있으면 꽃들이 만발하게 될 것 같구나.

사랑하는 현아! 넌 어쩌면 그렇게 아빠를 빼닮았니? 너는 아빠보다 더 지혜롭고 더 도전적이고 더 성공적으로 살아가게 될 거야. 그리고 하나님은 아빠의 자존심, 아니 개척자의 자존심을 살려주시기 위해서라도 네가 그렇게 살도록 축복해주실 거야.

지금도 현이를 볼 때마다 마음속으로부터 느껴지는 것이 있습니다. 저는 분명히 하나님께 예속된 종이라는 사실! 반드시 소명의 은혜 안에 갇힌 종으로 살아야 한다는 사실! 그래야 제 가정도 잘되고 자녀도 잘되며 제 목회 현장에도 풍성한 하나님의 축복이 임한다는 사실을 깨달으며 살아갑니다.

새에덴 찬양전도단

교회 소문이 점점 좋게 나기 시작할 때 저는 찬양전도단 활동을 구상하게 되었습니다. 이 찬양전도단의 활동으로 가락동에 새에덴교회의 바람을 더 뜨겁게 일으키고 싶었기 때문입니다. 그래서 김경애 집사님을 단장으로 10명의 새에덴 찬양전도단을 조직하였습니다. 김경애 집사님은 하나님이 저에게 보내신 천사 같은 찬양의 동역자였습니다. 그분은 주일예배 때 설교 중간에 찬양을 부르는 찬양가수로, 성가대 지휘자로, 또는 찬양단 단장으로도 헌신 봉사하는 하나님의 충성된 일꾼이었습니다.

하나님은 그분에게 탁월한 찬양의 재능을 주셔서 그가 찬양을 할 때는 많은 사람을 감동시켜 눈물을 흘리게 하셨습니다. 길거리에서 야외 앰프를 설치해 놓고 복음찬양을 불렀을 때 흰색 바탕에 진달래꽃이 그려진 개량한복을 입고 찬양을 하는 모습은 그야말로 천사와도 같았습니다. 기타와 키보드를 치면서 복음송을 부를 때마다 지나가는 행인들은 그냥 지나가지를 않았습니다. 전도지를 나누어주면 수고한다는 격려의 말을 건네거나 어떤 이들은 음료수까지 대접하며 지나가는 것이었습니다.

그래서 이 찬양단의 활동을 좀 더 적극적으로 하게 되었습니다. 1톤짜리 트럭에 의자와 악기, 음향시설을 해놓고 여기에 앉아서 찬양을 하며 다녔습니다. 그러니까 온 골목 거리거리를 다니면서 찬양 전도를 할 수 있게 된 것입니다. 가락동 골목과 거리뿐 아니라 가락시장까지 다니면서 찬양을 불렀습니다. 가락시장을 가노라면 또 찬양의 천사들이 왔다고 하면서 과일과 음료 선물이 두둑이 올라오고 나도 앞으로는 교회를 다니겠다고 하는 사람도 많이 만났습니다. 그리고 이 찬양단 차량은 문정동, 오금동까지 다닐 수 있었습니다.

> 당신은 지금 어디로 가나요, 발걸음 무겁게.
> 이 세상 어디 쉴 곳 있나요. 머물 곳 있나요.
> 예수 안에는 안식이 있어요. 평안이 넘쳐요.
> 십자가 보혈 믿는 자마다 구원을 받아요.
> 예수 믿으세요. 예수 믿으세요. 예수 믿으세요. 예수 믿으세요.
> _ 김석균, 예수 믿으세요

정말 이 복음송은 언제 들어도 사람의 마음을 움직이는 노래입니다. 특별히 새에덴 중창단이 부를 때는 사람들의 가슴을 뭉클하게 하였습니다. 게다가 노래 중간에 김경애 집사님의 복음의 외침은 많은 사람의 관심을 집중케 했고 귀를 쫑긋하게 했습니다.

"사랑하는 여러분! 여러분은 지금 무엇 때문에 그리도 바삐 움직이고 계십니까? 무엇을 향해 여러분의 심장은 고동을 치고 있으며 무엇을 위해 여러분의 손과 발은 그리도 부지런히 움직이고 계십니까? 예수 믿으세요. 정말 예수 믿으세요. 그리고 새에덴교회 오셔서 우리 목사님의 설교를 들어보세요. 너무 너무 좋아요. 여러분의 심령이 달라지고 삶이 달라지게 될 거예요. 사랑하는 여러분! 예수 믿으세요. 예수 믿으세요. 새에덴교회 한 번만 나와 보세요. 새에덴교회 목사님 설교 한 번만 들어보세요."

새에덴 찬양단은 매주 이틀씩 이렇게 전도를 다녔습니다. 그러니 가락동 구석구석마다 새에덴 찬양단의 찬송이 메아리치게 되었고, 이 메아리는 사람의 가슴속에 깊이 파고들게 되었습니다. 결국 이 찬양단의 찬양 전도로 새에덴교회의 바람은 계속 불었고 많은 전도의 열매도 맺었습니다. 물론 주민들 중에 시끄럽다고 역반응을 일으킨 사람도 있었습니다. 그러나 오히려 동장님과 파출소장님의 적극적인 설명으로 설득할 수 있었습니다. 특히 여름성경학교 때와 성탄절 때의 찬양 전도는 일품이었습니다. 새에덴 찬양단의 활동은 가락동에 예수 문화를 만들어가기 시작했습니다.

총동원 전도

가락동뿐 아니라 송파구 전체에 새에덴의 바람이 불기 시작하자, 교회 안팎에서 많은 사람들을 불러모아 전도하는 기회를 만들고 싶었습니다. 그래서 1차로 1,500명을 목표로 한 총동원 주일을 계획하였습니다. 개척한 지 얼마 안 된 상태라 인간적인 생각으로 총동원은 큰 모험이요 부담이었습니다. 그러나 오직 예수로 시작하고 오직 예수로 살아가는 저에게 불가능이란 없었습니다. 모든 성도들이 한마음으로 뭉쳐서 총동원 주일을 위해 뛰었습니다. 하나님은 이 잔치를 위해 필요한 인력과 물질 등 모든 것을 넘치도록 채워주셨습니다.

그중에서도 나의 마음을 뭉클하게 하는 사연들이 있습니다. 교회에 나오기까지 그렇게도 애를 먹었던 양계숙 집사님(지금은 본교회의 전도사)은 마음 문을 열고부터는 전도에 있어서 모든 사람의 본이 되었고 도전이 되었습니다. 그 당시 양계숙 집사님은 부동산중개업을 경영하고 있었는데 자비를 들여 총동원 주일을 위한 특별 선물을 만들고 근무 중에도 때를 얻든지 못 얻든지 열심히 전도했습니다.

근무가 끝나는 오후 8시 이후에는 상가주택의 옥탑까지 전도 대상자를 찾아 그야말로 이 잡듯이 뒤지고 다녔습니다. 어떨 때는 코피를 쏟아가면서 어떨 때는 남편에게 구박도 받아가면서 정말로 목사인 내가 보기에도 안쓰러워 미안할 정도로 충성을 다했습니다. 그 결과 집사님은 500명이라는 엄청난 숫자를 전도해냈습니다. 하나님께서는 충성하는 만큼, 헌신하는 만큼 채워주셨습니다.

김정호 집사님(현재 본교회 장로)은 한 달 동안 생업도 중단한 채 아침이면 특별히 개인적으로 제작한 전도지(5·27 총동원 주일에 한 번만 새에덴교회에 오겠다고 약속만 하면 가구를 무료로 고쳐준다는 내용의 전도지)를 들고, 한 손에는 메가폰을 들고 이집 저집을 방문하여 전도를 하였습니다. 눈물 나는 전도의 모습이었습니다. 대부분의 성도들이 밤이면 포스터를 붙이러 다녔고, 낮이면 6종류의 스티커를 붙이고 다녔습니다. 어른 아이 할 것 없이 모두 한마음이 되어 거리로 나가 새에덴 총동원 주일을 알리는 홍보물로 도배를 하고 다녔습니다. 어린아이들조차 누가 시키지도 않았는데 너무나 열심이었습니다. 또 밤이면 남자 집사님들이 퇴근을 하여 포스터, 현수막 등을 붙이고 다니는 등 총동원 주일을 향한 열기는 대단했습니다.

이렇게 하다 보니 간혹 주변의 눈총을 받는 경우도 있었습니다. 그러면 바로 달려가서 깨끗하게 뜯어주면서 새에덴의 좋은 이미지를 심어주고 오기도 하였습니다.

이러한 중에도 하루 종일 순번을 정해 돌아가면서 릴레이 기도를 하였으며, 낮시간 릴레이 기도에 참여하지 못하는 남자 성도들은 밤 10시부터 이튿날 새벽까지 철야기도를 담당했습니다. 기도와 전도에 모든 성도들이 자진해서 참여를 했으며, 한 사람도 빠지는 일이 없었습니다.

평일에는 개별적으로 전도를 했으며, 토요일 오후부터는 가락시장 앞에서 찬양단이 찬양을 하면서 총동원 주일에 대한 홍보를 하고, 전교인이 나와서 전도지를 나누어주며 전도에 참여하였습니다. 어떤 성도는 자비를 들여 만든 볼펜을 나누어주기도 하고, 또 어떤 성도는 수건을, 또 어떤 성도는 그릇을 만들어 서로 경쟁을 하듯이 열심히 대상자를 찾아 명단을 적어왔습니다.

드디어 총동원 주일이 되었습니다. 설레는 마음으로 성도들과 함께 첫 예배를 드렸습니다. 하나님께서는 우리의 수고 이상으로 넘치도록 예배 시간마다 가득 채워주셨습니다. 앉을 자리가 없어서 강단, 의자의 사이사이에 돗자리를 깔고 예배를 드렸으며, 심지어는 뒷문 계단에 앉아서 예배를 드리는 사람들이 있을 정도로 가득가득 부어주셨습니다. 심지어 교회 앞 도로에 쳐놓은 천막에서도 예배를 드렸으며, 수많은 사람이 예배당에 들어오지 못하고 기다리다가 집으로 돌아가기도 했습니다. 원래 1,500명을 목표했는데 2,500명 이상이 왔습니다. 개척한 지 1년이 조금 넘었을 때의 일이었습니다.

총동원 주일 마지막 예배를 드리고 우리 모두는 하나님의 은혜를 생각하며 어깨를 부둥켜안고 모두 울음을 터뜨렸습니다. 총동원 주일은 대성 공이었으며, 새에덴의 새로운 지평이 열리는 계기가 되었습니다. 총동원 주일이 끝나고 하나님께서는 놀랍도록 성도들을 축복해주셨습니다. 어떤 성도는 자동차를, 또 어떤 성도는 승진의 축복을, 어떤 성도는 아파트 당첨의 축복을, 또 어떤 집사님은 집을 사기도 하는 등 하나님의 축복은 보이지 않는 것에서부터 보이는 것에까지 성도들의 가정마다 넘쳐났습니다. 교회는 더 넓은 새 성전으로 이사를 하게 되어 새에덴교회는 지역 사회에도 더욱더 알려지게 되었고, 저는 송파구에서 어디를 가든지 모르는 사람이 없는 유명한 사람(?)이 되었습니다.

계속해서 지역 사회와의 유대관계를 위해서 새로운 프로그램을 만들어 실천해나갔습니다. 동사무소의 강당을 빌려서 동네의 노인들을 초청하여 경로잔치를 꾸준히 해나갔고, 지역 내에 있는 소년소녀 가장 돕기에 앞장을 섰으며, 해마다 성탄절이 돌아오면 기독교인들만의 잔치가 아닌 모든 지역 사회를 향한 축복의 날임을 알리는 취지에서 정성껏 선물을 만들어 나누었습니다. 봉고차의 지붕에 스피커를 달고 차 안에서는 최은화 집사님의 키보드 연주가 은은하게 울려 퍼질 때, 김경애 집사님의 성탄의 소식을 알리는 메시지와 '고요한 밤 거룩한 밤'의 찬양은 성탄의 밤하늘을 메아리쳤습니다.

차 뒤로는 등불을 밝혀 든 성도, 산타 복장에 선물꾸러미를 짊어진 성도, 이어지는 아이들의 행렬이 장관을 이루었습니다. 이때 밖에서는 방송을 듣고 나오는 모든 사람에게 산타 옷을 입은 한 성도가 "메리 크리스마스!"를 외치며 선물을 하나씩 나누어주었습니다. 선물을 나누어주면서 작게나마 그리스도의 사랑을 전하려 했습니다. 이러한 일들이 당연히 지역 주민의 눈에 긍정적으로 보였고, 새에덴교회와 저는 확실히 인정을 받는 당당한 위치에 이르게 되었습니다.

새에덴교회에 대한 좋은 이미지를 확실히 심게 되자, 극성스런 새에덴교회라고 손가락질하던 가락시장 상인들이 저를 신우회 집회에 초대하게 되었습니다. 이 집회는 그동안 유명한 목사님들만 초청되었던 집회였습니다. 우리는 다시 한번 가락시장을 떠들썩하게 했습니다. 1톤 트럭에 찬양단이 올라타고 시장 구석구석을 누비고 전도지를 돌리며 가락시장 집회를 홍보했습니다. 이때에는 김창환 집사님이 한몫을 단단히 했습니다. 포스터 붙이는 일부터 현수막 다는 일까지 시장의 내부를 환히 아는 집사님인지라 선두지휘를 하며 시장의 곳곳으로 찬양단을 인도하였습니다. 어떤 날은 손수 트럭을 운전하기도 하였습니다.

그래서 졸지에 이 무명의 목사가 강사가 되었는데도 유명한 강사들이 올 때보다 더 많은 사람들이 모이게 되었다고 합니다.

사명자는 다시 일어난다

특별 새벽기도가 한창일 때였습니다. 그날따라 몸을 가눌 수 없을 정도로 피곤이 엄습했습니다. 그러나 그날 밤 책상에 앉아 말씀을 준비하기 시작했습니다. 그러다가 저도 모르게 책상에서 앉은 채 그만 잠이 들어버렸나 봅니다.

새벽 두 시쯤 되었을까, 왼쪽 아랫배 부근에 견딜 수 없는 고통이 오기 시작했습니다. 얼마나 고통이 심했던지 잠은 깨었지만 끙끙 소리도 제대로 못 내고 숨을 못 쉴 정도로 고통스러웠습니다. 아무리 소리를 지르려

하고 사람을 부르려 해도 소리가 나오지 않았습니다. 이러기를 몇십 분! 혼자 신음하던 소리가 기도하고 계시던 민 권사님 귀에 들려 마침내 저는 인근에 있는 국립경찰병원 응급실로 실려 가게 되었습니다.

박영호 집사님이 저를 병원으로 데려갔다는데 기억에 없을 정도로 저는 통증으로 고생을 했습니다. 아랫배 속이 찢어지는 듯, 칼로 도려내는 듯, 아니면 새끼줄로 온 창자를 묶어버리는 듯한 고통이었습니다. 그러니 걷지도 못했고 눕지도 못했으며 엎드리기조차 힘들었습니다.

병원에 가서 아무리 검사를 하고 엑스레이, C.T. 촬영을 해도 뚜렷한 원인을 알 수 없었습니다. 여전히 통증은 계속되었습니다. 정 권사님께서 아무리 제 배를 만지시며 간절히 기도해도 효과가 전혀 없었고, 한의원 원장 강기홍 집사님이 응급실에 달려와 침을 여기저기 놓아도 아무 진전이 없었습니다.

그러다가 5시 새벽기도 시간이 다가왔습니다. 저는 그런 통증 속에서도 새벽기도가 걱정되었습니다. 물론 대신 인도할 수 있는 전도사님이 있었지만 마음이 쓰였습니다. 이런 저의 모습을 보기가 너무 안쓰러웠는지 의사는 집사람과 상의를 하더니 수면제와 마취주사를 혈관에 놓아주었습니다. 몇 분 안 되어 저는 스르륵 잠이 들고 말았습니다.

몇 시간이 지났을까? 서서히 정신이 들기 시작했습니다. 잠에서 깨어보니 링거 바늘을 세 개나 꽂은 채 시트 위에 누워 있었습니다. 그 순간 저도 모르게 주사 바늘을 과감하게 빼버렸습니다. 일단 교회에 가서 특별 새벽기도를 인도해야겠다는 생각뿐이었습니다. 그때가 오전 9시 반이었는데 제겐 시간에 대한 의식이 전혀 없어 여전히 새벽인 줄로 알았던 것입니다. 가까스로 의사의 허락을 얻어 교회로 돌아오니 그때까지도 약 20명의 성도가 남아서 울면서 저를 위해 통성기도를 하고 있었습니다. "할렐루야!" 하고 외치며 달려가자 성도들이 기도하다가 말고 깜짝 놀라 돌아보는 것이었습니다. 저는 그들에게 짧은 명설교(?)를 토해냈습니다.

"사랑하는 성도 여러분! 언제나 사명자는 다시 일어납니다. 무슨 일을 당해도, 무슨 일이 일어나도 리빙스턴의 고백처럼 사명이 있는 자는 반드시 다시 일어나고 맙니다. 저도 아직 감당해야 할 사명이 너무 많이 있는 사명자이기에 이렇게 달려왔습니다. 성도 여러분! 언제나 사명자는 다시 일어나고야 맙니다."

기어이 제2부 특별 새벽기도회를 인도한 셈이었습니다. 병원에서는 제 몸의 이상 원인을 밝혀내지 못했습니다. 급성 신장염이나 방광염, 혹은 요도결석으로 짐작했으나 그 이후 그런 고통은 겪지 않았습니다. 그렇다면 하나님께서 이 위대한 산 설교를 하도록 하시기 위하여 고통스런 해프닝(?)이 일어나도록 하셨을까요? 저는 그때부터 지금까지 사명자는 반드시 다시 일어나게 된다는 설교를 입버릇처럼 외치고 있습니다.

이 사건을 통해 사명의 중요성을 무엇보다 실감 나게 깨달았고, 언제나 사명의 중요성을 설교하게 되었습니다.

천신만고 끝에 잉태된
분당 새에덴교회의 새로운 시대가 열렸다.

chapter 06

드디어 분당으로

교회 성장의 한계선에서

가락동에 교회를 개척한 지 4년째가 되었습니다. 그간에 예배당도 25평에서 120평으로 옮겼고 뜨거운 총동원 전도 행사도 두 번이나 치렀습니다. 그럼에도 불구하고 교회가 더 이상 도약을 하지 못하고 정체 상태에 놓였습니다. 300명 선에서 정체되어 있었고 그 이상을 뛰어넘지를 못했습니다. 아무리 전도를 하고 아무리 발버둥을 쳐도 그 한계를 벗어나기가 힘들었습니다.

첫째, 교회의 장소가 문제였습니다. 자동차가 계속 늘어나는 시대가 되었는데 주차 한 대 제대로 할 수 없는 건물의 우중충한 지하에서 예배를 드려야 했으니 더 이상 사람들을 수용한다는 것은 불가능했습니다. 이것이 한쪽 구석진 곳에 위치한 건물 지하 교회의 한계이기도 하였습니다.

둘째, 지역에도 문제가 있었습니다. 가락동 지역은 주거지역이 아니라 준주거, 준상가지역이었습니다. 그런데 시간이 가면서 자꾸 상업지역, 업무지역으로 바뀌어가는 것이었습니다. 주위에 오피스텔이나 빌딩만 자꾸 들어서고 더 이상 주택이 들어서지 않았습니다. 그런가 하면 아파트 분양 때문에, 혹은 좀 더 나은 지역으로 멀리 이사를 가는 교인들이 많아졌습니다. 목회의 위기감을 느끼기 시작했습니다.

셋째, 저의 지도력에도 문제가 있었습니다. 아무래도 큰 교회에서 부목사 생활을 못 해봤으니 많은 사람을 이끌어갈 지도력이 부족한 것 같았습니다. 그때까지는 제 지도력이 주먹구구식이었고 큰 집단을 이끌어갈 경영관리 능력이 부족했으니 어떻게 더 많은 교인을 수용할 수 있었겠습니까?

그래서 저는 한동안 기도하며 고민을 하였습니다. 그러다가 결단한 것이 교회 건축이었습니다. 어렵게 교인 수 300명, 500명까지 성장하고도 한순간에 공중분해 되어버리는 교회를 저는 많이 보았습니다. 이것이 상가 교회의 현실이기도 합니다. 그러기에 상가 교회를 탈피하고 한 단계 도약하는 교회 성장을 위해서라도 교회 건축 계획을 결단하게 된 것입니다.

건축위원회가 구성되고 인근의 땅을 물색하기 시작했습니다. 그러나 인근에 마땅한 땅이 없었습니다. 특히 가락동 지역은 상업지역이었기에 땅값이 너무 비쌌습니다. 쓸 만한 땅이 당시만 해도 평당 1,500만 원에서 2,000만 원이었으니 20억을 들인다 해도 100평밖에 살 수 없는 상황이었습니다. 그래서 문정동, 장지동, 오금동 쪽을 알아보았지만 가락동과 마찬가지였고, 가락동과 가까운 성남의 복정동 땅도 알아보았지만 금방 눈에 들어오지 않았습니다.

고민과 갈등은 더 커갔습니다. 바로 그즈음에 어떤 교인이 제게 가락동과 가까운 분당 신도시로 교회를 이전하면 어떻겠느냐고 제안을 했습니다. 거기서 땅 사는 것은 쉽지 않아도 상가를 한 층 분양받아 그곳에서 교회를 하면 좋지 않겠느냐는 것이었습니다. 분당 시범단지의 입주가 다 끝나고 양지마을 입주를 앞두고 있던 때였습니다.

그리고 어떤 이가 송파 지역에서 개척했다가 실패한 분이 분당으로 가서는 1년도 못 되어서 수백 명이 출석하는 교회를 이루었다고 제게 전해주었습니다. 그래서 당장 분당 지역을 답사해보고 몇몇 교회도 탐방해보았습니다. 그 결과 당장 자신감이 생겼습니다. 지금이라도 이곳에 오면 단숨에 500명, 1천 명을 이룰 것만 같아 보였습니다. 교회가 많지 않은데다가 이제 막 사방에서 입주를 해오는 신도시! 그야말로 황금어장이었습니다. 이곳에 와서 내 특기를 살려 새에덴교회의 바람을 불게 하면 성도가 기하급수적으로 늘어나리라는 사실이 벌써부터 훤히 보였습니다.

그래서 교회에 돌아와 몇몇 중직자와 기관장들을 모이게 해서 분당으로 가자고 설득했습니다. 모두가 이 일에 전적인 희생과 헌신을 드리기로 하였습니다. 그리고 양지마을의 궁전상가 5층을 계약하기로 하였습니다. 그러나 문제는 일반 성도들이었습니다. 그들에게 새에덴의 분당행 설이 전해지자 교회 분위기가 약간 뒤숭숭해졌습니다. 일부 성도들은 분당으로 가는 것을 이해하지 못했고 원치도 않았던 것입니다.

그래도 강행하려고 했습니다. 강행하면 일부 교인들이 반발할지라도 대다수의 교인들은 따라올 것이었습니다. 저는 이 일을 놓고 하나님께 심각하게 기도하였습니다. 기도원에 들어가 일주일을 금식하며 하나님 뜻을 여쭈었습니다. 제 목회 평생에 오점을 남기고 싶지 않아서였습니다. 만약에 제가 반대하는 그들을 그대로 버리고 분당으로 훌쩍 떠나버린다면 그들에게는 얼마나 상처가 되겠습니까? 그리고 그들은 저를 뭐라고 평하겠습니까? 참 목자인 줄 알았더니 알고 나니까 양을 버리고 간 삯꾼 중의 삯꾼이라고 하지 않겠습니까?

저는 일주일 동안 금식을 하면서 분당에 가지 않기로 결정했습니다. 한 사람이라도 이 일로 상처를 받을까 염려되어서였으며, 그 옛날 강단에서 기도하던 중, 주께서 들려주신 말씀이 생각났기 때문입니다. 많은 사람을 원하지 말고 내가 보내준 한 사람 한 사람을 끝까지 사랑하라는 말씀이 었습니다. 그래서 저는 교회 성장이 좀 더디더라도 먼저 하나님이 제게 맡겨주신 성도들을 끝까지 사랑하기로 결단하였습니다. 그러면 언젠가는 가락동 인근에 좋은 교회를 주실 것이고, 애당초 하나님께서 주신 찬란한 약속대로 큰 역사를 베풀어주실 것이라고 믿었습니다. 사실 지금 생각해 보면 교인들을 설득하는 저의 지혜와 전략이 좀 어리석었던 것 같습니다. 너무 일방적이었고 제 열정만 앞세웠던 것 같습니다. 이것은 훗날 제게 큰 교훈이 되기도 했습니다.

분당행을 단념하고 머리를 식히며 좀 더 뜨거운 은혜를 재충전하려는 의미에서 성지순례를 떠났습니다. 분당 가는 것을 빨리 잊어버리기 위해서라도 성지순례를 택한 것입니다. 성남에 갈 일이 생겨도 아예 분당 쪽은 보지도 않고 일부러 반대쪽을 보면서 운전을 하였습니다. 판교-구리 고속도로를 달릴 때도 분당 쪽을 보지 않고 반대쪽을 보며 지나다녔습니다. 분당을 생각하지도 않기 위해서였습니다. 그리고 오직 가락동에서 보내주신 성도들을 죽도록 사랑하며 목양일념으로 목회에만 전념하였습니다. 그럼에도 불구하고 교회 성장 한계선은 여전히 변동이 없었습니다. 물론 지속적 성장은 이루었지만요. 더구나 얼마 후에 계약하기로 했던 분당의 상가를 가보니 그곳에 다른 교회가 들어왔는데 이미 800명이나 모이고 있었습니다. 짧은 기간에 그렇게 부흥한 모습을 보니 얼마나 충격이 되었는지요. 정말 가슴을 치며 울고 싶었습니다.

'만약에 우리 교회가 이곳으로 왔다면 얼마나 부흥되었을까?' 생각하니 너무나 분통이 터지고 억울한 생각이 들었습니다. 그러나 어쩔 것입니까? 이미 지나간 과거의 운명을 어떻게 돌이킬 수 있겠습니까? 그래서 주어진 현실을 그대로 받아들이면서 주님을 사랑하며 목회에 충실하기로 했습니다. 저는 선악과나무를 택하지 않고 생명나무를 선택했던 것입니다.

사람의 지혜를 넘어서는 인도

그러던 어느 날 어떤 분이 분당에 교회 짓기에 너무 좋은 종교부지가 하나 있다고 제게 귀띔을 해주었습니다. 원주민 교회에서 소유하고 있는 것인데 도저히 건축할 능력이 되지 못해서 타 교회에 매각을 한다는 것입니다. 이 사실을 교회에 알렸습니다.

그러나 이번엔 지난번 일을 거울삼아 좀 더 지혜롭고 성숙한 방법으로 이 소식을 알렸습니다. 먼저 저 혼자서 들뜨지 않고 무엇보다 목회 본질에 충실한 모습을 보였습니다. 그리고 왜 분당으로 가야 하는가에 대한 이유와 비전, 목표 등을 설명해주었습니다. 또한 반대할 가능성이 있는 분들은 찾아가 의논하고 기도하는 등 미리 예방사역을 지혜롭게 했고 생명력 있게 분위기 조성을 했습니다.

그러자 성도들은 어서 빨리 그 땅을 사자는 것이었습니다. 오히려 그전에 분당으로 가는 것을 좋아하지 않았던 성도들이 더 성화였습니다. 소 목사님은 분당으로 가야 더 큰 일을 하고 새에덴교회도 더 큰 교회가 된다는 것입니다. 이렇게 그들이 더 앞장을 서고 더 열정적인 헌신을 보내주었습니다.

여기서 저는 너무나 중요한 사실을 깨달았습니다. 똑같은 하나님의 일도 나 혼자만 서두른다고 되는 것이 아니라 먼저 하나님을 앞세우면서 자제하고 지혜롭게 해야 한다는 사실을 말입니다. 이 교훈은 앞으로도 많은 큰일을 해야 하는 저에게, 특히 일방적이고 조급하기를 잘하는 저에게 뼈가 되고 살이 되는 목회의 보약이 되었습니다.

그래서 조금 늦은 감은 있었지만 분당행 결정은 이렇게 자연스럽게 이루어졌습니다. 어느 누구의 반대도 없었고 이 일로 어느 한 명도 실족하는 일이 없었습니다. 이렇게 하여 그 땅을 곧바로 우리 교회 부지로 계약할 수 있었습니다. 얼마 전까지만 해도 분당 가는 것을 못마땅하게 생각하던 사람이 어떻게 스스로 감동이 되어 오히려 저렇게 열성적일 수 있단 말입니까?

목회는 전적인 하나님의 은혜의 결과라는 사실을 또 한번 실감하게 되었습니다. 역시 목회는 하나님이 역사해주셔야 합니다. 뒤늦게 안 사실이지만 제가 분당행을 주장할 때 반대했던 성도들은 그 이후 교회와 저에 대해서 미안해하다가 교회 부흥을 위해 기도하기 시작했다고 합니다.

이번에는 오히려 그들이 분당으로 가기를 앞장섰습니다. 그렇게 해서 자연스럽게 분당에 교회 부지를 구입하게 되었습니다. 이 얼마나 역설적인 하나님의 인도하심입니까? 만약 그전에 무리를 해서 분당에 갔으면 큰 부작용이나 시험이 따랐을지도 모릅니다. 그런데 이번에는 만장일치로 분당에 가자고 결정했을 뿐 아니라 교회를 지을 수 있는 부지까지 마련해서 분당에 갈 수 있게 된 것입니다.

확실히 목회는 급할 때일수록 하나님 앞에서 무릎을 꿇으며 기다리는 것이 중요합니다. 목양일념 자체가 중요합니다. 한 영혼을 귀히 여기는 일, 하나님이 맡기신 성도 하나하나를 돌보는 일이 우선입니다. 그럴 때 언제나 제 목회의 현장에는 하나님의 역설적인 인도와 축복이 대기하고 있었습니다.

자체 부흥회

무엇보다 분당의 종교부지 구입과 성전 건축에 막대한 영향력을 발휘한 것은 자체 부흥회였습니다. 부흥강사를 모시고 부흥회를 한 번 했던 적이 있는데 그 부흥회를 하고 나서 적지 않은 후유증과 함께 시험이 들어 교회를 떠난 성도들도 꽤 있었습니다. 그 일이 있고 난 후부터는 외부 강사를 모시는 것이 부담스러웠습니다. 그래서 생각한 것이 제가 직접 인도하는 자체 부흥회였습니다. 물론 저에게 부흥사 기질과 은사가 많았으며 전도사 시절 부흥회 활동을 조금 했던 것은 사실이지만 자기 교회에서 부흥회 강사로 나선다는 것이 그리 쉬운 일이 아니었습니다.

먼저 하나님께 무릎부터 꿇었습니다. 필요한 지혜와 꿀같이 단 말씀의 비밀과 광맥을 발견케 해달라고 기도했습니다. 그다음으로 부지런히 성경을 읽으며 필요한 책을 탐독했습니다. 그때는 부흥설교집 같은 것은 거의 전무하였기에 이 책 저 책을 보면서 예화를 뽑는 데 주력을 했습니다.

그때 집중적으로 연구한 것이 교회론과 축복론이었습니다. 제 목회의 기본 소신인 일원화 목회를 잘하기 위해서는 생명력 있는 교회론을 가르쳐야 했고, 아울러 교회론을 중심으로 한 축복론을 가르쳐야 했습니다. 또 구할 수 있는 범위 내에서 다른 분들의 부흥설교 테이프를 듣기도 했고 비디오테이프도 참고했습니다. 부흥회를 많이 참석해보지 않았기 때문에 일단 다른 분들의 부흥설교를 들어봐야 했고 비디오를 통해서 집회의 특징을 연구해야 할 필요가 있었습니다.

그러고 나서 기도원으로 들어갔습니다. 일주일 동안 부흥회에서 할 모든 말씀을 다 원고로 정리하고 체계를 세웠습니다. 교회에 내려와 강단에서 최종 리허설까지 했습니다. 처음으로 해보는 자체 부흥회이니만큼 이렇듯 심혈을 기울여야 했습니다.

그렇게 해서 부흥회는 시작되었습니다. 그런데 생각하지도 못했던 일이 일어났습니다. 첫날부터 은혜가 쏟아지는 것이었습니다. 강단에 선 저의 입에선 따발총처럼 말씀이 터져 나왔고 자연스러운 모션, 분위기를 살리는 제스처와 더불어 울려 퍼지는 찬양, 칠판에 써가며 한 말씀이라도 더 가르치려는 뜨거운 열정을 통해 성도들은 말씀이 떨어지기도 전부터 아멘을 외치기에 바빴습니다. 아직은 우물 안의 개구리였지만 성도들이 은혜를 받고 진정으로 좋아했고, 언제 목사님이 이렇게 부흥회를 잘하게 되었느냐고 묻는가 하면, 이럴 줄 알았으면 진작부터 목사님이 부흥회를 하실 일이지 왜 여태 안 하셨냐는 것이었습니다. 순식간에 교인들에게 스타(?)가 된 것입니다.

삼십 대 초반 나이에 본교회에서 부흥회 한 번만 잘해도 교인들이 목사를 보는 눈이 달라지기 시작합니다. 감사한 것은 팥죽 같은 진땀을 흘리며 믿음으로 선포한 말씀이 심령의 밭에 씨로 떨어져 대부분 그 축복의 말씀대로 성도들의 삶 속에서 이루어지는 것을 그들이 체험하기 시작한 것이었습니다. 이 자체 부흥회의 진가는 더욱 높아갈 수밖에 없었습니다.

결국 저는 1년에 두 주간 자체 부흥회 하는 것을 목회의 기본일정으로 정해놓았습니다. 지금도 매년 초와 7월 말에서 8월 첫 주는 제가 직접 부흥회를 하고 있습니다. 그래서 이 자체 부흥회의 진가가 더욱 돋보이면서 저의 메시지는 성전 건축을 통한 축복론으로 옮겨졌습니다. 지금까지는 말씀을 본질로 한 교회론, 주의 종을 핵으로 한 교회론 중심의 축복론을 외쳐왔지만, 이제부터는 성전 건축을 통한 축복론의 광맥을 파기 시작했습니다. 확실히 은혜와 축복도 예수 그리스도 안에서 몇 가지 길이 있음을 발견했습니다.

그 축복의 비밀의 길과 광맥을 파서 저는 부지런히 외쳤습니다. 열을 다하고 성의를 다하여 부흥회를 했습니다. 그 결과 성도들의 가슴에 성전 건축의 불이 붙게 된 것입니다. 저는 살던 전셋집을 사글세로 바꾸어 헌금을 드리면서 건축 적금 구좌운동을 벌여갔습니다.

그래서 가난한 사람, 아직도 참여하지도 못한 사람도 건축헌금에 참여를 하기에 이르렀습니다. 이렇게 교회가 뜨거운 분위기로 고조되어, 외부 강사 모셔다가 부흥회 한 번 안 하고 작정 한 번 안 시켰어도, 40억이 넘게 요구되는 엄청난 일을 온 성도가 자원하는 마음과 견딜 수 없는 뜨거운 마음으로 해낼 수 있었습니다.

목회에서 실패는 언제나 기회가 된다는 사실을 또 깨달았습니다. 그때 부흥회를 실패했다고 체념하고 있었더라면, 그때 강사님을 원망하고 푸념만 하고 있었다면 좋아질 게 뭐가 있었겠습니까? 더 깊은 시험의 계곡으로 빠져버렸을지도 모릅니다. 그러나 저는 그때의 실패를 성공의 기회, 도약의 발판으로 삼았습니다. 그래서 그 실패로 자체 부흥회를 시작했고 부흥회는 이런 엄청난 결과를 낳게 되었습니다.

그뿐입니까? 지금까지 준비한 말씀을 가지고 다른 교회에 가서 집회를 해보았더니 오히려 더 큰 역사가 나타났습니다. 온 교회가 은혜로 하나가 되었고 말할 수 없는 문제가 많이 있던 교회도 다 회개하며 주의 종을 중심으로 하나를 이루는 것을 너무나 생생하게 목도하였습니다. 확실히 어설펐지만 그때의 자체 부흥회는 21세기의 신실한 목회적 부흥사가 되기 위한 연습이기도 했습니다.

옥합은 지금도 깨진다

성전 건축의 이야기에 김현숙 권사님을 뺄 수가 없습니다. 이분은 제가 광주에서 자기와 함께 개척하지 않는 것에 대해서 몹시 섭섭해하셨습니다. 그럼에도 불구하고 적어도 하나님께 기도생활을 하시는 분이기 때문에 그것이 하나님 뜻임을 깨닫고 금방 이해를 해주셨습니다. 오히려 이것을 이해하지 못한 남편 문정남 장로님을 설득시키고 어떻게든 제 개척의 길을 도와주려고 하셨습니다.

끝까지 문 장로님이 도와주시지 않자 권사님께서 장로님 모르게 음으로 양으로 저를 도와주셨는데, 한번은 오백만 원을 개척자금으로 쓰라고 헌금해주기도 했습니다. 이렇게 친누님처럼, 형수처럼, 아니 그 이상으로 저를 사랑해주셨습니다. 이 촌놈이 처음으로 미국을 갈 때도, 성지순례를 갈 때도 이분의 사랑이 큰 힘이 되었으며, 서재에 있는 많은 책들도 그분의 눈물 어린 사랑으로 채워진 것들이었습니다. 집사람이 딸아이를 잉태하여 고생을 할 때 역시 여러모로 사랑의 봉사를 아끼지 않으셨습니다.

이런 권사님께서 몇 년 후 성령의 감동 가운데 가락동에 사놓은 5층짜리 작은 상가 건물을 새에덴교회에 건축헌금으로 드리고 싶은 마음이 드시더랍니다. 그때는 우리 교회 건축 운동이 막 일어날 때였는데 김 권사님은 제가 인도하는 자체 부흥회에서 은혜를 받고 견딜 수 없는 마음이 들었던 것입니다. 성전 건축과 축복이란 설교를 듣고 그것을 내놓지 않고는 배기지 못할 것 같은 마음이 들었다고 합니다. 그러나 바치고 싶은 그 마음을 어떻게 표현할 수 있겠습니까? 워낙 돌같이 마음이 굳어 있는 문정남 장로님이 허락할 리 만무했기 때문입니다. 광주에 개척을 할 일이지 서울까지 올라간 교회에 왜 헌금을 하느냐고 하실 것이 분명했습니다. 장로님과 권사님의 팽팽한 의견 대립 끝에 김 권사님은 사돈 김양님 권사님과 함께 일주일 동안 물 한 방울 안 마시고 단식투쟁에 들어갔습니다.

저는 헌금이 중요한 것이 아니라 가정 화목이 더 중요하다고 하면서 두 분을 말렸지만 두 분 권사님들은 끝내 죽으면 죽으리라는 일사각오의 단식투쟁을 했던 것입니다. 원래 연약한 몸에 육체는 거의 탈진 상태에까지 이르고도 성전 건축헌금에 상사병이 난 그 분들의 머리와 가슴엔 부흥회 때 성전 건축의 설교 메시지만 생각날 뿐 거의 실성한 사람들처럼 되어 갔습니다.

일이 이쯤 되자 문정남 장로님도 완전히 포기하시고 마침내 저에게 심방을 부탁하시더니 집문서를 내놓고 축복기도를 해달라고 하시는 것입니다. 한 여인의 희생이 이런 엄청난 결과를 낳게 한 것입니다. 이 소문이 교회 안에 퍼지자 성전 건축의 열기는 더 뜨겁게 번져갔습니다. 너도나도 분연히 일어나서 건축헌금에 앞을 다투는 역사가 일어나게 되었습니다.

광주에서의 개척 제의를 마다하고 서울로 올라간 제게 서운함을 가지고 계시던 장로님은 이런 일을 치르고 나서부터는 태도가 180도 바뀌셨습니다. 일주일에 한 번 서울과 광주를 오가시면서 교회 예배에 참석해주셨고 시무장로로 교회를 섬기셨습니다. 교회 건축비를 건설회사에 지급하지 못해서 공사가 중단될 수밖에 없을 때마다 필요한 헌금을 해주셨습니다. 그것도 다급해진 제 마음을 읽듯이 말입니다. 목사를 섬기는 데 있어서도 모델이 되었습니다. 자식 같은 나이의 목사를 하늘처럼 받드시는 모습은 제게 큰 감동을 주었습니다. 다 이것이 전적으로 하나님의 은혜였고 자체 부흥회와 연관된 결과였습니다.

나의 목회 매니저

제 목회의 최고 은인이요 빼놓을 수 없는, 아니 없어서는 결코 안 될 분이 계십니다. 그분은 제 신앙의 어머니요, 기도의 어머니요, 영적인 스승이며, 육신적으로는 장모님인 정금성 권사님이십니다. 이분은 제 목회의 특별 자문위원이며, 특별 코치요, 매니저라고 할 수 있는 분입니다.

처음에는 저를 영적인 아들 이상으로 생각하지 않으셨고, 솔직히 사위로까지 삼으실 마음은 없으셨던 모양입니다. 그러나 지금은 저를 사위로 삼은 것을 너무너무 다행스럽게 생각하고 계신답니다. 저도 지금 생각하면 이런 장모님이 제 뒤에서 기도로 후원해주고 제 목회의 매니저 역할을 해주고 있다는 것이 얼마나 큰 축복이요, 보배인가를 느끼고 있습니다. 만약에 제게 이런 장모님이 안 계셨더라면 오늘날 이렇게 목회를 하기 어려웠을 것입니다. 과연 제가 그분의 사위가 된 것이 너무너무 다행스런 일이 아닐 수가 없습니다. 장모님은 지금껏 제 영적인 스승이시며, 저를 위한 희생의 제물이 되셨으며, 지금도 제 목회의 매니저 역할을 하고 계시기 때문입니다.

서울로 신학교를 다니기 시작할 때였습니다. 그때 정 권사님이 제게 이런 말씀을 하셨습니다.

"소 전도사! 만약에 자네에게 세상 음란이 틈타면 하나님께서 삼손처럼 두 눈(영적인 눈)을 빼버리시고 자네를 허수아비 같은 종으로 삼으실 것이네. 그러니 언제나 성결하고 마음 관리를 잘하시게."

"자네는 언제나 올챙이 시절을 생각하며 살아야 하네. 자네 올챙이 시절을 생각해보소. 눈물 없이는 말할 수 없는 자네의 올챙이 시절! 이 올챙이 시절만 생각하면 자네에게 임한 하나님의 은혜가 너무 커 절대로 교만할 일이 생겨도 교만할 수가 없을 것이라네. 부디 교만하지 말고 교만할 일이 생기더라도 그때마다 올챙이 시절만 생각하고 살게나."

"자네는 큰 교회를 이루고 큰 종이 되는 것보다 흠과 티와 주름이 없는 깨끗하고 성결한 종이 되어야 하네. 마음에 때가 묻고 더러움이 틈타면 어떻게 심령들을 살릴 수 있겠는가? 오직 성결, 오직 순결만 지키면 그것이 목회의 재산이 되고 보배가 되어 드디어 모세처럼, 다윗처럼 큰일을 하게 될 것일세."

그 분은 제가 외출할 때면 저를 붙들고 기도합니다. 어디를 가서도 마음에 때가 안 묻고 심령이 오염되지 않도록 말입니다. 혼자서만 기도하는 것이 아니라 기도특공대들을 거느리고 합니다. 특별히 제 설교를 위해서 피나는 혈투의 기도전쟁을 하십니다. 그리고 언제나 제 옆에서 제 소명감과 열정의 열도를 진단해주시며 가늠해주십니다. 그리고 저는 그런 영적인 조언과 충고를 언제나 겸손하게 수용합니다. 왜냐하면 앞장선 제가 바로 서야 하고 언제나 합당하고 인정받는 종이 되어야 하기 때문입니다.

그러니 그 분은 언제나 제 영적인 생활의 매니저요 목회의 자문위원인 셈입니다. 이렇게 옆에서 기도하면서 충고하고 조언해주는 분이 계시다는 것이 얼마나 큰 축복입니까? 그렇다고 제 목회의 질서를 파괴하는 분이 절대로 아닙니다. 다만 집에서는 개인적으로 이렇게 충고하고 조언을 해주시지만 교회에선 공적으로 철저하게 하나님의 종으로 섬기고 당회장으로 모실 뿐입니다. 말과 행동과 모든 처신이 철저히 성도의 입장에 서 있고 또 저의 말과 명령에 꼼짝없이 순종을 합니다. 참으로 얼마나 아름다운 모습입니까?

그러니 정말 저는 행복한 목사입니다. 너무나 크게 은혜를 받은 목사입니다. 그러나 이 모든 행복과 축복도 뜨거운 소명감이 도적질 당하고 저의 성결과 열정의 불이 식어질 때 함께 사라지게 될 것이라고 두려워하며 살아가고 있습니다.

"주여! 저에게 이런 어머니, 저의 영적인 매니저를 주심을 감사드립니다. 그러나 여기서 방심하지 말고 주님 오시는 그날까지 끝까지 이 축복을 빼앗기지 않게 하소서. 이 믿음, 이 열정, 이 소명감을 끝까지 도적 당하지 않게 하소서."

드디어 분당으로

분당에 땅을 구입하고서는 가락동에 더 이상 머물러 있을 필요가 없어졌습니다. 그러나 분당 지역에 예배 처소를 구해야 하는데 도무지 마땅한 장소가 나타나지 않았습니다. 그래서 한동안 예배 장소 구입 문제로 애를 써야 했습니다. 전에 계약하려고 했던 궁전상가는 이미 다른 교회가 들어가서 급성장을 하고 있었습니다. 당시엔 아파트는 많았는데 상가가 별로 지어지지 않았습니다. 그렇다고 길어야 1년, 그렇지 않으면 8,9개월만 사용하면 될 예배 처소를 위해 분양을 받을 필요는 없는 형편이었습니다.

그래서 장소를 백방으로 물색하다가 우선 아파트를 한 채 임대하였습니다. 거기서 예배를 드리기 위해서였습니다. 그래서 몇 달 동안을 가락동과 분당에서 각각 예배를 드려야 했습니다. 가락동에서 주일 8시와 9시 반, 그리고 분당 아파트에서 11시 30분에 예배를 드린 것입니다. 심지어 아파트에서 새벽기도회와 수요예배까지 드리면서 저는 가락동과 분당 사이를 뛰어다니며 기를 쓰고 온갖 열심을 다해 목회에 힘썼습니다.

그러다가 마침 정자동에 있는 130평짜리 건물이 있어 무조건 그곳을 계약하였습니다. 처음엔 3층을 계약했으나 2층과 4층의 상가임대인들이 너무나 반대를 하고 지하로 내려갈 것을 호소해서 할 수 없이 지하로 내려갔습니다. 그런데 세상에 무슨 건물이 그렇게 지어졌는지…. 지하에 기둥이 나란히 네 개가 박혀 있었습니다. 그것도 기둥이 어찌나 두꺼운지 꼭 고가도로의 다리 기둥과 같이 컸습니다. 그리고 유리창 하나도 달려 있지 않아 어둡고 공기가 안 통해 칙칙할 뿐 아니라 화장실이 지하실 내에 있으니 냄새가 좋을 리 있겠습니까?

한마디로 수준 있게 사는 지식층의 신도시 주민이 와서 예배드릴 장소로서는 완전히 빵점짜리였습니다. 그뿐 아니라 그 장소는 아파트와는 너무 떨어진 곳이었습니다. 물론 양지마을 한양아파트와는 길 하나를 두고 있었지만 8차선의 큰길 건너편에 위치함으로써 바다를 가운데 끼고 있는 섬과 섬의 분위기 같았습니다. 거기에다가 건물의 지하였으니 최악의 조건이었습니다.

그럼에도 불구하고 아쉬운 쪽은 우리였기 때문에 어쩔 수 없이 그 건물을 계약하고 말았습니다. 물론 인테리어는 엄두도 못 냈습니다. 의자와 음향시설도 가락동 것을 그대로 가져다가 설치했습니다. 그곳에서 얼마동안만 있을 것으로 생각했기 때문입니다. 그곳으로 장소를 옮기면서부터 분당 교회들 중 가장 늦은 후발주자로서 온갖 열심을 다해 전도를 했습니다.

먼저 교회 홍보에 주력을 했습니다. 물론 홍보를 잘하고 효과적으로 전도를 하기 위해 지역 조사와 지역 교회 조사도 미리 다 했습니다. 그 조사 결과를 기초로 홍보지를 만들고 교회신문을 만들었으며 특별히 제 자신의 간증과 교회 소개를 실은 '찬란한 약속'이라는 소책자를 만들어 교회 홍보의 수단으로 삼았습니다.

1994년도 여름은 유난히 더웠습니다. 그래서 저는 재빨리 새에덴교회 건물 투시도를 그린 부채 만 개를 만들어 교회 홍보를 하였습니다. 사람들에게서 그 부채가 부쳐질 때마다 새에덴교회의 바람도 함께 불었으며 사람들의 입에서 입으로 새에덴교회의 소문은 산불처럼 번져갔습니다. 그뿐입니까?

"우리 새에덴교회, 한 번만 와 보세요."
"우리 목사님 설교 정말 은혜스러워요."
"새에덴교회의 예배는 축제의 분위기입니다."
"오늘은 좋은 날 새에덴교회 가는 날!"

이런 내용의 현수막을 붙여 교회 홍보를 했습니다. 교회 장소가 안 좋으니 홍보라도 잘해야 했습니다. 물론 너무 선정적인 홍보를 한다고 주위 교회로부터 질타를 당하기도 했습니다. 그때마다 그분들의 꾸짖음을 수용하고 수정하기도 했지요. 이렇게 저는 주로 홍보의 초점을 교회의 신선감에 두었습니다. 고전적이고 전통적인 교회보다는 영적인 교회, 생동하는 교회로 초점을 맞추었습니다. 왜냐하면 그것이 신도시에 새집을 장만해서 이사 온 사람들에게 가장 공감을 얻을 수 있고 설득력이 있을 것이라고 생각했기 때문입니다.

또한 사랑이 많으며 훈훈하고 포근한 고향 같은 교회로 초점을 맞추기도 했습니다. 삭막한 신도시에 사는 신도시 주민의 닫힌 마음을 열고 차가운 마음들을 끌어당기기 위해서였습니다. 이렇게 좋은 교회의 이미지를 홍보하면서 저는 순수한 불신자 전도와 멀리서 이사 와서 교회를 정하려는 유동교인들을 인도하는 두 가지 전략을 동시에 실행했습니다.

물론 전도는 온 성도가 함께 참여하였지만 전도특공대의 역할이 두드러졌습니다. 이들은 온 아파트를 이 잡듯이 가가호호 방문을 하면서 그야말로 특공대다운 전도를 하였습니다. 그 삼복더위에 비지땀을 흘리며 아침부터 저녁까지 전도하였습니다. 아파트 계단을 오르내리느라 장딴지에 알통이 생겼고, 아침에 일어나면 허리가 삐그덕 소리를 낼 정도로 수고를 다하였습니다. 전도특공대들이 얼마나 열심이었던지, 분당 지역 교회들 사이에도 '새에덴 전도특공대' 하면 그 열심이 정평이 나 있었습니다.

얼마나 전도에 열심이었으면 대부분의 전도특공대는 잘 때도 전도하는 꿈을 꾸었고, 자다가도 침대에서 일어나 남편에게 전도를 할 정도였습니다. 그것도 이제 막 등록한 분당 성도들이 말입니다.

저는 주로 상처를 쓰다듬고 보듬어주는 위로의 메시지, 꿈을 주고 소망을 주며 용기를 주는 비전의 메시지, 심령을 일으키고 각성시켜 사명자로 충성케 하는 사명의 메시지 등을 선포했습니다. 역동적이고 생동감이 넘치는 설교를 하려고 혼신의 노력을 다했습니다. 그리고 모든 예배는 축제 그 자체였습니다. 그러나 각 예배별로 색깔의 차이는 두었습니다. 낮 예배는 치유와 소망의 말씀 선포가 중심되며 거룩함과 축제가 어우러진 예배, 주일 밤에는 새에덴 찬양단이 중심된 찬양예배, 수요예배는 주제별 강해로, 금요철야기도회는 현대인의 영적 욕구와 갈망이 충족되게 하는 집회로, 새벽기도회는 새벽 만나를 먹으며 풍요한 하루를 기도로 여는 예배로 차별화를 한 것입니다.

분당에 간 지 몇 달 만에 출석성도는 600~700명을 넘었습니다. 그래서 예배도 3부예배까지 드려야 했습니다. 성전 건축만 완공하여 입당한다면 두세 달도 못 되어서 1,000명이 될 것이고 금세 2,000명을 이룰 수 있을 것 같았습니다. 참으로 행복한 비명을 지르는 나날들이었습니다.

하필이면 고압선이

교회 건축을 위해 미관심사서류를 준비해서 토지공사와 성남시청을 들렀을 때 기절초풍할 사실을 알게 되었습니다. 그렇게 눈물겹게 마련한 종교부지 위에 345,000볼트의 전기가 흐르는 국내 최고의 고압선이 지나고 있어, 그 땅에 교회 건축을 할 수 없다는 것이었습니다. 이것은 꿈이 아니라 엄연한 현실이었습니다. 우리 교회 부지 위에 실제로 345,000볼트의 고압선 송전철탑이 서 있었습니다. 하필이면 왜 우리 땅 위로 그 송전철탑이 지나갈 게 뭡니까? 토지공사와 한전 측이 거기에 종교부지가 있다는 것을 모르고 그만 실수를 해버린 것입니다.

그러니 어떻게 그 땅 위에 교회를 세울 수 있겠습니까? 억울한 쪽은 우리 교회 쪽이었습니다. 정말 눈앞이 캄캄했습니다. 당장 저는 토지공사와 한전 측에 철탑을 옮겨달라고 요구했습니다. 이것은 정부의 실수이기 때문에 교회 측에서 합법적으로 요구를 하면 국가에선 당장 옮겨주어야 하는 상황이었습니다.

그러나 되돌아온 답변은 그 철탑 전체를 옮기려면 수백억 원의 경비가 소요된다는 것입니다. 즉 수백억의 국영기업체의 경비가 헛되게 소비되게 되는데, 교회 하나 지으려고 그런 엄청난 경비를 꼭 없애야 하겠느냐는 것입니다. 그리고 다른 더 좋은 땅을 대체해줄 터이니 그게 어떻겠느냐는 토지공사 측의 제의가 들어왔습니다.

가만히 생각해 보니 정말 그들의 말이 옳은 것도 같았습니다. 그들이 실수한 것은 실수한 것일지라도 6개월 이내에 좋은 땅으로 교체해준다니, 이런 대안이 있음에도 불구하고 기어이 나랏돈을 수백억이나 없앨 수는 없었습니다. 그래서 순수한 애국의 일념으로 토지공사의 제의를 받아들였습니다.

그러나 나중에 알고 보니 이것은 그들의 지능적인 전략에 순진한 제가 넘어가버리고 만 것입니다. 땅을 옮기는 데 6개월이면 될 것이라는 말은 빛 좋은 개살구였습니다. 자그마치 2년 3개월이나 걸렸습니다. 서류가 토지공사 분당사업단에서 토지공사 본사로, 또 본사 결재를 하여 성남시청으로, 성남시청에서 또 토지공사로, 토지공사에서 또 건설부로 이렇게 하기를 몇 번 하는 사이 2년이 넘은 것입니다.

저는 시간이 급해 발을 동동 구르는데 관공서는 왜 그렇게 태만하기만 한지…. 또 엎친 데 덮친 격으로 문민정부 이후 건설부가 건교부로 합병되는 바람에 일 처리가 더 늦어졌습니다. 토지공사가 바꾸어준 땅을 건교부가 합법적인 종교부지로 최종승인을 해줘야 미관심사를 받고 건축허가를 받을 수 있는데 계속 늦어지기만 하니, 하루하루가 침이 마르고 애가 타고 피가 거꾸로 솟는 삶의 연속이었습니다.

교회 건축에 대한 소식이 분당에 다 소문나 있는데 저는 이 사실을 어떻게 설명해야 할지 몰랐습니다. 저는 성도들 앞에서도, 다른 목사님들 앞에서도 아무 말 할 수 없었습니다. 누군가 왜 교회 건축이 늦어지고 있느냐고 물어보면 어디론가 도망을 가버리고 싶은 마음뿐이었습니다. 더구나 이런 소문이 금방 분당 지역에 떠돌게 되었습니다. 이런 소문이 자꾸 떠돌면 교회로서는 유익할 리가 없습니다. 게다가 우리의 전도특공대의 과열된 전도로 말미암아 우리 교회를 평소에 좋지 않게 생각한 사람들이 퍼뜨린 헛소문까지 나돌게 되었습니다.

"새에덴교회는 너무 뜨거운 교회다. 가서 너무 열심히 하다가 광신자자 된다."

"새에덴교회는 건축 문제로 시험이 들어 있는 교회다. 그러므로 새에덴교회에 가면 물질 문제로 시험이 든다. 그러니 그 교회로 가지 말고 우리 교회로 오라."

이런 뜬소문에 저는 마음이 몹시 아팠습니다. 등록한 지 얼마 안 되는 신입교우들은 교회 건축에 부담을 느끼고 눈치를 슬슬 보며 장기 결석자가 되어갔습니다. 나중에 알고 보니 그들은 이미 건축한 교회에 출석하고 있었습니다. 입맛이 씁쓸했습니다. 게다가 이제 신축할 교회 부지 주변에 있는 아파트도 입주가 거의 끝났는데 교회는 땅 문제 하나도 해결하지 못하고 있으니 정말 저는 하루하루를 발만 동동 구르며 살았습니다.

같은 지역에 종교부지를 구입한 교회는 이미 아파트 입주시기에 맞추어 입당을 해서 성도 수 1,500명 선을 넘기며 초고속 성장을 이루고 있는데 도대체 저는 언제 종교부지 최종승인을 받아내고 언제 미관심사를 받고 건축허가를 받아 어느 회사와 공사계약 체결을 하여 건축을 시작할지 눈앞이 캄캄해졌습니다. 그리고 당장 교회 건축을 시작한다 할지라도 이미 그때는 입주가 완전히 끝나버린 상태일 텐데 어떻게 해야 할지 몰랐습니다. 그러니 제 마음이 얼마나 조급했겠습니까? 저는 이런 하루하루를 2년 3개월이나 연속하였습니다.

연달아 절망

2년 3개월이 지나서야 건교부에서 종교부지 승인이 떨어지게 되었습니다. 기다린 보람은 있었습니다. 기존의 땅보다 약 80평 이상이 더 넓게 공급되었기 때문입니다. 그래서 부랴부랴 설계를 해서 미관심사를 받고 건축허가를 받았습니다. 손에 땀을 쥐고 열심히 서둘렀지만 이 과정도 4개월이나 걸렸습니다. 이 4개월 동안도 침이 마르고 목이 타는 순간이 계속되었습니다. 그러나 어쨌든 건축허가까지는 받아냈습니다.

드디어 1995년 9월 24일! 그렇게도 고대하고 사무치게 기다렸던 성전 건축 기공예배를 드리게 되었습니다. 아무리 건축이 늦어졌다 할지라도 이제라도 성전 건축을 시작할 수 있다는 것 자체가 너무나 기쁘고 감사했습니다. 그래서 이날 한 시간의 감사예배로 지난 2년 3개월의 모든 한숨과 고통들이 다 씻기는 것 같았습니다.

다음 날부터 포크레인이 와서 땅을 파기 시작했습니다. 덤프트럭 열 대가 포크레인이 퍼주는 흙을 열심히 가져다 날랐습니다. 하루하루가 감격에 들뜬 나날이었습니다. 어떤 날은 너무 좋아서 포크레인이 땅을 파고 흙을 퍼주는 광경만 신기한 듯이 보다가 한나절을 보내기도 했습니다.

'이제 조금 있으면 콘크리트로 바닥 공사를 할 때가 되겠구나!'

아! 그런데 또 이 웬 날벼락이란 말입니까? 주위에 입주한 빌라 단지의 일부 주민들이 교회 건축 공사를 당장 중지시키고 건축허가를 취소하라는 민원을 분당구청에 낸 것입니다. 사실 예상을 한 바였습니다. 원래 철탑사건이 없었더라면 주민들이 입주하기 전에 교회 공사를 다 끝냈을 텐데 철탑사건으로 공사가 늦어진 바람에 이런 일까지 생기게 된 것입니다.

더구나 빌라 단지 주민들이 분양을 받았을 때는 자기 집 앞에 교회가 서는 것을 모르고 분양을 받았는데 막상 입주하고 나서 보니 자기 집 앞에 교회를 건축하지 않겠습니까? 또 교회 건축으로 인해 자기 집에서 보이는 자연경관이 차단될 것이니만큼 그들이 민원을 냈던 동기에 대해선 목사인 저 자신도 이해를 하고 송구스럽게 생각했습니다.

그러나 그들의 태도는 너무나 강경했고 일방적이었습니다. 도저히 대화가 이루어지지 않았습니다. 그러자 구청에서 교회 측에 여러 번 공사 중지 협조문을 발송해왔고 건축과장과 계장이 수차례 찾아와서 공사 중지 협조를 부탁했습니다. 그렇다고 공사를 중지할 수는 없는 노릇이었습니다. 계속 공사를 강행했습니다.

그러자 일부 주민들은 계속해서 시청, 도청, 청와대, 정부종합민원실, 경실련 등에까지 민원을 냈습니다. 국가 측의 실수로 우리 교회가 그렇게 불이익을 당한 것을 누구보다 잘 알고 있으면서도 겨우 몇십 명의 민원인 편에 서서 행정처리를 하려고 하는 것이었습니다.

그러자 순수했던 저의 애국심은 국가와 관청에 대한 환멸로 바뀌었습니다. 그리고 아무리 관에서 민원인 입장에서 행정처리를 하려 해도 그럴 만한 근거가 전혀 없었습니다. 대체 부지 선정 과정에서부터 건축허가까지 모든 것이 합법적이었고 적법절차를 밟았기 때문입니다. 그러니 어떤 관청에서도 공사 중지 명령은 내릴 수가 없었습니다.

그러자 그들은 마침내 감사원으로 민원을 제출했습니다. 교회 부지의 교환 공급 과정에서부터 건축허가까지 무슨 부정이 있었는가, 그리고 건축허가 도면대로 시공을 하고 있는가, 시공현장까지 가서 불법공사를 하고 있는지 감사를 해달라는 민원을 냈던 것입니다.

불법공사 판정을 받고

그래서 감사원에서 나와서 며칠 동안 시청, 구청, 토지공사를 감사했습니다. 그러나 어느 하나도 흠이 없었습니다. 그런데 교회 건축 현장에서 그만 불법공사가 발견되었습니다. 워낙 건축에 대해 문외한이던 제게 감리사무소와 시공회사에서 준공 전 추인을 해줄 터이니 지하 일부를 더 파서 한 층을 유용하게 사용하라는 제의를 그만 수용하여 추가공사를 병행하던 것이 감사 지적 대상으로 발견된 것입니다.

사실 이것은 관행상으로 보면 불법공사는 아니었습니다. 원칙적으로는 설계 변경부터 해야 하지만 조그마한 사항들은 추인이라는 제도가 있어서 준공 전에 통과시키는 것이 시공회사와 감리사무소의 관행이요 관례라는 것입니다. 하지만 감사원에서까지 나와 귀에 걸면 귀걸이 코에 걸면 코걸이 식으로 구실을 삼게 된 것입니다. 그래서 결국은 건축공사 중지 명령을 받고 말았습니다.

이제는 꼼짝달싹도 못 하고 공사를 중지해야 했습니다. 정말 기가 막힐 노릇이었습니다. 세상 말로 왜 이렇게 억울한 일을 당해야 한단 말입니까? 그렇게 추인을 책임져준다고 큰소리를 치던 회사도 공사 중지 명령 앞에는 꼼짝도 못 하고 고개만 숙이고 있었습니다. 뒤늦게 안 사실이었지만 이 추가공사로 교회 측에서는 공사대금을 추가로 더 비싸게 지불해야 하기 때문에 시공회사가 추가공사를 욕심냈던 것입니다.

이 문제를 해결하려고 저는 발이 닳도록 뛰었습니다. 겨울은 돌아오고 있는데 콘크리트 공사를 다 못해놓으면 그만큼 공사기간이 길어질 것이 뻔했기 때문에 어떻게든 이 문제를 겨울 안에 해결하려고 무릎의 기도를 죽도록 드리면서 백방으로 뛰어다녔습니다. 그러나 그렇게 노력했음에도 불구하고 이 문제가 금방 해결되지는 않았습니다. 철거할 것은 철거하고 설계 변경을 할 것은 해서 적법절차를 밟아야 했기 때문입니다. 참으로 또다시 절망의 나날을 보내야 했습니다.

사태가 이쯤 되니 설상가상으로 교회 홍보나 전도활동을 활발히 하지도 못 했습니다. 무리하게 전도하다가 그것이 건축 진척에 방해가 될까 해서였습니다. 그러나 주위의 주민들은 교회가 이 좋은 장소에 특혜 분양을 받았다고 오해하고 있었습니다.

교회 성장은 둔화되고 정체할 수밖에 없었습니다. 왜 이렇게 개척자가 가는 길에 어려운 일만 생긴단 말입니까? 그렇다고 절망하며 주저앉아 있을 수는 없었습니다. 그들을 불쌍히 여기며 한탄만 하고 있을 수도 없었습니다.

저는 하나님께 더 무릎을 꿇고 하늘 보좌를 향해 울부짖었습니다. 온 성도가 일심으로 기도하였고 비상 금식기도와 릴레이 기도를 하였습니다. 그리고 3,500명의 서명을 한 진정서를 작성하여 우리도 관청에 실력 행사를 하였습니다. 그리고 저는 구청장과 시장은 물론 유력한 인사들을 만나 이럴 수가 있느냐고 우리의 억울함을 호소하며 다녔습니다. 우리 교회 교인 중 사회적으로 유력한 분들도 그냥 있지 않았습니다. 교회의 모든 실력을 다 동원하였습니다. 이때 특별히 박인환 장로님과 강정식 장로님의 수고가 많았습니다. 설계사무소와 감리사무소를 바꾸어 설계도 변경하고 새로 일을 착수하였습니다.

그 결과 봄이 되어서야 공사 중지 해지 통보를 받게 되었습니다. 철골 공사가 시작되면서 서서히 공사현장에 공사 열기가 뜨거워지기 시작했습니다. 이렇게 되자 민원을 제기했던 몇십 명의 주민들은 다른 아파트 관리사무소와 동 대표들을 선동하여 대대적인 시위를 벌이려 하였습니다. 반상회가 열릴 때마다 우리 교회 건축이 문젯거리가 되었습니다. 그러나 사방에 흩어진 우리 교인들이 가만히 있겠습니까? 예수님의 열성당원들인 우리 교인들 앞에서 그들의 선동은 역부족이었습니다.

성전 건축의 현장에도 봄이 왔습니다. 겨울이 지나고 공사도 활기를 되찾게 되었습니다. 이제는 그 어느 누가 반대를 해도 소용이 없게 되었습니다. 아무리 민원 아니라 고발을 해도 공사가 하나님 은혜 가운데 척척 진행이 되게 되어 있었습니다. 그러니 이대로만 가면 최소한 초여름엔 입당할 수 있을 것 같았습니다.

이 한 몸 벽돌 한 장이 되어

그러나 연단의 시간들이 아직 남아 있었던 모양입니다. 이제 걱정은 끝이다 싶었는데 이번에는 시공회사의 부도를 만난 것입니다. 그래서 또 공사가 중단되어야 했습니다. 또다시 절망이 저를 넘어지게 하려고 했습니다. 개척자의 길은 왜 이리도 험한지…. 이제는 민원문제도 해결되었고 교회에 대한 주민들의 오해도 풀렸는데 왜 하필 우리 교회 건축을 맡은 건설회사가 부도를 당하게 된단 말입니까?

원래 빠르면 1996년 3월에 임시로라도 입당할 수 있다던 것이 5월로 연기가 되더니 이제는 기약 없는 입당 날짜를 남긴 채 공사가 중지되어 버렸습니다. 회사가 부도가 났으니 적어도 5~6개월은 공사를 못 하게 될 것은 물론이고 또 추가로 들어가야 할 돈은 간단하게 몇억쯤은 될 것이 분명했습니다.

따라서 교회 분위기가 침체되었습니다. 어서 빨리 전도하고 잃어버린 영혼을 구원해야 하는데 이런 상황 속에서는 뜨거운 전도 분위기가 일어나기 힘들었습니다. 기가 막히고 울화통이 터졌습니다. 하나님께조차 원망하고픈 심정뿐이었습니다. 어떻게 또 5,6개월, 아니 그 이상의 세월을 기다려야 하며 또 어떻게 수억 이상의 돈을 또 없애야 한단 말입니까?

상황이 이쯤 되자 그렇게 지칠 줄 모르고 의기가 충천하던 한국의 신토불이 황소 개척자도 그만 쟁기질을 하다가 푹 주저앉아버리고 말았습니다. 그렇게도 야성이 충만하고 기대가 당당한 모습으로 언제나 포효하던 호랑이 개척자도 이제는 더 이상 힘을 잃어버리고 주저앉아버린 것입니다. 두 눈에서 눈물만 글썽거렸습니다. 할 만큼은 다 해보았지만 이제는 어찌할 도리가 없어 보였습니다. 아무리 몸부림쳐보아도 암담한 현실이었습니다.

제 몸도 형편없이 망가졌습니다. 건축이 진행되던 어느 날 아침은 협심

증으로 심장마비 증세가 와서 응급실에 실려 가기도 했고, 간 기능도 위험수위에 올라 병원에서 당장 입원을 하고 조직검사를 하라고 할 정도였습니다. 하지만, 저는 막무가내로 버텼습니다. 교회 걱정 때문에 마음 놓고 입원할 수 없었습니다. 더군다나, 교통사고를 당하고 심장병과 간장병을 앓으면서도 입원은 꿈에도 생각조차 못했습니다. 그래도 결과가 이렇게 되니 지칠 수밖에 없었습니다.

철골이 앙상한 뼈다귀처럼 연결되어 서 있는 성전을 보면서 눈물만 흘리고 있었습니다. 그러나 그것은 포기와 실패의 눈물만이 아니었습니다. 정녕 하나님의 자비, 하나님만이 주시는 은혜를 기다리는 눈물이었습니다. 하나님의 새 힘과 하나님의 새 축복을 열망하는 뜨거운 눈물이요 절규하는 눈물이며 몸부림치는 눈물이었습니다. 어느 날 저녁 저는 앙상하게 서 있는 철골 건물을 바라보며 이런 눈물의 기도를 드렸습니다.

"주여! 차라리 이 한 몸, 벽돌 한 장이 되어 당신의 전을 짓고 싶습니다. 주여! 제가 한 장의 벽돌이 될 수 있으면 좋겠습니다. 이 한 몸 죽어 한 장의 벽돌이 될 수만 있다면, 이 한 몸 벽돌로 당신의 전을 지어 드리리다. 주여! 차라리 저를 죽게 하소서. 차라리 이 몸이 벽돌 되게 하소서."

이렇게 뜨거운 눈물을 흘리고 있는데 성령님께서 제 마음을 어루만져 주셨습니다.

"소 목사야! 아직도 문제는 너에게 있다. 끝까지 겸손하라. 끝까지 성결하라. 끝까지 하늘의 종이 되어라. 부디 땅의 종이 되지 말라. 나는 네가 자고할까 염려한단다. 네가 자고하고 심령이 부패하면 나와 아무 상관이 없기 때문이란다."

"주님! 그렇게도 겸손이 중요하고 성결이 중요합니까? 그것이 그렇게 중요하길래 저에게 이런 어려움을 주시나이까? 저를 낮추시고 죄에 빈곤한 사람으로 만드시기 위하여 저를 이런 환경으로 몰아붙이셨나이까? 정말 그것이 그렇게 귀한 일이라면 더 큰 어려움을 주셔도 좋습니다. 아직도 제 엉덩이에 뿔이 나 있고 제 손과 발에 가시가 돋아나 있으며 제 마음에 독버섯이 자라고 있다면 저를 더 뜨거운 용광로에 던져주소서. 아니 지금뿐 아니라 평생, 평생 동안 말입니다."

그렇게 기도하면서 저는 힘차게 "나의 힘이 되신 여호와여"를 찬양했습니다.

> 나의 힘이 되신 여호와여 내가 주님을 사랑합니다
> 주는 나의 반석이시며 나의 요새시라
> 주는 나를 건지시는 나의 주 나의 하나님
> 나의 피할 바위시요 나의 방패시라
> 나의 하나님 나의 하나님 구원의 뿔이시요 나의 산성이라
> 나의 하나님 나의 하나님 그는 나의 여호와 나의 구세주

"주님! 주님을 더 사랑하겠습니다. 더 겸손하게 주님을 섬기며 이럴수록 절망하지 않고 더 주님을 사랑하겠습니다."

제 눈에는 눈물이 비 오듯 쏟아지고 있었습니다. 그로부터 며칠 후 건설회사에 추가공사비를 포함한 나머지 공사비 3억 원을 더 주기로 하고 공사를 시작하게 되었습니다. 다시 현장에는 레미콘 트럭이 들락거리고 발전기 소리가 요란했습니다. 수십 명의 인부들이 각 파트별로 열심히 일을 해나갔습니다. 문제는 돈이었습니다. 한강에 돌 던지기식으로 예상보

다 자꾸 더 많이 들어가기 때문이었습니다. 그러나 그것도 큰 문제가 안 되었습니다. 문 장로님은 물론 모든 성도들의 눈물겨운 헌금이 이어졌습니다.

한편 계속해서 전도하는 일도 쉽지 않았습니다. 참으로 고마운 성도들! 눈물겹게 사랑스러운 성도들! 이 땅에서 가장 멋지고 자랑스러운 우리 성도들이었습니다. 하나님은 절망스러운 상황을 은혜롭고 신나게 바꾸어주셨습니다. 그래서 저는 이렇게 다시 절망을 딛고 거뜬하고 힘 있게 일어날 수 있었습니다.

지상 최고의 건축물

공사가 마무리 단계로 들어갔습니다. 확실히 모든 일은 마무리 단계가 가장 큰 고비입니다. 공사대금 지불도 힘들었지만 공사의 마무리 자체가 곧 끝날 것 같으면서도 오래 걸렸습니다. 2,3주면 다 끝날 것 같았는데 결국은 2,3개월이 넘게 걸렸습니다. 준공검사 과정은 왜 그리도 까다롭고 복잡한지, 원래 신도시였기에 준공검사 기준이 까다로운 것은 당연했지만 특별히 우리 교회 건축 현장은 말 많은 현장이었기에 더욱 그랬습니다. 그래서 이 준공검사를 위해 또다시 진땀을 흘려야 했습니다. 건설회사와 감리사무소의 불성실로 서류 준비가 늦어졌을 뿐 아니라 건축 초창기 때 시공회사에서 아무데나 흙을 갖다버려 고발당한 일, 쓰레기 소각, 시설 복구, 조경 복구 등의 문제가 잘 마무리되지 않았습니다.

시공회사를 대신해서 직접 그 일을 하느라 또 한 번 뛰었습니다. 급하고 아쉬운 쪽은 저였기 때문에 제가 건설회사와 감리사무소를 대신해서

땀을 흘렸습니다. 결국 모든 것이 하나님 은혜로 끝나 준공검사를 마치게 되었습니다. 준공검사필증을 손에 쥐던 날, 그때의 감격은 죽을 때까지 잊을 수가 없을 것입니다. 그 종이쪽지를 들고 실성한 사람처럼 너무 좋아서 교회 주위를 뛰어다녔습니다. 그리고 본당 안에 들어가 환호를 지르며 감사의 기도를 드렸습니다. 그날은 종일 입을 다물 수가 없었습니다.

1996년 11월 16일, 마침내 그렇게 기다리고 기다리던 입당예배를 드리게 되었습니다. 이날이 있기까지 얼마나 많은 땀과 눈물을 흘렸는지…. 이날을 기다리느라 얼마나 많은 희생과 인내의 대가를 지불해야 했는지 모릅니다.

이 감격스러운 날! 이날은 일찍부터 한복을 입고 와서 안내 준비를 하는 성도들, 차량 안내 등 여러 부분에서 봉사를 하는 성도들, 그들의 모습은 그야말로 천사의 모습이었습니다. 그리고 축하화환이 얼마나 많이 들어왔는지 화환 또한 잔칫집 분위기를 더 고조시켜주었습니다.

성전 건축에 시련도 컸지만 막상 지어놓고 보니 축하해주는 곳이 더 많았습니다. 오히려 그 전에 성전 건축을 반대했던 기관에서까지도 축하해주었습니다. 이날 입당예배 설교는 제 모교인 광신대학 총장 정규오 목사님이 해주시고 축사는 개혁신학원 원장이신 손석태 목사님께서 해주셨습니다. 지난날 눈물 젖은 선지동산의 올챙이 시절을 회상하며 저에게 오늘의 은혜와 복을 내려주신 하나님께 더 눈물겹게 감사하기 위해 모교의 은사님들을 모셨던 것입니다. 성도들과 손님들로 넓은 예배당은 꽉 들어찼습니다.

"시온의 영광이 빛나는 아침 어둡던 이 땅이 밝아오네."

자리를 꽉 메운 성도들의 찬송소리는 감격으로 우렁찼고 기도와 설교의 구구절절마다 아멘 소리가 터져 나왔습니다. 특별히 저의 위임식과 26명의 장로, 권사, 안수집사 임직식은 감격의 절정을 이루었습니다.

저는 예배의 집례(사회)를 하면서도 눈을 몇 번이고 비벼보았습니다. 그러나 이것은 분명한 현실이었습니다. 이 감격을 현실 속에서 맛보고 있는 것이었습니다. 정말 너무도 행복한 시간, 지금 죽어도 원이 없는 시간이었습니다.

"불신 가정에서 쫓겨나다시피 집을 나오기까지 하면서 주님을 믿게 하시고 마침내 선지동산으로 불러주신 하나님! 배고픈 설움 속에서도 하나님은 찬란한 약속을 주셨나이다.

그 약속을 붙잡고 맨주먹으로 서울에 올라와 가락동의 한 캄캄한 지하실에서 개척을 하게 하신 하나님! 그 어두운 지하 교회에도 하나님은 천하와 바꿀 수 없는 일꾼들을 보내주셨나이다.

마침내 분당 신도시로 교회를 옮겨주신 하나님! 너무나 눈물겹도록 교회를 생명처럼 사랑하는 일꾼들을 더 많이 보내주셨나이다. 이들과 함께 쌍무지개 뜨는 언덕에 마침내 땀과 눈물과 피로 새 성전을 짓게 하셔서 이 감격스러운 입당예배를 드리게 하신 하나님! 그리고 이 종의 위임식과 26명의 임직예배를 드리게 하신 하나님!

눈물로 주님께 영광 돌립니다. 주님 홀로 영광 받으소서! 이제 저희에게 더 큰 일을 하게 하소서. 생명 다할 때까지 죽도록 충성하겠사오니 더 큰 일을 하여 더 큰 영광을 돌리게 하소서. 아멘."

감동의 땅, 주님이 보여주시고 약속해주신
비전의 땅이기에 '프라미스 콤플렉스'라고 지었다.

The Called

chapter 07

비전의 땅, 프라미스 콤플렉스

순식간에 배가 성장한 눈부신 부흥

사람들이 몰려왔습니다. 기다리고 있었다는 듯, 약속이나 한 듯, 사람들이 물밀듯이 교회로 찾아오는 것입니다. 매주 수십 명씩 출석 교인이 늘어나면서 순식간에 교인 수가 1천 명을 넘어섰습니다. 정자동 지하에서 목회하던 때와 새 성전을 건축한 상태에서 목회하는 것이 이렇게도 큰 차이가 나는가 싶어 새삼스레 놀라기도 했습니다. 새에덴 전도특공대원은 밤늦도록 전도하러 다녔고 저 역시 밤늦게까지 등록 심방을 하느라 눈코 뜰 새가 없었습니다. 참으로 행복한 비명을 지르는 나날의 연속이었습니다.

교회가 성장하고 있다는 소식이 교계에 전해지자 교계 각종 신문사와 방송사에서 새에덴교회를 취재하여 보도하기 시작했습니다. 국민일보를 비롯하여 교계 주간신문과 월간지, 극동방송, 기독교신문, 기독교TV 등에서 연이어 보도되었습니다. 또한 규장문화사를 통해《맨발의 소명자》가 출간되면서 한동안 화제가 되기도 했습니다. 그러면서 저라는 사람이 맨발과 맨몸, 맨손(3M)으로 오늘의 기적을 일으킨 '3M 개척자'라고 소문나게 되었습니다.

그러자 수많은 집회와 크고 작은 목회자 세미나 강사로 초청을 받게 되었습니다. 그뿐 아니라 해외에서도 부흥회와 목회자 세미나 강사로 초청이 와서 해외로까지 강사로 나가게 되었습니다. 무명의 목회자였던 제가 하루아침에 유명한 강사가 된 것입니다. 그러나 제가 이처럼 일사천리로 아무 걸림돌 없이 달려가서는 안 되었습니다. 그래서 하나님의 브레이크의 은혜가 제게 임하기 시작했습니다.

하나님의 브레이크

교회가 한창 부흥하던 중에 그 힘겨웠던 IMF 사태를 맞게 되었습니다. 그래서 교회의 건축 부채 이자가 올라가 부채가 눈덩이처럼 불어 갔습니다. 건축을 위해 수고하고 희생했던 성도들이 실직당하고 사업이 부도를 맞는 사태가 벌어졌습니다. 그렇다고 이제 등록한 지 얼마 안 된 성도들에게 헌금을 하라고 할 수도 없는 일이었습니다. 그런 와중에 건설회사는 돈을 달라고 으름장을 놓고 때로는 예배 시간에 와서 소리 지르고 행패를 부리기까지 했습니다. 이런 모습을 본 신도시의 새가족 성도들이 새에덴교회에 대해서 어떻게 생각했겠습니까? 그래서인지 다시 안 보이는 얼굴들이 생기고 이런저런 핑계를 대며 교회를 떠나는 철새 교인들이 생겼습니다.

한 실직자가 세상을 비관한 나머지 교회 앞에서 자폭하는 사건까지 벌어졌습니다. 사실 그 사람은 저에게 몇 번 상담하러 왔던 사람이었습니다. 자꾸 자살하고 싶은 충동이 생긴다고 해서 제가 그의 마음에 삶의 희망을 심어주기 위해 얼마나 애를 썼는지 모릅니다. 그런 그가 결국 끔찍한 사고를 일으킨 것입니다. 이 사건으로 불필요한 오해와 추측 때문에 많은 목회적 손실을 얻고 말았습니다. 나중에 알고 보니 그는 과거에 정신병을 심하게 앓았던 사람이었습니다. 갑자기 정신 착란 증세가 심해져서 그런 불행한 일을 저지르고 말았던 것입니다. 그런데 왜 하필이면 그런 불미스러운 일이 우리 교회 앞에서 일어났냐는 것입니다.

그러나 참새 한 마리가 땅에 떨어지는 것, 우리의 머리카락 하나가 떨어지는 것까지도 하나님이 허락하셔야만 이루어진다는 하나님의 절대 주권을 확실히 믿는 저로서는 그런 사건 역시 우연히 벌어진 것은 아니라고 생각했습니다. IMF 사태, 그로 인한 여러 어려움과 사건, 사고 등을 통해 하나님께서는 저에게 분명히 어떤 메시지를 주신 것입니다. 그 메시지는 다름 아닌 하나님의 브레이크였습니다.

이때는 하나님께서 교회 성장을 이끌어주시는 것이 아니라 오히려 교회 성장을 막고 계셨습니다. 교회가 부흥하는 이때, 팔짱을 끼고 지켜보고만 계서도 교회는 일사천리로 계속해서 부흥할 텐데 하나님께서는 오히려 우리 교회가 부흥하는 데 방해자가 되셔서 앞길을 막고 계셨습니다.

그 이유는 교회 부흥보다 더 중요한 것이 당장은 저 자신이었고 교회의 본질이었기 때문입니다. 하나님은 바로 이럴 때 저로 하여금 저 자신을 다시 한번 돌아보게 하셨고, 교회의 외적인 부흥보다 교회의 본질을 붙잡게 하셨습니다. 그래서 하나님은 제 목회의 성장 길에 브레이크를 밟아주셨던 것입니다.

하나님이 제일 싫어하시는 것이 무엇입니까? 그것은 교만과 자기 자랑입니다. 교만은 하나님 없이 자기 힘으로 살아가고, 무엇인가를 자기 능력과 힘으로 성취하려는 것입니다. 하는 일이 잘되어 성공했을 때, 하나님과 아무 상관 없이 자기의 능력으로 판단해 혼자서 그 일에 성취감을 느끼며 주님의 도움 없이 잘 살아가려는 것입니다. 그러니 그런 사람은 성공한 후에 스스로 높아지려 하지 않겠습니까? 당연히 하나님보다 자기만을 자랑하게 됩니다.

그런데 만일 제가 그런 목회자가 된다면 얼마나 큰 저주입니까? 하나님 없이도 성공할 수 있고, 하나님보다 더 똑똑하여 저 스스로 성공했다고 착각하는 목회자가 되어버린다면 이보다 더 큰 저주가 어디 있겠습니까? 그래서 하나님은 저에게 진정한 하나님의 사람이 되는 것과 겸손함을 위하여 일종의 예방 접종으로 이런 브레이크의 은혜를 주신 것입니다. 그리고 저에게 이런 메시지를 주셨습니다.

"소 목사! 네가 나 없이 잘되는 것은 축복이 아니라 저주란다. 넌 나와 함께할 때 잘되어야 한다. 네 교회가 아무리 부흥하고 세계적인 교회가 된다고 할지라도 나와 상관없이 목회에서 성공자가 된다면 그것은 저주 중의 저주다. 그러므로 너는 더 겸손하여라. 언제나 엎드려 기도하고 나와 의논하며 나의 은혜와 힘으로만 살아가거라. 나의 은혜와 능력으로만 성공하거라. 교회 부흥보다 더 중요한 것은 네가 나를 더 사랑하는 것이다."

주님의 이런 메시지는 상황을 통해 저를 더욱 압박해왔습니다. 마침내 건설회사에서 교회 건물에 가압류를 해놓고 빚을 받아내기 위해 법원에 소송을 하고 만 것입니다. 건설회사도 IMF를 맞아 얼마나 자금 사정이 안 좋았으면 그렇게까지 했겠습니까마는, 그런 일을 당했을 때 얼마나 분하고 배신감이 들었는지 모릅니다. 처음엔 그냥이라도 지어줄 듯하던 회사였는데 말이지요.

그러나 결국 이런 사건이 계속되면서 하나님이 제게 주시는 메시지는 제 가슴에 더욱 강렬하게 다가왔습니다. 물론 하나님께 원망스러운 마음도 많이 생겼습니다. 여러 사건 때문에 분당에서 성전을 건축하는 일이 늦어진 것도 억울한 마음이 있었는데, 하나님께서 목회의 방해꾼으로 나타나시다니요. 섭섭한 마음이 왜 들지 않았겠습니까? 그렇지만 그런 마음이 들수록 좌절하지 않고 하나님의 메시지를 붙잡았습니다. 그리고 더욱 하나님의 은혜를 붙잡았습니다.

이때 하나의 깨달음이 왔습니다. 정말 목회는 저의 것이 아니라 하나님의 것, 하나님의 목회라는 사실입니다. 저 자신의 힘과 능력으로 하는 게 아니라, 제 안에서 역사하시는 하나님이 마음껏 일하고 활동하시게 하는 것이 목회라고 생각되었습니다. 저는 낮아지고 죽으며 오직 겸손하게 하나님만 앞세우고 나간다면, 하나님을 높이고 그분이 앞서 일하시도록 한다면, 하나님께서 친히 제 목회를 책임져주시고 역사해주실 것이라는 걸 깨달았습니다.

제가 할 일은 다만 겸손한 마음으로 더욱 주님을 사랑하는 일뿐이었습니다. 오히려 어려운 일이 닥치면 닥칠수록 더 주님을 의지하고, 더 낮아지며 주님을 더 사랑할 뿐이었습니다.

생명나무를 선택하라

저는 이런 신앙을 한마디로 '생명나무를 선택하는 것'이라고 표현합니다. 선악과는 불평하고 원망하는 것이지만 생명나무는 먼저 생명이 되는 일을 선택하여 하나님을 더 사랑하는 것이라고 생각했습니다. 그래서 저 자신부터가 생명나무를 선택하며 주 앞에 늘 엎드렸습니다. 그때부터 무던히도 많이 불렀던 찬양이 "나의 힘이 되신 여호와여"입니다. IMF 때문에 사회적, 경제적으로 어렵고 부채로 인해 정말 힘이 들 때 저는 강단에서 생명나무를 입버릇처럼 외쳤고, 시간 시간마다 "나의 힘이 되신 여호와여"라는 찬양을 진실한 신앙고백으로 불렀습니다.

"성도 여러분! 지금이 하나님을 더 사랑할 때입니다. 지금이야말로 하나님을 더 의지하고 사랑함으로써 하나님의 마음을 더 감동시킬 수 있는 때입니다. 오히려 이런 때가 우리의 진실한 신앙의 모습을 주 앞에 보여드릴 수 있는 기회이고 하나님께 가까이 나갈 때입니다. 우리가 이럴 때일수록 하나님의 마음을 더 감동시켜 봅시다. 힘들면 힘들수록 더 전도하고 오히려 더 자원하여 헌금합시다. 기왕에 어려운 이때, 하나님께 더 희생해 봅시다. 그러면 하나님께서 여러분을 패자부활전의 영광의 길로, 황홀한 역전 드라마의 영광의 길로 인도해주실 것입니다."

이런 메시지와 함께 날마다 눈물로 "나의 힘이 되신 여호와여"를 찬양하였습니다. 찬양을 부르면서 저와 성도들은 많이 울었습니다. 온 성도들이 눈물을 비 오듯 쏟아냈습니다. 주일 낮에도, 수요일에도, 금요철야 기도에서도 새벽에도, 구역장 기도회에서까지…. 모이기만 하면 이 찬양을 불렀습니다.

이 찬양을 부르면서 온 성도가 흘린 눈물의 양이 얼마나 되었을까요. 좀 과장하여 표현한다면 그 눈물은 넓은 예배당을 흠뻑 적시고도 남을 정도였습니다.

신기한 것은 이 찬송을 부르면서부터 기적이 일어나기 시작한 것입니다. 불치병에 걸린 성도가 고침을 받고, 기울었던 사업이 일어나기 시작했습니다. 직장을 잃었던 성도는 더 나은 곳으로 옮겨가며 승진까지 했습니다. 그리고 더 큰 기적은 온 성도들이 눈물로 헌금을 하기 시작한 것입니다. 실직당하면서 받은 퇴직금을 하나님께 드리고 아파트를 저당 잡혀 헌금을 했습니다. 이 일은 장로님들이 더 앞장섰습니다.

그렇게 생명나무를 외치고 "나의 힘이 되신 여호와여"를 찬양하기 시작한 지 8개월 만에 교회의 모든 부채를 다 갚고 마침내 헌당예배를 드리게 되었습니다. IMF 때 헌당식을 한 교회는 전국적으로 새에덴교회밖에 없다는 소문이 날 정도로 대 기적의 역사를 경험한 것입니다. 그러면서 교회가 다시 한번 부흥하기 시작했습니다.

"나의 힘이 되신 여호와여 내가 주님을 사랑합니다."

이것은 신학교 시절부터 배고플 때마다 외쳤던 말씀이기도 합니다. 백암교회를 지을 때도, 그리고 지금의 새에덴교회를 섬기기까지 가장 좋아하는 말씀이요 찬양입니다. 저는 이 찬양을 부르다가 수많은 은혜와 기적을 경험한 사람입니다. 그래서 헌당식을 마친 후 이 찬양의 작곡자를 모셔서 감사패를 드리고 간증을 들은 적도 있습니다.

이렇듯 하나님의 브레이크의 은혜, 자상하신 예방 접종의 은혜가 이런 큰 기적을 가져왔습니다. 그 이후부터 저는 제 목회 철학을 이야기할 기회가 있을 때마다 하나님의 목회를 이야기합니다. 글을 쓸 때에도, 목회자 세미나를 인도할 때도 항상 빠뜨리지 않는 것이 하나님의 목회 이야기입니다. 지금도, 아니 죽는 그날까지 제 목회는 오직 하나님의 목회일 뿐입니다.

로드십 신앙으로 다져진 교회

교회의 부흥과 함께 중요한 것은 저 자신의 성장이었습니다. 교회는 목회자만큼 성장하고 지도자만큼 자라기 때문입니다. 그래서 저는 공부도 게을리하지 않았고 제 영성을 관리하는 데도 온갖 노력을 다했습니다. 계속해서 연세대학교와 고려대학교 대학원에서 공부를 했고, 미국 낙스신학교와 개혁신학대학원대학교의 공동 프로그램인 목회학 박사 과정도 졸업하여 학위도 취득하였습니다. 이뿐만 아니라 앞서가는 목회자가 되기 위해 독서도 게을리하지 않았습니다. 그러니 설교가 영적 설교일 뿐만 아니라 내용 자체가 신선할 수밖에 없지 않겠습니까?

이런 면학의 열정 때문에 저의 모교인 개혁신학대학원대학교에서 저를 시간강사로 출강하도록 했고, 겸직교수로 후배들을 가르치기도 했습니다. 부족하지만 계속해서 저술 활동도 해왔습니다.

저의 성장과 관리도 중요하지만, 성도들을 교육하고 훈련하는 것도 정말 중요한 일이었습니다. 그래서 기도와 설교 중심의 목회에서 교육과 훈련 중심의 목회로 균형을 잡기 시작했습니다.

원래 저는 개척 초창기부터 교회론을 열심히 가르치고 교회론적으로 접근하였습니다. 새신자에 대해서는 양육보다는 정착 사역에 우선순위를 두어왔습니다. 그러나 이제는 양육과 훈련에 좀 더 치중하기로 했습니다. 그래서 제자훈련을 시작하게 되었습니다. 물론 제자훈련이 제 목회의 중심은 아니지만, 제 목회의 부족한 부분을 보완해주고 있습니다. 제자훈련을 간략하게 소개한다면 새가족반(7주), 확신반(12주), 성장반(12주), 생명나무학교(12주), 사역반(12주)으로 나뉩니다. 성장반까지는 교육목사와 부교역자가 담당하고 생명나무학교와 사역반만 제가 담당

해왔습니다.

그런데 이 모든 제자훈련의 목표는 인격 변화나 성품 변화에 있지 않습니다. 많은 경우, 여기에 목표를 두기 때문에 제자훈련 사역에 실패하는 것 같습니다. 저의 경우 제자훈련의 목표가 성품을 바꾸고 착한 성도를 만드는 데 있지 않습니다. 저는 제자훈련의 목표가 로드십(Lordship) 신앙을 갖는 데 있다고 봅니다. 주님을 어려울 때 도와주는 구세주(Savior)로 고백하는 수준에서 벗어나, 힘들고 어려워도 나의 왕(Lord)으로 부르고 섬기는 신앙으로 성장하는 것에 목표를 두고 제자훈련을 했습니다. 성도들에게 로드십 신앙이 회복되고 훈련될 때 진정한 제자가 될 수 있고 하나님의 사람이 될 수 있으며, 하나님께 참된 순종과 헌신과 희생을 드릴 수 있기 때문입니다.

수년 동안 새에덴교회의 성도들은 이 로드십 신앙으로 훈련되고 다져졌습니다. 그러면서 교회가 든든하게 성장하였고 반석 위에 선 교회가 될 수 있었습니다. 로드십 신앙으로 다져진 성도들이기에 교회가 필요로 하면 언제든지 헌신할 준비가 되어 있었고, 지역에서도 저력 있는 교회로 소문이 났습니다.

북한 방문에서 얻은 비전

분당에 있는 예배당을 지을 때만 해도 저는 엄청나게 큰 교회를 짓는다고 생각했습니다. 하긴 이십 대 후반에 맨손으로 개척하여 삼십 대 중반에 1천 평의 교회를 건축했으니, 큰 교회를 이룬 것은 틀림없습니다. 그러나 수년이 지나고 그 교회가 작다는 사실을 알았습니다. 늘어나는 성도들로 인해 주일예배는 5부로 나누어 드리게 되었고 주일학교도 부서마다 2부로 나누어서 예배를 드렸습니다. 정말 곤란한 것은 주일학교나 중고등부를 위한 예배 공간이 매우 부족하단 것이었습니다. 부서마다 2부로 나누어 예배를 드리다 보니 성가대가 연습할 공간까지 없어져 버렸습니다. 그래서 제 서재까지 성가대 연습실로 비워주고 저는 인근 오피스텔로 옮겨야 했습니다.

그렇지만 부족한 공간을 어찌할 도리가 없었습니다. 교회 건축물의 특별한 구조 때문에 증축도 불가능하고, 교회 주변의 인근 부지들이 모두 그린벨트나 공원용지이기 때문에 땅을 살 수도 없는 일이었습니다.

그러던 중 2001년 3월 갑자기 평양을 방문할 기회가 생겼습니다. 평양 방문의 기회도 영광스러운 일이었는데 평양 봉수교회에서 설교를 할 수 있는 영광도 얻게 되었습니다. 그때 저는 평양과 북한의 여러 지역들을 둘러보면서 통일한국시대의 비전을 볼 수 있었습니다. 특별히 평양에 있는 창광유치원을 방문하면서 이런 비전은 확신으로 다가왔습니다. 또한 초·중·고등학교의 입학식을 보면서 더욱더 이 비전을 굳게 붙잡았습니다. 저는 가난한 북한의 백성들을 보면서 마음속으로 내내 울었고, 복음에 굶주려 있는 저들의 모습을 보면서 울고 또 울었습니다.

저는 가까운 미래에 주의 은혜로 반드시 통일의 역사가 있을 것을 확신했습니다. 그리고 그때가 오면 통일한국시대를 이끌어나갈 민족의 지도자가 있어야 한다고 생각했습니다. 민족의 아픔과 상처를 보듬고 치유하며 민족의 뼈아픈 눈물을 닦아주고 섬겨주는 그런 지도자를 많이 배출해야 한다고 생각했습니다.

북한은 영향력 있는 지도자를 창광유치원에서부터 기르고 있었습니다.

저는 그런 지도자를 우리 교회에서 길러야겠다고 기도했습니다. 그리고 교회에 돌아와 눈물로 외쳤습니다. 우리의 자녀들을 말씀으로 훈련시켜 통일한국시대를 짊어지고 갈 지도자로 배출시키자고 말입니다. 우리 자녀들을 민족의 제단에, 한국교회의 제단에, 하나님과 민족을 섬기는 위대한 지도자로 바쳐드리자고 말입니다.

그러기 위해서는 우리 자녀들을 말씀으로 훈련시킬 공간이 있어야 한다고 말했습니다. 저들을 어려서부터 신앙으로 훈련시킬 교육관과 지도자로 양육할 문화관, 체육관이 있어야 한다고 역설했습니다. 그렇게 해서 온 성도들의 열정적 성원으로 자연스럽게 시작된 것이 프라미스 콤플렉스(Promise Complex)라는 새 성전 건축의 준비였습니다.

찬란한 약속과 프라미스 콤플렉스

저는 원래 판교 신도시로 교회를 이전해보려고 장기적인 목회 계획을 세우고 있었습니다. 그래서 그곳에 종교부지를 공급받을 수 있는 조치도 다 해두었습니다. 그러나 판교 신도시 개발 계획은 자꾸 연기되었고 그즈음에 죽전 신도시가 개발되고 있었습니다. 그때 도시 계획 비전과 전망에 해박한 전문지식을 가지고 있는 몇몇 성도들이 저에게 와서 목회 환경으로는 판교보다 죽전 신도시가 훨씬 좋다고 이야기했습니다. 물론 판교도 좋지만 죽전 신도시는 분당을 끼고 있을 뿐만 아니라 수지, 구성, 오포, 동백, 구갈, 신갈의 중앙에 위치하여 인구 밀집도로 볼 때는 최적지라는 것이었습니다.

그래서 당회는 죽전 신도시로 교회를 옮길 것을 결정했으며 죽전에서 가장 큰 땅인 종교부지 2천 평을 구입하고자 토지공사와 계약을 했습니다. 신도시 내에 2천 평은 엄청나게 큰 땅이었습니다. 게다가 바로 뒤에 연결된 2만여 평의 야산과 공원은 등기만 안 되어 있지 우리 땅이나 마찬가지였습니다. 하나님이 이 땅을 우리에게 주신 것입니다.

땅을 계약한 후에는 땅값을 지불해야 했습니다. 그러기 위해서는 성도들이 헌금을 해야 합니다. 그래서 은근히 걱정되었습니다. 물론 당회와 대다수의 성도들이 기쁜 마음으로 동의하였지만, 막상 건축헌금을 하도록 광고할 것을 생각하니 걱정과 두려움이 앞서기 시작했습니다.

교회에는 다양한 사람들이 있어서 특히 이지적이고 이성적으로 신앙생활을 하는 사람은 여러 가지로 불평을 할 수도 있습니다. "교회 지은 지 몇 년이나 되었다고 벌써 새 성전을 짓는단 말인가? 교회는 건축만 하는 곳이란 말인가?" 등등 얼마든지 이성적으로 판단하고 갖가지 불만을 토로하며 교회를 떠날 수 있을 것입니다.

저는 기도하면서 그리고 부교역자들과 의논하면서 하나씩 추진해갔습니다. 먼저 이 땅을 '프라미스 콤플렉스'라고 이름하였습니다. 이 땅 자체가 하나님의 약속으로 주어진 것이기 때문입니다.

가장 추운 시절에 주신 약속

1986년 1월 1일. 밝아오는 새해에 하나님의 인도를 바라는 사람들이 교회에 가서 송구영신예배를 드리고 있을 그때, 우리 가족들은 마땅히 갈 교회도 없어서 쓸쓸히 작은 단칸방에 모여 앉아 있었습니다. 소명감에 불타는 저의 가슴만 뜨겁게 타오를 뿐, 현실은 한겨울의 냉혹한 찬바람 같았습니다. 가진 것이라곤 오직 찬란한 약속과 개척을 향한 열망뿐이었습니다. 그토록 싫다는 사람을 조르고 졸라 사모라는 무거운 길을 걷게 하면서 겨우 1,500원짜리 모조 반지를 끼워주고, 신혼살림을 차릴 만한 방 한 칸 마련하지 못해서 장모님과 처남과 함께 신혼살림을 시작한 저는, 꿈이야 어떻든 당시 현실로서는 아내 앞에 죄인일 뿐이었습니다.

개척하기까지는 시간이 걸리기에 어느 교회든지 부교역자 자리라도 알아보려고 이곳저곳에 서류를 넣어보았건만 오라는 곳이 없었습니다. 새해맞이치고는 참으로 서글프고 암담하기만 했습니다. 그러나 하나님께서 언젠가는 그 누구와도 비교할 수 없는 찬란한 꿈을 실현해주실 것을 약속하셨고, 저는 그 역전의 은혜를 기대했습니다. 우리 가족들은 둘러앉아 새롭게 떠오를 내일의 태양, 희망의 새해를 향한 꿈들을 얘기하며 냉혹한 현실을 이겨내려 애썼습니다. 그리고 서로 힘을 북돋워주며 하나님께 예배를 드렸습니다. 예배를 드리며 간절히 기도하는 가운데 하나님께서 꿈에서나 볼 듯한 마음속의 영상을 보여주셨습니다. 비스듬한 언덕배기에 있는 나지막한 야산을 깎아 만든 땅, 그리고 그 땅에 엄청나게 큰 교회를 짓고 수많은 사람과 차량이 몰려드는 영상이었습니다. 그리고 하나님께서는 제 마음에 이런 확실한 감동을 주시며 말씀하셨습니다.

"종아, 이곳은 너의 목양을 통하여 민족의 지도자가 배출되고, 병자가 고침을 받고, 문제를 가진 자들이 문제를 해결 받으며, 인생을 승리로 이끌 젖과 꿀이 흐르는 약속의 땅이다. 사방팔방에서 복 받기로 예비 된 나의 백성들이 모여 나를 섬기며 네가 목양할 곳이란다."

그렇습니다. 감동의 땅, 주님이 보여주시고 약속해주신 비전의 땅이기에 이름을 '프라미스 콤플렉스'라고 지었습니다. 이곳에서 많은 성도들이 하나님의 약속된 축복을 받을 뿐만 아니라, 통일한국시대를 이끌어가고 책임질 민족의 지도자들이 많이 배출될 것이기 때문에 '약속의 종합단지'라는 이름으로 불리기에 조금도 손색이 없었습니다. 그래서 지어진 이름이 프라미스 콤플렉스였습니다!

이렇게 하여 프라미스 콤플렉스의 대역사는 시작되었습니다. 그런데 그다음으로 해야 할 일이 있었습니다. 바로 예방 사역입니다. 혹시라도 시험에 들 가능성이 있는 사람은 먼저 심방해서 기도하고 사랑하며 특별히 돌보았습니다. 그리고 계속해서 확실한 비전을 제시하면서 기도 운동을 펼쳤습니다. 통일한국시대의 지도자를 배출하겠다는 비전과 목표를 두고 그것을 위해 열심히 기도했습니다.

그뿐만 아니라 본당 중심보다는 교육관, 문화관, 체육관을 중심으로 지을 것이라고 건축의 개요와 방법까지 설명했습니다. 그리고 본당은 4,500석으로만 짓겠다고 했습니다. 전부 부속 시설을 중심으로 짓겠다고 했습니다. 이때 설계된 도면을 보여주면서 자세히 설명하기 위해 영상을 활용했고, 주보의 칼럼을 통해 왜 프라미스 콤플렉스를 지어야 하는지 당위성을 설명했습니다.

성도들에게 당위성을 설명하고 설득하면서 헌금 작정과 건축헌금을 시작한 후, 두 달 반 만에 땅값 80여 억을 다 지불할 수 있었고, 작정헌금이 400억 원이나 나왔습니다. 당시 400억 원이면 엄청난 금액이었습니다. 온 성도들이 스스로 감동하여 헌금을 하였고, 저는 이런 성도들의 모습을 보며 눈물을 흘렸습니다. 입을 것, 먹을 것, 쓸 것을 쓰지 않고 아낌없이 눈물로 헌금하는 성도들을 바라보며 가슴이 울먹거려 기도를 잇지 못할 때가 많았고, 저들과 저들의 자녀들이 민족을 섬기는 지도자로 축복받는 모습을 꿈꾸다가 꿈에서 감격해서 울었던 적도 있었습니다.

프라미스 콤플렉스를 향한 헌신의 행진이 진행되는 동안 기적의 역사들이 나타나기 시작했습니다. 질병이 있던 성도들은 병이 나아서 그 감사함에 못 이겨 더 많은 물질을 드리는 데 주저함이 없었고, 갑작스러운 사고로 인해 병원에서도 생명을 포기할 수밖에 없던 어린 아들을 기적적으로 치유하셔서 살아 역사하시는 하나님을 경험하게 하셨습니다.

또한 말을 못 하던 아이의 혀가 풀려 말을 하는 기적이 일어났는가 하면 건축헌금을 작정한 후 잘 풀리지 않던 사업에도 축복이 임해서 하나님의 놀라운 손길을 경험한 성도가 엄청난 물질을 드리고, 생각하지도 않은 상황에서 승진을 하는 등 놀라운 축복의 물꼬가 터지기 시작했습니다. 저는 그 모습을 보면서 '아! 하나님이 하시는구나. 하나님이 약속을 이루시는구나. 하나님께서 모든 일을 주관하시는구나' 생각했습니다. 새에덴의 하나님의 역사였습니다!

징조와 아멘

이런 감격과 함께 프라미스 콤플렉스의 설계를 하였고 마침내 2003년 7월 27일 주일 오후 3시에 기공예배를 드리기로 결정했습니다. 기공예배를 드릴 준비를 마쳤는데 문제는 날씨였습니다. 장마철에 새 성전 기공예배를 드린다는 것은 애당초 무리수를 두는 것이었습니다. 아니, 장마철이 아니더라도 7월 말 폭서 아래 기공예배를 드린다는 것도 무리수가 아닐 수 없습니다. 수십 명이 모일 행사도 아니고 2천 명 이상이 모이는 큰 행사인데 말입니다. 비가 오면 비가 오는 대로 행사는 망치게 되고, 뙤약볕

이 비추면 모든 성도의 피부가 새까맣게 타버리게 되니, 어쨌든 보통 일이 아닐 것입니다. 그래도 저는 강행하였습니다. 단 하루라도 공사를 빨리 시작하기 위해서였습니다. 그러니 어찌 날씨가 신경 쓰이지 않을 수 있었겠습니까? 저는 기도했습니다. 그날 그 시간에 무슨 일이 있어도 날씨가 좋게 해달라고 말입니다.

저는 하나님께서 날씨만큼은 책임져주시리라고 믿었습니다. 다른 하나님이 아닌 새에덴의 하나님께서 말이지요. 그런데 제가 새에덴의 하나님께 한 가지를 더 구했습니다. 그것은 날씨를 통한 하나님의 징조였습니다. 다시 말하면 날씨의 변화를 통해 하나님께서 프라미스 콤플렉스를 어떻게 인도해 가실 것이며 역사해주실 것인가에 대한 징조를 상징적으로 보여 달라고 구한 것입니다. 저는 이렇게 기대했습니다. 오전엔 햇빛이 강하다가도 오후 3시가 되면 짙은 구름 기둥이 덮이도록 역사해주시리라고 말입니다. 그래서 이 광경을 보고 성도들 모두가 '아! 이렇게 하나님께서 구름 기둥으로 우리를 덮어주시고 프라미스 콤플렉스를 인도해주시려나 보구나'라고 감동할 것을 기대했기 때문입니다.

그러나 주일 아침에 일어나보니 기대와는 달리 장대비가 쏟아지고 있었습니다. 그래도 아침 9시쯤 되면 비가 그치고 햇빛이 나려니 생각하였습니다. 하지만 2부 예배가 끝나고 3부 예배를 드리는 중에도 비는 계속 내렸습니다. 제 마음이 조마조마해지기 시작했습니다. 4부 예배 때도 장대비가 쏟아지고 4부 예배가 끝났을 때도 비가 그치지 않는 것을 보니 이제는 햇빛이 나올 리가 만무하였습니다. 기공예배 현장에서는 땅이 너무 질퍽거려서 예배드리기가 힘들다는 보고를 해왔습니다.

저는 할 수 있는 방법을 다 동원해서 예배를 준비하라고 했습니다. 날씨의 낌새로 보아선 절대로 하늘이 맑아질 수는 없을 것 같았습니다. 저의 마음은 불안했습니다. 겉으로는 태연한 척했지만, 저에게 주고자 하시는 하나님의 상징적 징조가 어떤 것인지 애가 타기만 했습니다. 기공예배를 드리든 못 드리든 그것보다 중요한 것은 하나님의 징조였습니다. 그래서 솔직히 초조했습니다.

'하나님은 왜 이러실까? 분명히 약속의 성전인데, 도대체 하나님은 지금 무엇을 하고 계시는 건가?'

그러나 2시 30분이 가까워지자 하나님은 멋진 시나리오를 우리에게 펼쳐 보여주셨습니다. 언제 그랬냐는 듯이 비는 뚝 그쳤습니다. 그리고 행사는 예정대로 시작되었습니다. 드디어 제가 설교할 시간이 다가왔습니다. 단상 앞으로 다가가는 순간, 저는 구름 위를 걷는 듯했습니다. 그리고 제 눈엔 찬란한 약속의 무지개가 아름답게 펼쳐졌습니다. 마음속으로는 오전에 내린 비의 양보다 더 많은 감사의 눈물이 저의 가슴을 적셨습니다. 이 감격, 이 은혜, 이 사랑! 이런 기적을 주시려고 장대 같은 비를 주셔서 오직 하나님의 역전의 은혜만을 기다리게 하셨구나 싶었습니다.

"오, 주님! 당신은 역시 살아 계신 우리 새에덴의 하나님이셨습니다. 그리고 이 일은 분명 당신의 위대한 능력으로 이루실 줄 믿습니다. 부족한 저를 보증하시고 만홀히 여김을 받지 아니하시는 당신의 자존심으로 이 자리에 모인 저 수많은 주님의 양 떼들에게 약속하신 축복보다 더 큰 복에 복을 더하소서."

저는 격양된 소리로 감격에 겨워 설교했습니다. 마음엔 감사와 감격의 눈물이 흐르고 목소리는 감격에 젖었습니다. 질퍽질퍽한 땅을 밟고 드리는 예배는 역설적으로 더 은혜스럽기까지 했습니다. 또한 그 장대비를 맞고도 행사 준비에 여념이 없었던 준비위원들의 수고가 저의 눈에 이슬이 맺히게 했습니다. 저는 기공예배 도중에도 하늘을 보면서 혹시 비가 한 방울이라도 내리지 않을까 하는 것에만 신경을 곤두세웠습니다. 만약에 긴 예배 중간에 소나기가 쏟아져 버린다면 어떻게 되겠습니까? 프라미스 콤플렉스를 이끌어가시는 하나님의 체면과 저의 얼굴이 성도들 앞에 어떻게 비치겠습니까? 생각만 해도 정신이 아찔했습니다.

마침내 은혜롭게 모든 행사가 끝났습니다. 그리고 성도들이 자리에서 일어나 버스로 향할 때, 이윽고 참았던 비는 기어이 내리고야 말았습니다. 바로 그때 모든 성도들이 입을 모아 말했습니다.

"아, 기적이었구나! 프라미스 콤플렉스를 위한 위대한 하나님의 기적이었어! 만약에 햇볕이 쨍쨍 내리쬐었더라면 한 시간이 넘게 앉아 있어야 할 성도들이 얼마나 불편했었을까? 정말 하나님은 우리에게 기적을 보여주셨어!"

순간적으로 제 가슴은 방망이질을 치기 시작했습니다. 눈에 눈물이 맺혔습니다. 바로 그 순간 저에게 주시는 하나님의 징조를 깨달았기 때문입니다.

"소 목사야! 너 마음이 몹시 초조했지? 애가 타는 듯했지? 이건 새 성전을 기뻐하는 나의 마음을 담은 선물이자 수고하고 애쓴 너희를 위한 나만의 멋진 이벤트였단다. 나의 은혜로 프라미스 콤플렉스의 역사는 바로 이렇게 진행될 것이다. 그러므로 너는 나만 의지해야 한다. 떨어지는 빗방울을 보며 그토록 애태우던 그 마음처럼 너는 시작부터 끝까지 나만 의지해야 한다. 프라미스 콤플렉스는 오직 내 은혜로만 되니까. 바로 이것이 너에게 주는 나의 징조이니라."

저는 돌아가시는 성도님들과 악수하면서도 마음으로는 주님께 고백했습니다.

'주님! 알겠습니다. 주님만 의지하겠습니다. 주님 은혜만 기다리는 종이 되겠습니다. 사슴이 물을 그리워하듯 그렇게 은혜를 사모하며 애타게 주님을 그리워하겠습니다.'

그렇습니다. 그 날씨는 저에게 축복을 주시고자 하는 하나님의 징조나 다름없었습니다.

꿈과 비전이 신용이 되다

기공식이 끝났다고 해서 바로 건물이 올라가는 것은 아니었습니다. 성전 터는 허허벌판이었습니다. 더 쓸쓸하게 적막감이 돌았습니다. 저는 다시 기도를 시작했습니다. 성도들도 매일 팀을 짜서 성전 부지 주변을 돌며 기도했습니다. 매 주일 2시 30분에 분당 교회에서 차량이 출발하여 새 성전 공사 현장에 도착해 부교역자와 장로, 안수집사, 건축위원, 희망하는 성도들과 기도회를 가졌습니다. 교구별로 당번을 정해 매일 오전 8시부터 오후 9시까지 제단 쌓기 기도회도 가졌습니다. 하나님의 찬란한 약속을 바라보며 걷는 성도들의 가슴은 꿈으로 부풀었습니다. 그렇게 매일 성도들과 함께 기도하고 전도하며 입당할 날을 신부가 신랑을 기다리듯 손꼽아 기다렸습니다.

허허벌판에 드디어 움직임이 시작되었습니다. 2003년 8월에 터파기 공사계약을 맺고 공사가 시작되었습니다. 여름 장마로 인해 혹시라도 공사가 지연될까 봐 혹은 안전사고가 날까 봐 조바심이 들었지만, 그때마다 "나의 힘이 되신 여호와여" 찬송을 부르면서 허리가 꺾이도록 기도했습니다. 저와 마음이 통한 성도들이 동참하기 시작하여 많은 성도들이 설레는 마음으로 매일 터파기 공사장에 와서 기도하고 진행 상황을 파악했습니다.

그러나 건축하는 과정에서 설계변경을 하고 증축을 하였기 때문에 건축비는 예상보다 더 많이 필요했습니다. 그런데 계약서를 애매모호하게 쓴 바람에 시공사로부터 지급보증을 받지 못했습니다. 그래서 은행 대출 길이 막혔습니다. 여차하면 건축이 중단될 상황이었습니다. 이때 저는 유럽 지역에 집회를 가야 했습니다.

참 야속한 것은 제가 대출받는 일로 은행을 백방으로 뛰어다녀야 했지만, 유럽 집회 주최 측에서는 약속한 대로 와야 한다며 저를 놓아주지 않았던 것입니다. 그래서 모든 것을 하나님께 맡기고 갔습니다. 그때는 핸드폰 로밍이 되는 것도 아니었기에 유럽에 가면 새에덴교회 소식을 전혀 들을 수 없었지만, 모든 걸 주님께 맡기며 믿음으로 집회를 갔습니다.

그런데 유럽 코스테 유학생 집회를 마치고 돌아오니까 공항에 영접을 나온 장로님들의 얼굴에 희색이 만연한 것이었습니다. 의아해서 물었더니, 제가 유럽에 가 있는 동안에 은행에서 서로 대출을 해주겠다고 분위기가 바뀌었던 것입니다. 정말 놀라운 하나님의 은혜였습니다. 대출을 못 받아서 전전긍긍하고 있을 때, 몇몇 은행에서 새에덴교회 주일예배를 두 번, 세 번 은밀하게 참석했다는 것입니다.

과연, 이 교회에 대출해주어도 괜찮은지, 교회 분위기가 어떤지 보려고 몰래 탐방하고 간 것입니다. 그런데 와서 보니까 교회 분위기가 너무 너무 생동감이 있더라는 것입니다. 담임목사가 설교하는 것을 보니까 교회 시설만 잘해놓고 주차장만 잘 갖추어지면 수만 명은 금방 모이겠다고 판단한 것입니다. 제가 질병에 걸리거나 교통사고로 죽지만 않는다면 새에덴교회는 반드시 부흥할 것이라는 확신이 들었다는 것입니다. 말하자면 새에덴교회는 저의 꿈과 패기, 교회의 생명력이 신용이고 담보가 된 것입니다.

대출할 때 통상적으로 필요한 부동산 담보나 시공사의 건축지급보증 서류도 필요 없고, 담임목사의 꿈과 비전, 소명감, 교회의 생동감, 역동적인 분위기가 가장 강력한 신용이요 담보가 된 것입니다. 서로 앞다투어 대출해주겠다는 연락이 와서 제일 이자가 싸고 지급하기에 가장 좋은 조건을 제시한 은행에서 대출받아서 공사를 재개할 수 있었습니다.

그때부터 교회가 또다시 부흥하기 시작했습니다. 새에덴교회는 하나님이 함께하신다는 소문이 나기 시작하면서 수많은 사람들이 몰려왔습니다. 위기가 기회로 바뀌면서 갑절 부흥하게 되었습니다. 하마터면 교회에 큰 시험이 들 뻔한 상황에서 새에덴의 생명력이 담보가 되어 오히려 위기를 기회로 넘긴 것입니다. 정말이지, 하나님의 은혜가 분수처럼 솟아올랐습니다. 은행을 움직인 하나님이 성도의 가슴으로 들어와서 감동을 주기 시작했습니다. 전세를 월세로 돌려서 건축헌금 하기도 하고, 주일학교 학생들이 돼지저금통을 통째로 바치는가 하면, 건축헌금을 드리고 싶어 기도하던 대학생은 장학금을 받아 전체를 드리기도 했습니다. 또 교회에 새로 등록한 성도가 기쁜 마음으로 동참하여 많은 이의 귀감이 되기도 했습니다.

새에덴교회 성도들은 다들 개미군단이었습니다. 특별한 부자가 없는 새에덴교회였지만, 주님 발아래 옥합을 깨트린 마리아처럼, 어려운 형편임에도 힘에 부치도록 드리는 성도들의 아름다운 헌신이 끊임없이 이어졌습니다. 역시, 중요한 것은 하나님의 도우심이었습니다. 물론 건축을 완공해가는 과정에서 주변 지역민들의 민원과 반대에 부딪혀야 했습니다. 꽹과리를 치고 농성을 하는 민원인들에게 음료수를 사다 주며 격려하고 설득하였습니다. 그 결과 대책위원회의 주요한 분들이 오히려 교회를 나오게 되었고 대책위원장은 훗날 우리 교회 장로님이 되었습니다.

축복의 성전을 향한 행진

프라미스 콤플렉스 입당을 2주 앞둔 2005년 6월 19일 주일 오후, 분당 구미동에서 죽전까지 탄천로를 따라 새에덴교회 성도들이 행진을 하였습니다. 이스라엘 백성들이 출애굽하여 젖과 꿀이 흐르는 가나안 땅으로 들어가듯이 구미동 성전에서 무지개 마을을 거쳐 새 성전까지 약 4킬로미터의 거리를 걸어가는 것이었습니다. 성도들이 성취될 약속을 그리면서 걸어가고 있는 모습을 보노라니, 저도 모르게 눈물이 흘렀습니다. 그건 여기까지 인도하신 하나님을 향한 감사의 눈물이자, 약속의 하나님을 확인하는 기쁨의 눈물이었습니다.

이제 분당의 성전을 모 교회에 매매하고 잔금을 받았으므로, 그 교회를 비워줘야 하는 상황이었습니다. 하지만 프라미스 콤플렉스는 아직 준공이 떨어지지 않았습니다. 건물 일부라도 사용해야 했습니다. 그러기 위해서는 가사용 승인이 필요했습니다. 가사용 승인을 받기 위해 시청과 줄다리기를 하며 하나님께 눈물로 매달렸습니다. 만약의 사태에 대비하여 월요일에 시청 앞에서 집회를 하기 위해 2천여 명이 대기하기도 했습니다. 성도들 모두가 자기 일처럼 적극적으로 참여했습니다.

하지만 하나님의 은혜로 집회나 데모를 하지 않고 잘 해결되었습니다. 시청으로부터 임시 가사용 승인을 받고 부분적으로 입주하여 7월부터 1층 비전홀에서 임시 칸막이를 하고 예배를 드렸습니다. 수백 명의 성도와 교역자들이 땀을 흘리며 이삿짐을 날랐습니다. 비록 본당은 아니었지만, 저는 가슴이 부풀어서 밥을 먹지 않아도 배가 고프지 않았습니다. 성도들도 마찬가지였습니다. 임시 칸막이를 치고 드리는 예배였지만, 그 표정만큼은 천국으로 들어온 듯했습니다. 머지않아서 쏟아질 축복을 기대하면서 목청껏 기도하고 성심껏 찬양하면서 시간이 흘러갔습니다.

비전홀에서 드린 첫 예배

2005년 7월 3일, 1층 비전홀, 드디어 꿈에 그리던 프라미스 콤플렉스 약속의 성전에서 첫 예배를 드렸습니다. 공교롭게도 가락동 땅에서, 분당 땅에서, 죽전 땅에서, 새 땅에서 첫 예배를 드릴 때마다 7월 3일이었습니다. 일부러 그런 것도 아닌데 공사가 늦어지다 보니 꼭 같은 날짜에 첫 예배를 드리게 되었습니다. 한쪽에서는 공사를 계속하고 있고, 여기저기 많은 자재가 쌓여 있어서 통행이 불편했지만 성도들은 들뜬 마음으로 예배를 드렸습니다. 비가 내리는데도 성도들의 희생 어린 봉사와 성숙한 질서의식으로 순조롭게 진행되었고, 비전홀은 성도들로 가득 메워졌습니다. 모두가 설레고 감격스러운 마음이었습니다.

눈물을 쏟는 성도들도 있었습니다. 저는 새에덴교회 성도들이 자손 대대로 명문 가문을 이루는 축복을 받으라는 마음을 담아서 '쉐마축복 시리즈'(신 6:4-9)를 선포하였습니다. 많은 성도들의 눈에서 감격의 눈물이 흘러내렸습니다. 프라미스 콤플렉스 입당 후에 너무 기뻐서 매일 울면서 새벽기도를 다닌 사람도 많았습니다. 어떤 성도들은 분양받은 아파트가 기공식 때 보니 교회 바로 앞이어서 깜짝 놀라기도 했습니다. 모든 것이 하나님의 은혜였고, 치밀한 계획하심이었습니다. 성도들에게 감사하는 마음을 담아서 주보에 〈영광의 가문 비전의 가문을 위하여〉라는 칼럼을 게재하기도 하였습니다.

영광의 가문 비전의 가문을 위하여

어려운 중에도 허리띠를 졸라매며 눈물로 헌신한 새에덴교회 성도들을 생각할 때마다 가슴에 뜨거운 눈물이 흐릅니다. 고통스러운 순간에도 불평 한마디 없이 오직 감사, 오직 충성의 마음으로 헌신한 성도들을 내가 어찌 잊을 수 있을까요. 인간적인 생각으로는 도저히 이룰 수 없을 것만 같았던 프라미스 콤플렉스 꿈의 성전의 입당과 완공을 하나님의 은혜로 그리고 성도들의 눈물겨운 헌신으로 이제 바로 눈앞에 두고 있습니다. 이 모든 것이 익명성의 숲속에 자신을 감추려는 것이 아니라 광야의 새벽에 떠오르는 태양처럼 찬란한 약속과 축복을 향하여 온 몸을 던져 헌신한 새에덴의 성도들이 있었기에 가능한 일이었습니다. 새에덴교회는 죽은 신앙이 아닌 살아있는 신앙을 심어주고, 숨어다니는 신앙이 아닌 창조적 신앙을 가르치는 교회가 될 것입니다. 그리하여 하나님은 새에덴의 모든 성도들의 가정을 반드시 영광의 가문, 비전의 가문으로 축복하여주실 것입니다.

드디어 본당 프라미스홀 입당

성전을 이전한다고 두 주밖에 광고하지 못해서 과연 4천여 명의 성도 중에 몇 명이나 올까 걱정이 되었습니다. 많은 성도들이 잘 모르고 구미동 성전에 남거나, 이탈해버리는 건 아닌가 하고 내심 걱정이 되었습니다. 당시 이사와 가사용 문제로 정작 성도들 마음의 이사에는 신경을 쓰지 못하고 있었습니다. 첫 예배를 마치고 며칠 후 분당 성전에 새로 들어온 교회의 담임목사님이 전화를 하셨습니다.

"아니, 어떻게 새에덴교회 성도들은 한 사람도 남지 않고 다 가버릴 수 있습니까? 정말 대단합니다."

저 자신도 몇 사람은 남을 줄 알았는데, 한 사람도 남지 않았다는 말에 진짜로 그런가 하는 의구심이 들었습니다. 교역자들에게 알아보니 한 사람도 안 남았을 뿐 아니라 교회 이전을 하면서 전에 안 나오던 성도까지 다 나오고 있다는 것입니다. 심지어는 몇 달간 미국에 있어 교회 이전 광고를 듣지 못한 한 성도가 이전 교회가 있던 곳으로 갔다가 다시 물어서 죽전 새에덴교회 성전으로 찾아오기도 하였습니다.

그 말을 듣는 순간, 저도 모르게 무릎을 꿇고 감사의 기도를 올렸습니다. 이처럼, 새에덴교회는 어려운 때일수록 응집력이 강한 교회입니다. 어떤 어려움이 몰려와도 거뜬히 물리칠 수 있는 강하고 생명력이 살아 있는 하나님의 교회입니다. 역시 하나님의 약속을 먹고 꿈을 꾸는 성도들이었습니다. 그뿐만 아니라, 성도들은 새 성전에 입당한 것에 감격하며 새로운 시작을 꿈꾸었습니다. 지역사회를 섬기며 사랑하는 교회로, 통일한국 시대 민족의 리더들을 양성하는 교회로, 세계 선교의 마지막 주자로 남을 것을 꿈꾸었습니다.

저는 매 순간 성도들이 한 사람도 빠짐없이 축복의 가나안 땅에 입성하게 하심을 감사하며, 프라미스 콤플렉스를 통하여 찬란한 축복을 내려달라고 하나님께 간절히 기도했습니다. 기도할 때마다 늘 마음이 평안했습니다. 하나님께서 쌍무지개를 통해 보여주신 그 약속이 반드시 성취될 것이라는 믿음 때문이었습니다.

저와 모든 성도들이 바라던 대망의 프라미스홀이 그 장엄하고도 아름다운 모습을 마침내 드러냈습니다. 지상 8층, 지하 3층 규모의 하나님의 언약이 있는 약속의 단지, 프라미스 콤플렉스가 하나씩 모습을 갖추다가 드디어 찬란한 모습을 드러내는 순간이었습니다. 그 모습을 보는 모든 성도들의 얼굴은 마치 꿈을 꾸는 것 같았습니다…. 저 또한 마찬가지였습니다. 1986년 1월 1일에 손에 쥔 것 하나 없이 하나님에 대한 비전만으로 가득 차 있던 저에게 보여주신 그 성전 그대로의 모습으로 제 앞에 나타났습니다. 기도하던 그대로 나타난 모습 때문에 저는 전율을 느꼈습니다. 우리의 머리털까지 세시는 하나님께서 성전을 설계하셨고, 그대로 완성하셨기 때문이었습니다.

2005년 7월 3일 비전홀에서 예배를 드리다가 2달만인 9월 4일, 드디어 본당 프라미스홀에서 역사적인 감격의 첫 예배를 드렸습니다. 입당예배를 드리는데 많은 성도들의 눈에서 눈물이 흘렀습니다. 무엇보다도 저의 가슴은 감격과 눈물로 채워졌습니다.

찬란한 꿈을 향하여

드디어 프라미스 콤플렉스의 찬란한 축복의 무대에 서게 되었습니다.

생각만 해도 얼마나 가슴 벅차고, 황홀한 감격에 빠져드는지 이루 말할 수 없는 흥분과 감사로 제 마음은 두근거렸습니다. 그러나 그것은 단지 프라미스 콤플렉스라는 성전을 지었기 때문만이 아니었습니다. 하나님께서 제게 보여주셨던 찬란한 약속을 잊어버리지 않고 가슴에 품고 달려왔던 시간과 앞으로 새에덴 성도들의 가정에 부어주실 찬란한 축복에 대한 기대 때문이었습니다. 만약, 저에게 하나님이 주신 약속과 꿈이 없었다면 그 벅찬 감동을 경험할 수 없었을 것입니다.

새에덴교회 본당은 외관이 타원형 모양으로 마치 노아의 방주를 연상하도록 만들었습니다. 동시에 총 3개 층으로 본당 1층에서부터 3층에 이르기까지 쉽게 출입할 수 있으며 각 층 어느 곳에서나 단상을 주목하는 데 전혀 불편하지 않게 만들었습니다. 성전 내부 모습은 마치 천국의 모습을 상징처럼 보여주고 있습니다. 총 4,500여 석의 좌석과 300여 석의 성가대석, 극장 의자를 방불케 하는 편안한 의자, 최고의 음향시설과 함께 울림 현상을 방지한 벽면 마감의 공법으로 장시간의 안락한 예배까지 배려해 따뜻하고 편안한 공간으로 지어졌습니다. 이 모든 것이 하나님께서 저와 기도의 어머니 정금성 권사님을 통해서 마음으로 보여준 모습 그대로였습니다.

한 교회 성장학자는 '새에덴교회 본당은 세계 어디에 내놓아도 빠지지 않는 교회'라고 평했습니다. 미국 교회들이 크고 아름답다고 하지만 프라미스홀 본당 같은 규모와 수준, 예술적 감각을 지닌 예배당은 그리 많지 않다고 했습니다. 무엇보다 방주형의 타원형 성전은 들어오는 영혼들을 다 품어 줄 수 있을 듯이 엄마 품처럼 따뜻하고 환합니다. 정말, 모든 것이 하나님의 간섭하심이었습니다.

이렇게 해서, 본격적인 프라미스 콤플렉스 시대가 개막되었습니다. 대한민국에 신선한 영적 바람을 일으킬 하드웨어적인 준비와 그동안 기도로 쌓아온 소프트웨어적인 영적 준비가 모두 완료된 셈입니다. 낮이나 밤이나 열망하던 프라미스 콤플렉스 입당 및 임직예배가 2005년 10월 22일 토요일 오후 3시, 3층 본당 프라미스홀에서 열렸습니다. 프라미스홀뿐만 아니라 비전홀, 교육관까지 꽉 찼습니다. 예배는 1만 명이 넘는 사람들로 인산인해를 이루었습니다. 우리나라 고건 전 대통령권한대행을 비롯한 수많은 정관계 인사 및 교계 인사, 멀리서 힐러리 상원의원이 영상 간증 및 축하 편지까지 보내는 등 한국교회 역사상 이처럼 풍성하고 축복이 넘치는 입당 및 임직예배는 당분간 찾아보기가 어려울 정도로 성황을 이뤘습니다.

저는 누구보다 가장 기뻐하실 분은 하나님이라고 생각합니다. 그동안 약속의 성전을 위해 눈물의 씨를 뿌리며 잘 달려왔다고 칭찬해주시는 듯했습니다. 저는 성도들의 얼굴에서 신실하신 하나님의 약속과 비전이 성취되는 감격을 보았습니다. 또한 앞으로 더 크게 쓰실 교회의 비전과 영광의 가문, 축복의 가문을 향한 또 다른 꿈을 꾸며 나아가는 진취적인 기상을 보았습니다.

그동안, 교회에 헌신하며 충성한 사람들이 입당할 때 축복도 많이 받았습니다. 역시 하나님은 신실하신 분이었습니다. 한마디로, 새에덴교회 입당은 축제였습니다. 천국 잔치였습니다. 살아있는 간증들이 넘쳐났고, 성도들은 헌신 행렬에 적극 동참하며 축복의 물결을 탔습니다.

마치 해같이 빛나는 얼굴로 예배를 드리고, 곳곳에서 섬기는 모습 때문에 불을 켜지 않아도 예배당이 환히 밝을 정도였습니다. 수없이 쏟아지는 물질적인 축복에 대한 간증은 일일이 기록할 수 없을 정도였습니다. 무엇보다, 그들이 받은 가장 큰 축복은 영적 축복이었습니다. 그들은 하나님의 사람이 되고, 교회를 사랑하며 예수님과 동행하는 진실한 크리스천으로 성장했습니다.

세상의 빛과 소금으로, 브리스길라와 아굴라 같은 주의 종의 조력자로 살아가기를 소망했습니다. 그들은 세상적 욕망이 아닌 하늘에 빛나는 면류관을 바라보며, 주님 오실 날을 바라며, 자녀 대에 믿음을 전수하고, 기도로, 헌신으로, 예배로 믿음의 명문가를 이루어갈 것입니다. 또한, 통일한국시대의 지도자를 배출하는 교회가 되기를 꿈꾸었습니다. 모든 것을 변화시키는 영적인 진앙지가 새에덴교회가 되기를 소망했습니다. 저는 이러한 소망과 기도를 하나님께서 함께 하시리라고 믿습니다. 그런 약속이 아니라면 프라미스 콤플렉스가 의미 없기 때문입니다.

감격의 예배 리허설

저는 가락동 개척교회 시절 설교원고를 작성하면 꼭 강단에 가서 예배 리허설을 했습니다. 누가 들어올까 부끄러워 문을 잠가놓기도 했습니다. 기도하러 온 성도가 문을 두드리면 겸연쩍기도 했고, 문을 잠근 줄 알고 열심히 소리 지르다가 성도들이 들어오는 바람에 당황한 적도 있었습니다. 그 시절엔 예배 리허설을 하고 나서 의자마다 손으로 만지면서 기도하고 다녔습니다. 빈자리가 꽉 차도록 사람을 보내달라고 의자를 붙잡고 기도하다가 엉엉 울기도 했습니다.

프라미스 콤플렉스에서도 마찬가지였습니다. 아니, 그전보다 더 사모하는 마음으로, 더 진정성을 가지고 임했습니다. 그전에는 혼자서 했지만, 프라미스 콤플렉스에서는 많은 사람들이 함께했습니다. 저의 가장 큰 목표는 하나님께 최고의 예배를 드리는 것이었습니다. 할 수만 있다면 최선을 다해서, 모든 정성을 기울여서 예배를 드리고 싶었습니다. 어떤 예배를 하나님이 기뻐하실까 기도하고 고민하고 준비하면서 예배 때마다 리허설을 했습니다.

쉽지 않은 일이었지만, 기쁜 일이었습니다. 무엇보다, 그 예배를 하나님께서 기쁘게 받으시고 새에덴교회 성도들에게 내리실 축복이 기대되었기 때문이었습니다. 역사는 준비된 자의 몫이며 내일의 태양은 밤을 지새운 자 앞에 가장 찬란하게 떠오른다는 믿음으로, 최선을 다해서 열심히 준비했습니다.

예배에 관한 모든 순서를 점검하고 안내, 헌금, 특별히 헌금 특송 부분을 맡고 있는 음악 목사, 지휘자 등과 함께 리허설을 했습니다. 음악에 관해서는 전문가인 그들에게 제가 지정한 곡을 언제, 어디에서 나와서 어떻게 노래를 할 것인가 하는 세세한 부분들까지 지정해 주었습니다.

예배 특송은 음악 발표회가 아니라 어떻게 회중들에게 뭉클한 영적 감동을 줄 수 있는가가 중요하기 때문이었습니다. 클래식 음악인들의 자존심과 스타일이 있을 텐데도 겸손한 자세로 목사의 말을 따라주고 동역해 주었습니다. 저는 꿈에서 보여준 약속의 성전인 새 예배당에서 리허설을 할 때마다 이렇게 기도했습니다.

"프라미스홀이 가득 차고 넘쳐서 하나님께 감격의 예배를 드릴 수 있도록 최선을 다해 준비하게 하소서. 하나님의 마음을 감동시키는 감격의 예배 리허설이 되게 하소서. 개척교회 시절 빈 의자를 매만지며 눈물로 드리던 기도를 기억하여 주소서. 이 예배를 통해서 많은 사람들이 하나님의 축복을 받게 하소서."

모든 예배마다 기쁨이 넘쳐났고 감사가 넘쳐났습니다. 마치 축제의 한마당 같았습니다. 저는 매번 예배가 끝날 때마다 감사의 눈물을 흘렸습니다. 새로 온 성도들은 이런 예배는 처음이라고 감탄하며 행복해했습니다. 어떤 성도들은 꿈을 꾸는 것 같다고 했습니다. 이렇게 예배가 천국 잔치처럼 열리게 되니 성도들은 예배가 끝나고도 쉽게 집으로 가지 못했습니다. 그 감격으로 그들은 전도를 하였고, 저의 바람과 온 성도들의 기도로 하나님은 알곡 같은 많은 성도들을 보내주셨습니다.

이전에는 제가 교육, 심방, 설교, 새벽기도회까지 다했다면 죽전으로 이사 오고 난 후에는 사람들이 밀물처럼 밀려와서 순식간에 교회가 커져 버리는 바람에 혼자서 모든 사역을 감당할 수 없었습니다. 밥도 제대로 먹지 못하고 잠도 제대로 못 자는 순간이 이어졌습니다. 한 영혼이 천하보다 귀하기 때문에 저는 할 수만 있으면 제가 직접 하려고 했지만, 사람은 시간과 공간상의 제약을 받는 존재인지라 한계가 있었습니다. 결국에는 부교역자와 평신도 사역자들에게 임무를 나누고 담임목사 중심으로 모이는 일원화 목회 시스템을 구축해갔습니다.

PART

03

새로운 도약을 꿈꾸는
패스파인더

개교회 대형화를 넘어
한국교회 생태계와 건강한 사회를 위해
창조적 퍼스트 무버(first mover)의 길을 걸었다.

The Calle

chapter 08

시대를 선도하는 창조적 퍼스트 무버

국내 최초 헬기 비행 기도회

2006년 1월, LA 집회에 갔다가 샌디에이고의 한 한인 목회자로부터 놀라운 부흥사례를 들었습니다. 교회 개척 시 경비행기를 이용하여 목회 대상 지역을 비행하며, 간절한 기도를 한 결과 교회가 기적적으로 부흥했다는 것입니다. 다른 사람들은 이런 이야기를 들으면 유치하다고 생각할 수도 있지만, 하나님의 기적은 순수하게 믿는 마음속에서 일어난다고 믿었습니다. 한 달여의 준비기간을 거쳐 헬기 비행 기도회가 추진되었습니다. 공중의 권세 잡은 마귀와 싸워 이겨 구원의 방주를 감당하겠다는 하나님과 세상을 향한 선포였던 것입니다.

아침 10시가 조금 지나서 잠실 헬기장에 요란한 굉음을 울리며 헬기가 나타났습니다. 헬기를 보자 마음이 두근거렸습니다. 심장 박동 하나하나를 셀 것 같았습니다. 저와 같이 온 참가자들은 일제히 환호했습니다. 이 행사에는 저를 포함하여 정금성 권사님, 서광수 헌당위원장을 비롯한 각 기관장, 전년도 전도왕 수상자 3명 등 총 20여 명이 참가했습니다. 모두가 다 같이 할 수 없기에 대표성을 띤 사람들을 엄선한 것입니다. 대신에 성도들은 땅에서 하나가 되어 기도했습니다.

하늘에서나 땅에서 모두 기대하는 마음이 가득했습니다. 전날까지만 해도 봄을 목전에 두고 내리는 눈으로 인해 과연 비행을 할 수 있을까 하는 의구심이 들었는데, 행사 당일에는 새에덴의 굵직한 행사 때마다 그랬던 것처럼 날씨가 쾌청했습니다. 역시, 새에덴의 하나님이었습니다.

비행은 오전과 오후 2회로 나누어 진행되었습니다. 참가자들을 태운 헬기는 오전 10시 30분 잠실 헬기장을 이륙해 한강 고수부지를 지나 올림픽대교 앞에 이르러 기수를 남으로 돌렸습니다. 이륙한 지 10분이 지날 무렵 새에덴교회 상공에 다다랐습니다. 교회 상공에 다다르자 옥상에 나와 있던 선교원 어린이들과 성도들이 열렬히 환호했습니다. 헬기 위에서 경기 남부지역의 모습을 내려다보면서 하나님의 마음을 헤아려보았습니다.

"아, 하나님께서 이 땅을 내려다보시면서 저 황폐한 땅이 어서 빨리 복음화되기를, 수많은 영혼들이 주께로 돌아오기를 바라시겠구나…."

어느새 가슴이 뜨거워졌고, 두 번의 비행을 하면서 허리가 끊어지도록 간절하게 기도를 드렸습니다.

"주여, 손을 들어 기도하는 저 모든 땅이 우리의 지경이 되게 하여주소서…."

기도하는 가운데 제 마음 안에 한 줄기 빛처럼 하나님이 주시는 감동이 밀려왔습니다. 창세기 13장 14,15절의 말씀이었습니다.

롯이 아브람을 떠난 후에 여호와께서 아브람에게 이르시되 너는 눈을 들어 너 있는 곳에서 북쪽과 남쪽 그리고 동쪽과 서쪽을 바라보라 보이는 땅을 내가 너와 네 자손에게 주리니 영원히 이르리라

순간 저의 눈시울과 가슴은 하나님의 감동으로 뜨거워졌습니다. 태어나서 이렇게 간절한 기도를 몇 번 안 해 보았을 정도로 더 뜨겁게 눈물로 기도했습니다.

젊은 시절 화순 백암교회를 개척하고 포효하는 무등산 호랑이가 되어 산에서 기도하였던 것처럼 경기 남부지역의 부흥을 갈망하며 울부짖는 기도를 드렸습니다. 지상에 있을 때는 경기 남부지역이 단면적이요, 평면적, 부분적으로 느껴졌지만, 헬기를 타고 내려다본 경기 남부지역은 입체적이고 전면적으로 다가왔습니다.

헬기를 타고 잠실, 성남, 분당을 거쳐 죽전에 도착 후 새에덴교회 상공을 선회하고 성남, 분당, 죽전, 동백, 구성, 신갈, 영통, 수지 등 경기 남부지역을 순회하며 기도하는데 그 복음의 중심축에 새에덴교회가 우뚝 서 있다는 것을 깨닫게 되었습니다. 그 깨달음은 전율이었습니다. 하나님은 한 치의 실수도 없는 분이셨습니다. 그 전율에 이어서 다가오는 것은 착하고 충성된 종이 되겠다는 다짐이었습니다.

헬기 비행 기도회는 그야말로 지상과 공중이 서로 합한 입체적인 기도회였습니다. 하늘에서는 교회 상공을 선회하면서 기도회가 열리고, 땅에서는 땅 밟기 행사를 병행함으로써 하늘과 땅이 함께 하는 하늘땅 기도회가 열린 것입니다. 제 마음속에서 간절한 기도가 몇 번이고 흘러나왔습니다.

"주여, 21세기 통일한국시대를 향하여 새에덴교회가 더 높이 웅대한 비상을 하게 하소서. 동서남북 바라보는 곳마다 우리의 지경이 되게 하여주소서."

이 헬기 비행 기도회는 경기 남부지역 복음화를 방해하는 공중권세 잡은 자를 물리치고, 완전복음화를 하루빨리 앞당기는 데 그 의의가 있었습니다. 행사에 참석한 성도들은 입을 모아 이 행사를 통해 교회를 더욱 사랑하는 마음을 갖게 되었고, 그간의 평면적이고 단편적인 시각에서 벗어나 입체적이고 다양한 시각을 갖게 되었다며, 교회 부흥과 지역 부흥에 더욱 앞장서겠다고 각오를 다졌습니다.

그 후 정말로 동서남북 사방 각지에서 많은 성도들이 모여들어왔습니다. 용인 전 지역과 성남, 수원, 동탄, 서울, 전국 각지에서 새벽으로 낮으로 밤으로 성도들이 은혜를 사모하며 밀려왔습니다. 지역사회와 21세기 통일한국시대를 향한 새에덴교회의 희망찬 날갯짓이 복음으로 지역사회를 따뜻하게 덮고 있었던 것입니다.

용광로 목회에서 샐러드 목회로

큰 성전을 짓고 성도들이 많아졌다고 전도의 긴장을 늦추지 않았습니다. 오히려, 더 조직화하여 20여 개 지역에서 전도의 사명을 감당했습니다. 개구리가 올챙이 시절을 잃어버리면 안 되듯이, 새에덴교회는 가락동 시절부터 전도하는 교회이기에 할 수만 있으면 전도에 목숨을 걸었습니다. 열정은 가락동과 구미동 시절의 것을 그대로 가져오고 방법은 더욱 업그레이드하여 효과적으로 추진하였습니다.

전도대원들은 매주 화, 목요일 오전 10시에 교구별 전도모임 기도회를 갖고 간단한 다과를 나눈 후 각지로 흩어져 전도했습니다. 전도의 방법도 가리지 않았습니다. 길거리 노방전도, 관계전도, 아파트 초인종을 누르는 축호전도 등 복음을 전하는데 필요한 선한 수단과 방법을 모두 동원했습니다. 장년부뿐 아니라 교회학교, 청년부도 전도 축제를 열었습니다. 전도자들은 등록 1명을 위해 1주일 동안 아파트, 상가 등을 찾아다녔습니다.

이런 결과로, 새 성전 입당 후 죽전지역을 중심으로 용인, 분당 각처에서 새로운 성도들이 끊임없이 등록했습니다. 개척 전부터 쌓아온 많은 사람들의 기도, 감격과 생명이 있는 설교, 은혜로운 찬양과 넘치는 간증, 새 가족 양육 시스템의 정착으로 입당 후 매주 부흥 행진을 이어갔습니다. 다른 교회에서는 성도들이 줄어들고 있는 시기였지만, 새에덴교회는 오히려 성도들이 늘어났습니다. 저는 한 사람 한 사람을 기억하기 위해 예배마다 등록되는 새신자의 이름을 부르면서 기도했습니다.

전도에 대한 아이디어도 계속 발굴해나갔습니다. 매월 첫 주를 택시 타는 주일로 지키면서 주변 지역에 새에덴교회를 알렸습니다. 성도들 모두 기쁜 마음으로 동참해주었습니다. 어떤 성도는 교회 바로 앞에 사는데도 일부러 버스를 타고 미금역이나 오리역으로 나가서 거기에서 택시를 타고 교회에 오기도 하였습니다.

삽시간에 분당과 용인 지역에서 새에덴교회를 모르는 사람이 없을 정도로 유명해졌습니다. 그런 만큼 새신자도 늘어났습니다. 구미동 시절에는 새신자가 매주 평균 수십 명이었는데, 죽전에서는 수백 명의 새신자들이 몰려오기도 하였습니다. 그럴수록 더 전도하기 좋은 환경을 만들기 위해서 기도하고 몸부림쳤습니다.

특별히 지역주민을 위한 문화선교의 일환으로 시작한 고품격 문화공연 '레인보우 페스티벌'은 반대 민원 등으로 닫혀 있었던 지역민들의 마음을 자연스럽게 열게 되었고, 공연을 하는 날, 교회 건축을 반대하던 민원인들도 가족과 함께 손을 잡고 오기도 하였습니다.

제1회 레인보우 페스티벌에는 영국 에든버러 프린지 박스오피스 1위를 수장한 경력이 있는 퍼포먼스 〈점프〉 공연팀을 초청했습니다. 지역 사람들이 교회에 몰려왔습니다. 모두들 어리둥절한 표정이었습니다. 대부분 교회에서 이런 행사도 하느냐, 하는 표정이었습니다. 공연이 끝나고 돌아가는 길에 모두 교회를 향해서 고마움을 표시했습니다.

여기서 그치지 않았습니다. '첫눈과 같은 로맨틱스토리'라는 주제를 가지고 클래식의 밤 콘서트를 열기도 하고, 〈난타〉, 개그콘서트, 뮤지컬 〈맘마미아〉 등의 공연도 올렸습니다. 이를 통해 3백여 명씩 전도되는 하나님의 놀라운 역사가 나타났습니다. 이는 지역사회를 섬기겠다는 당초의 약속을 지킨 결과일 뿐만 아니라 현대인의 문화 욕구를 충족시켰기 때문이었습니다. 레인보우 페스티벌은 그 이후로도 계속되면서 지역사회와 소통하고 섬기는 새에덴교회의 이미지를 고양했습니다.

프라미스 콤플렉스 시대가 시작된 후, 가치관과 성장배경, 그리고 문화적 수준, 영성 수준이 다양한 여러 사람들이 몰려왔습니다. 저는 다양한 성도들이 몰려오는 것을 보면서 또 다른 준비를 해야 한다고 느꼈습니다. 그래서 기도하기 시작했습니다. 더 다양한 도서를 구입해서 읽었고, 더 다양한 사람들을 만나서 배웠습니다. 그리고 교회가 커지면서 제가 높아지는 것이 아니라 더 낮아져야 이 사람들을 섬길 수 있다는 것을 깨달았습니다.

기도하던 중에 하나님께서 희미한 음성으로 앞으로의 목회 방향을 알려주었습니다. 구미동 시절이 가족 같은 분위기와 뜨거운 영성의 용광로 목회였다면 이제는 다양한 사람들을 하나의 큰 그릇에 담는 샐러드 목회를 하라는 것이었습니다. 모든 식재료가 고유의 맛을 잃지 않으면서도 전체적인 요리의 맛이 느껴지는 샐러드. 그게 바로 제가 추구해야 할 목회였습니다.

미래를 위한 평신도 양육 시스템 구축

이와 관련하여 제게 고민거리가 하나 있었습니다. 앞으로 더 다양하고 많은 성도들이 모이게 될 텐데, 그들을 어떻게 관리할 것인가 하는 문제였습니다. 분당 구미동에서도 4천여 명으로 부흥했습니다. 앞으로 죽전 시대는 분명히 수만 명이 모여서 예배하게 될 텐데 기존의 조직, 그물, 네트워크, 시스템을 가지고는 7,8천 명을 커버하는 수준에 머물 것이기 때문입니다. 핵심은 그물도 넓히고 여러 가지 시스템도 잘 갖추어야 하는데 그중의 하나가 처음 온 새신자들을 어떻게 잘 정착시키고 양육시킬 것인가 하는 새신자 양육 시스템이었습니다. 그래서 많은 교회들을 탐방하고 세미나를 다녀보았지만, 마음에 확 닿는 게 없었습니다. 새에덴교회만의 방법을 찾아야 했습니다.

고민하고 기도하던 중에 "교역자만으로는 한계가 있다. 평신도가 일대일로 양육하는 시스템을 갖추어야 한다"라는 확신이 왔습니다. 이른바, 미래를 대비한 평신도 사역이었습니다. 막 평신도 사역을 시작하려는데, 담당하던 집사가 사역에서 빠지게 되어 큰 아쉬움과 절망감을 겪으며 멈추게 되었습니다. 어떻게 해야 하나, 고민하고 기도하다가 이경희 집사 (현 전도사)를 중심으로 전열을 가다듬었고, 나중에는 새가족양육팀을 만들어서 이경희 집사를 팀장으로 세웠습니다.

그러자 평신도를 사역의 중심에 세우는 것에 대한 저항에 부딪히기도 했습니다. "교역자들이 해도 되는 것을 왜 평신도에게 맡기느냐?"라는 것이었습니다. 폭발적인 부흥의 터를 구축해야 하는 중요한 기로에서 현실에 안주하려는 이들의 저항과 다툼이 시작된 것입니다.

잠시 고뇌의 시간이 찾아왔습니다. 하지만 앞으로 맞게 될 폭발적인 부흥을 준비하기 위해서는 반드시 거쳐야 하는 일이었습니다. 꼭 필요한 일이니만큼 이 시스템을 방해하는 사탄의 방해도 집요했습니다. 그러나 교회가 견고하게 서려면 반드시 정착시켜야 했습니다. 그래서 새가족양육팀을 오히려 평신도양육개발원으로 승격시키고 이경희 집사를 전도사로 세워서 더 힘을 실어주었습니다.

새가족이 처음 교회에 등록하면 새가족 담당 목사, 교구 전도사, 해당 양육교사, 순장이 심방을 합니다. 그리고 5주 이상, 길게는 두 달 이상의 일대일 양육을 권면하며 해당 양육교사를 소개해줍니다. 성도들은 일주일에 한 번 있는 교육을 대개는 부담스러워하지 않고 받아들였습니다. 일대일 양육은 주로 성도의 가정에서 이루어졌고, 부득이한 경우에는 교회 새가족양육실에서 이루어졌습니다.

일대일로 양육이 이루어지다 보니, 평소 궁금했던 신앙에 대한 궁금증을 과외받듯이 해소할 수 있었습니다. 또한 양육을 통해 어떻게 해야 행복한 신앙생활을 할 수 있는지, 또 헌금생활과 예배생활 등에 대해 상세히 알려주어 처음 교회에 오는 성도들에게 친절한 신앙가이드 역할을 해주었습니다. 자연스레 예배 정착률이 좋아졌습니다. 예배를 들쭉날쭉 드리거나 인터넷으로 대신하던 성도들이 주일성수를 목숨처럼 여기는 성도로 바뀌었습니다.

새가족 정착률 92퍼센트

평신도 양육 시스템은 다른 교회에서 탐방을 올 정도로 기반이 탄탄해졌습니다. 평신도양육개발원(평개원)의 역할은 열린 문으로 들어온 성도들이 빠져나가지 않도록 뒷문을 닫는 역할이었습니다. 새가족 성도가 오면 등록하는 것으로 끝나지 않고 새가족부에서 일일이 전화하여 심방을 잡았습니다. 교구관리가 더 전문화된 새가족 관리로 넘어온 것입니다. 기존 성도 관리와 새가족 관리에 교구 총무 사역이 더해지면서 평개원의 관리가 체계적으로 잡혀갔습니다. 양육 받은 새가족들의 정착률은 92퍼센트로 2부 예배가 가득 차기 시작했고, 구체적인 데이터도 나오기 시작했습니다. 평신도 사역자들은 매일 교회 간사실로 출근하여 자료를 업데이트했습니다. 새신자 양육을 시작하면서 예배 정착률이 좋아지자 예배가 하나 더 늘어나게 되었습니다.

양육 시스템의 기본은 담임목사의 설교입니다. 여기에 양육을 추가시켜 평신도가 사명자로 거듭나게 하는 시스템입니다. 양육은 자기 지식과 경험에 가려져서 자꾸 판단하려 하는 성도들을 은혜 안으로 들어오도록 문을 열어주는 징검다리 역할을 했습니다. 즉, 각 사람에 맞춘 눈높이 사역으로 같이 기도하고 고민하는 것이 1:1 양육입니다. 양육은 신학적인 게 아니라 신앙을 잘 붙잡을 수 있도록 도와주는 성도 케어 시스템인 것입니다. 양육 받은 성도들은 하나같이 교회 안에 더 들어오고, '생명나무' 성도가 되어 가정과 교회를 믿음으로 든든히 세워나갔습니다. 양육 받은 새가족이 양육 받지 않은 기존 순장보다 더 뜨거워서 순장을 양육하기도 했습니다. 이처럼 평개원을 통해 평신도 사역자의 모델이 많이 나왔습니다.

매주 월요일에 양육교사 기도회, 수요일에는 양육교사 교육이 있습니다. 보통 월요일은 사역자들이 쉬는 날인데 양육교사들은 월요일 아침 10시까지 나와 기도회를 가졌습니다. 또한 매주 수요일 1시간의 교육을 통해 새에덴교회의 더 큰 은혜를 알게 되고, 충성하는 헌신자가 되어갔습니다.

2008년도부터 교역자 중심 체제를 평신도 중심으로 바꾸었는데, 특히 양육 부문에서 두드러졌습니다. 교구는 12개에서 14개로 확대 개편(현재 27교구)하고, 교역자를 재배치했습니다. 행정은 교역자 중심으로 하되, 각 교구에 평신도 총무를 두어 평신도 체제로 운영되었습니다. 아날로그식이었던 교적 관리를 전산화해 효율적인 관리가 가능하게 되었습니다. 교구총무들은 평신도로서 사역자와 같이 해당 교구를 돌보는 사명을 담당했습니다. 평신도 양육 시스템을 구축하느냐, 포기하느냐의 기로에서 미래를 내다보는 비장의 포석을 두어 부흥의 견고한 터를 굳혔습니다. 고뇌에 찬 결단 끝에 탄생한 평개원은 이제는 새에덴의 자랑이요, 부흥의 원동력이 되고 있습니다.

생명력이 흐르는 예배

새에덴교회 예배의 가장 큰 특징은 생명력입니다. 예배 처음부터 끝까지 생명력이 넘쳐흐릅니다. 주님의 생명력이 살아있는 예배를 위해 저는 엿장수도 되고, 연극배우도 되고, 가수도 되고 때로는 구약 신약을 파는 약장수가 되었습니다. 강단에서 찬양도 소리 높여 부르고, 하모니카도 불고, 뿔 나팔도 불고, 연예인과 토크쇼도 했습니다. 성도들이 하나님께 가까이 가는 길이라면 '하나님의 광대'가 되어 그 어떤 역할도 마다하지 않았습니다. 성도들은 예배마다 주님의 임재를 경험하며 황홀한 초원의 성찬을 먹는 것처럼 은혜 충만, 성령 충만, 사명 충만을 경험하였습니다.

찬양과 회개기도로 예배드릴 마음의 준비가 되면 말씀이 시작됩니다. 이지적인 신도시 성도들이 은혜를 받게 하기 위해 고군분투했습니다. 기도와 성경 말씀을 읽는 건 기본이고 수많은 책을 읽었습니다. 성경학자들에게 자문을 구하고, 고서를 모으고, 필요하면 해외 탐방도 했습니다. 성도들은 깊이 있는 말씀과 생생한 간증, 예화, 유머, 해박한 지식에 만족을 얻고, 영적인 메시지에 마음의 찔림을 받았습니다. 그 말씀으로 세상적인 만족에 살았던 자신을 발견하고 회개하면서 주님께 더 가까이 나아갔습니다.

특별히 사명, 헌신, 축복으로 귀결되는 말씀에 '주님을 위해 더 헌신하고 사명 감당하고 축복된 삶을 살자, 자녀들에게 신앙을 물려주자' 하는 마음이 생겼습니다. 나라와 민족에 대한 설교를 들으면 애국심과 역사관이 생겼습니다. 부정적이고 인간적으로만 바라보던 세상적 잣대를 하나님의 눈으로 바라보고, 사랑과 긍정의 눈으로 보기 시작했습니다. 한 번의 감정 씻음과 마음 치유에서 끝나지 않고 사명을 감당하며 새에덴교회와 하나님 나라의 일꾼이 되어갔습니다. 이것이 새에덴교회 예배의 저력이라고 할 수 있습니다.

설교학적인 측면에서 하나님의 광대로서 저의 설교는 중독성이 있고, 청중을 빨아들이는 힘이 있다는 평가를 받습니다. 그 이유는 제 설교가 하나님 중심, 성경 중심, 사명 중심이기 때문입니다. 저의 삶과 영성이 투영된 설교라는 측면도 간과할 수 없습니다. 저는 집에서 쫓겨나 광야에서 연단 받으며, 주께 부르짖으며 생긴 남다른 체험적 영성이 있습니다. 제가 찬양하면 하나님을 향한 간절함이 성도들 마음의 간절함까지 끌어올려 하늘에 닿는 듯했습니다. 다른 한편으로 스피드한 변사적 스피치를 구사합니다. 저의 설교는 전개 과정에서 플롯이 있고, 반전과 역설이 있습니다. 이 또한 청중의 흥미를 끄는 또 다른 요인입니다.

봉헌시간에는 봉헌송이 성전을 은혜로 가득 채웠습니다. 할 수만 있다면 봉헌송을 부르는 사람들을 국내에서 최고의 성악가로 모시려고 노력했으며, 봉헌송을 부르기 전에 같이 리허설을 하면서 어떻게 하면 예배드리는 성도들에게 은혜를 끼칠까를 고민했습니다. 예배는 가장 최상의 것을 드려야 하는 '거룩한 축제'이기 때문이었습니다.

봉헌송을 부르는 동안, 성도들은 정성껏 예물을 드리고 두 손을 모아 기도했습니다. 이따금 부담스럽게 느꼈던 헌금시간이 은혜의 시간, 예물의 소중함을 느끼는 감사의 시간이 되게 한 것입니다. 봉헌송에는 국내 굴지의 성악가, 대중가수, 연주자들이 섰습니다. 아름다운 찬양과 설교, 기도, 간증이 어우러진 예배를 드린 성도들은 은혜를 안고 삶의 터전으로 돌아가서 세상 가운데 영적인 승리를 하는 것입니다. 영적인 승리를 한 성도들이 다음 예배 때 간증을 들고 오는 형태의 선순환을 이루어야 예배에 성공했다고 할 수 있습니다.

영적 폭풍, 금요철야예배

감히 새에덴의 철야예배는 한국교회를 대표하는 철야예배라고 말하고 싶습니다. 기도의 영성과 성령을 향한 갈급함이 점점 소멸되어가는 때에 새에덴 철야예배는 우리 교회 성도들뿐만 아니라 한국교회를 살리는 영적 시은소가 되기 위해 사력을 다했습니다. 그 정성이 결과로 나타났습니다. 2008년 1월 25일 '가나안 여인처럼 부르짖으라'라는 제목으로 첫 방송이 나간 이후, 10여 회 분의 방송이 나가는 동안 단기간에 많은 시청자를 끌어모으는 데 성공하며 전국과 해외로 그 말씀의 지경을 넓히게 되었습니다.

지금도 여전히 금요철야예배는 교회에 출석하고 있는 수많은 성도들을 깨우며 강력한 영적 폭풍의 진원지가 되고 있습니다. 또 한국교회가 외형과 지적인 세련미를 추구하며 잃어가고 있던 신앙의 야성을 회복하게 해주고, 삶에 지치고 상처받은 영혼들이 영적 충만함을 얻어 다시 세상을 향해 담대히 나갈 수 있도록 하는 생명수 역할을 했습니다. 국내뿐만 아니라 전 세계에 방송이 송출되면서 수많은 영혼들이 잃어버렸던 은혜를 회복하고, 병 고침을 받고, 희망과 꿈을 갖게 되었다는 간증이 이어졌습니다.

영상간증을 통한 소통과 공감

교회의 규모가 커질수록 목회자와 성도 간의 소통, 그리고 성도 간의 소통이 가장 큰 문제로 대두됩니다. 이런 약점을 보완하기 위해서 저는 개척교회 때부터 한 번도 중단됨이 없이 주보에 목회칼럼을 썼습니다. 교회가 커지고 유명세를 타면서 제 사역이 바빠졌지만, 프라미스 콤플렉스 성전에 와서도 이 칼럼은 멈추지 않았습니다. 많은 성도들과 소통을 할수 없기에 칼럼을 통해서 소통하였던 것입니다.

또 하나, 성도들의 공감을 이끌어내는 것이 바로 영상간증입니다. 성도들은 '은혜의 영상' 간증을 통해 영적 교제가 이루어지고 도전을 받았습니다. 영상간증은 현대적 문화 감각뿐만 아니라 눈물겨운 고난과 역전, 회개와 헌신의 스토리를 통하여 또 다른 은혜의 전달자이자 소통의 도구로 쓰임 받고 있습니다. 영상간증은 한국교회 안에 큰 반향을 일으켰고 지금은 기독교 방송뿐만 아니라 많은 교회에서 영상간증을 활용하고 있습니다. 성도들은 매주 은혜의 간증을 통해 도전받고 꿈을 꾸며 닫힌 마음의 빗장을 열었습니다.

한국교회 최초 참전용사 초청행사

2007년 1월 15일, 저는 마틴 루터 킹 국제평화상을 수상했습니다. 이 일로 미국 LA에서 주는 명예시민권을 받고, '마틴 루터 킹 퍼레이드' 전야제에 초청받아 참석했습니다. 거기서 우연히 만난 한 흑인 노인이 제가 한국인임을 알고 다가와 더듬거리며 "동두천, 의정부, 수원, 평택…"이라고 말했습니다. 그는 바로 6·25 참전용사 리딕 나다니엘 제임스(Riddick Nathaniel James)이었습니다.

그는 왼쪽 허리의 총상 흉터를 보여주면서 전쟁 후 한국에 한 번도 가보지 못했다며 울먹였습니다. 한국에 다시 가보고 싶은데, 형편이 어려워 갈 수 없는 게 안타깝다면서 말입니다. 저는 그 자리에서 무릎을 꿇고 절하며 한국으로 초청하겠다고 약속했습니다. 한국의 평화를 위해 총상을 입은 용사의 부탁을 도저히 거절할 수 없었습니다. 제가 약속하자, 그는 좋아서 서툰 발음으로 '아리랑'을 불렀습니다. 그가 부른 아리랑이 저를 바꾸어놓았습니다.

그로부터 얼마 후에 저는 미국 백악관 신우회 회원과 경제인들에게 설교할 기회가 있었습니다. 그 자리에서 그들은 저에게 이런 질문을 쏟아부었습니다.

"한국은 왜 성조기를 짓밟고 불태웁니까? 미국은 한국을 위해 피 흘려 싸워준 우방인데 왜 싫어합니까?"

저는 순간 당혹스러웠습니다. 그래서 이렇게 설명했습니다.

"그것은 오해입니다. 미국인들이라고 모두 다 한국을 좋아하지는 않는 것처럼 대다수 한국인은 미국을 좋아하지만, 그렇지 않은 소수의 모습이 언론에 비치는 것일 뿐입니다."

이런 일들을 계기로 저는 한국과 미국의 우호 증진을 위해서는 민간 외교가 중요하다는 사실을 깨달았습니다. 그때부터 호국보훈의 달인 6월이 되면 미국을 중심으로 여러 나라의 6·25 전쟁 참전용사를 한국에 초청하고 있습니다. 한국교회 최초로 '한국전 참전용사 초청행사'가 시작된 것입니다.

2007년 6월, 드디어 리딕 나다니엘 제임스 등 50명의 유엔군 참전용사가 한국을 방문했습니다. 한 병사의 안타까운 마음을 풀어주고 싶었던 저의 결단은 국가적 행사가 되었습니다. 시작 단계에서는 교회에서 무슨 이런 행사를 하느냐는 비판적인 시각과 반론도 있었습니다. 왜냐하면 정부 기관에서도 하기 힘든 기획이었으며, 준비에 막대한 재정이 들어가는 행사였기 때문입니다.

하지만 반드시 해야 할 일이라고 생각했습니다. 투철한 국가관과 역사의식, 그리고 대형교회로서 사회적 책임과 환원이라는 확실한 신념을 가지고 행사를 진두지휘하였습니다. 당시 입당한 지 얼마 안 되었기 때문에 재정적인 부담이 컸지만, 하나님을 의지하여 밀고 나갔습니다. 새에덴의 성도들은 자원하여 헌신에 동참하였습니다. 이렇게 미국의 참전용사들이 초청되었고 항공비, 숙박비, 관광, 식사에서 선물까지 모든 경비를 교회가 부담했습니다.

대체로 5박 6일 정도의 일정으로 진행되었습니다. 참전용사와 전사자, 실종자 가족들이 공항에 도착하면 가장 먼저 한 명 한 명에게 꽃목걸이를 걸어주며 환영 행사를 하고, 참전용사 1명에 통역 봉사자 1명이 함께할 수 있도록 배치하여 불편함이 없도록 안내했습니다. 숙소로 이동하면 경기도나 교회에서 주관하는 환영 만찬을 하고, 다음 날부터 관광을 했습니다. 그들은 여의도에서 유람선을 타고 런치 크루즈를 즐기며 한강과 서울의 아름다운 모습을 보고, 폐허였던 서울이 이렇게 발전한 것에 놀라움을 금치 못했습니다.

수방사의 오토바이 호위를 받으며 현충원, 용산 미 8군을 거쳐 판문점으로 이동해 안보 견학관과 JSA 부대를 견학하며 북한군을 가까이서 보고, 도라전망대로 갔다가 서울타워 전망대, 용산 전쟁기념관 등을 방문했습니다. 전쟁기념관 기념비에서 전사한 친구들의 이름이나 가족을 발견할 때는 눈시울을 붉히면서 그때의 기억 속으로 빠져들었습니다.

꼭 빠지지 않는 순서는 새에덴교회에서 드리는 한국전쟁 상기예배입니다. 참전용사들이 교회에 도착하면 태극기와 성조기를 흔드는 어린이들의 환영을 받습니다. 아이들은 한복을 곱게 입고 환영 노래를 부르며 반갑게 맞이합니다. 예배당에 들어설 때도 온 성도들이 일어나 기립박수를 보냅니다. 저의 설교와 양국 대통령과 미국 대사 등 많은 귀빈들의 축전과 격려사, 어린이의 영어 감사스피치, 감사패 수여가 이어지고, 전체 기념 촬영으로 마무리됩니다.

감사하게도, 참전용사들은 한국에서의 모든 일정 중 예배가 가장 은혜로웠다는 소감을 밝혔습니다. 떠나는 날에는 봉사자들이 공항까지 환송하며 사진으로 남겼던 그간의 일정을 앨범으로 제작하여, 한 분 한 분에게 전해줍니다. 그간 정든 참전용사와 봉사자들은 서로 얼싸안고 눈물을 흘리며 헤어짐을 아쉬워합니다.

참전용사 초청행사의 의의와 스토리

참전용사 초청행사를 하는 것은 첫째, 참전용사들의 희생과 수고를 잊지 않기 위해서입니다. 둘째, 다시는 이 땅에 전쟁의 비극이 일어나지 않도록 하기 위함입니다. 셋째, 대한민국의 자유민주주의를 수호하고 진정한 평화와 통일의 꽃길을 열기 위해서입니다. 넷째, 자녀들에게 고난의 역사를 교육하고 투철한 국가관과 애국심을 심어주기 위해서입니다. 다섯째, 목회적 대형교회로서의 사회적 책임을 다하고 보훈 의식을 함양하기 위해서입니다.

2007년 6월 리딕 나다니엘 제임스(Riddick Nathaniel James)를 비롯하여 미국 참전용사 50여 명이 참석함으로 제1회 참전용사 초청행사가 시작되었습니다. 2008년 제2회 때는 한미 양국 대통령(이명박, 부시)이 축하 메시지를 보내왔으며, 이후로도 계속 한미 양국의 대통령이 축사를 보내왔습니다. 특히 미국 참전용사 로렌조 오르테카 씨와 한국 참전용사 김영환 씨가 57년 만에 재회하는 장면이 KBS와 MBC에 소개되면서 큰 감동을 전달하였습니다.

2012년 6월, 6회 행사 때는 미국뿐만 아니라 필리핀 참전용사와 가족들을 초청했고, 7회 행사 때는 정전협정 체결 60주년을 맞아 경기도 김문수 지사와 함께 미국, 캐나다, 호주, 태국, 터키 등의 참전용사와 가족 120여 명을 초청하였습니다.

8회(2014년) 때는 한국전 참전용사 220명과 가족 400명, 시카고 한인회 등 관계자 500여 명(6월 14일, 미국 시카고), 한국인 참전용사 300여 명(6월 22일 한국)이 참석했으며, 일리노이주 출신 전사자 1,806명의 명패를 동판으로 제작하여 일리노이 주지사에게 전달하였고 행사일인 6월 14일을 '한국전쟁 참전용사의 날'로 선포했습니다. 저는 20명의 성도들과 함께 한국전 참전용사 16명이 치료받고 있는 시카고 그린베이의 연방보훈병원을 방문하여 감사의 마음을 전하기도 하였습니다.

10회(2016년) 행사 때 미국 참전용사와 가족, 전사자, 실종자, 포로자 가족, 참전용사 직계 가족인 주한미군 장병 등을 초청했는데, 그 모습이 담긴 '다시 코리아로, 그들의 마지막 귀환'이 정전협정 63주년 특집다큐로 KBS1 TV에서 방영되어 큰 반향을 일으켰습니다. 11회 행사 (2017년)는 미국 휴스턴에서 참전용사와 가족 500명, 휴스턴 거주 한국인 참전용사 20명이 참석하였으며 SBS에서 '전쟁과 기억'을 1,2부로 제작, 방영하면서 고난의 역사를 잊지 않고 나라를 섬기는 한국교회의 이미지를 크게 고양했습니다.

13회 행사(2019년)는 장진호 전투 참전용사와 가족 등을 초청하였고 장진호 전투 희생자 하비 스톰스 소령의 유해가 북한에서 발굴되어 69년 만에 고국의 땅으로 돌아왔습니다. 특히 하비 스톰스 소령의 자녀들은 참전용사 초청행사 때 실종자 아버지의 액자를 들고 한국을 방문했는데, 유해가 발굴되어 더 큰 감동의 스토리를 전했습니다.

전 세계가 코로나19 사태를 맞은 2020년 14회 행사는 한국 및 미국, 캐나다, 필리핀, 태국 참전용사 150여 명을 화상회의 플랫폼 줌(Zoom)으로 초청하여 세계 최초 온라인 참전용사 초청행사로 진행했으며, 이것이 방송과 신문에 보도되면서 팬데믹 기간에 상처 입은 한국교회의 사회적 이미지를 보호하고 회복하는 선순환을 일으켰습니다. 다음 해에 진행한 15회 행사에서는 메타버스와 가상현실(VR)을 이용한 줌(Zoom) 온라인 행사로 한 차원 업그레이드하여 진행했습니다. 저는 가상현실 속에서 해외 참전용사들에게 메달을 수여하며 참전용사와 가족들을 격려하였습니다.

2022년에 열린 16회 행사는 한국과 미국에서 6월 19일과 7월 26일에 진행되었는데, 특히 7월 27일에 미국 워싱턴 DC 한국전 참전용사 기념공원에서 이루어진 '한국전 전사자 추모의 벽' 준공식에서는 새에덴교회가 후원자 자격으로 참가하여 제가 추모시를 낭독하기도 하였습니다.

새에덴교회 참전용사 초청행사는 공식적인 정부 행사를 제외하고 종교 및 민간단체로는 최대 행사였으며, 한국교회로는 최초의 행사였습니다. 참전용사들은 자유민주주의와 경제번영을 이룬 대한민국의 모습을 보며 자신들이 피를 흘려 싸운 이유를 이제야 알겠다며 감격했습니다.

참전용사들은 미국으로 돌아가면 친한파 민간외교관이 되어 자신들의 희생을 잊지 않는 대한민국을 홍보하였으며 한일 간의 독도 분쟁이 있을 때 백악관에 서한을 보내고 항의 방문을 하기도 하였습니다. 미국은 6·25전쟁 당시 우리나라의 자유민주주의를 위해서 피를 흘려 싸워준 형제의 나라입니다. 앞으로도 한국과 미국의 동맹 관계를 강화하며 한반도에 평화의 꽃송이를 피우기를 소망하며 마지막 한 분의 참전용사가 살아계실 때까지 참전용사 초청행사는 계속될 것입니다.

한일기독연맹 목사 취임과 한일 간의 중보 사역

프라미스 콤플렉스 입당 다음 해인 2006년에, 저는 한일기독연맹 지도목사로 취임했습니다. 한일기독연맹은 한국과 일본이 복음적인 교류를 통해 척박한 일본 땅에 복음을 심기 위해 만들어졌습니다. 2월 26일 본 교회 본당 프라미스홀에서는 한일기독의원연맹 대표회장·임원과 지도목사 취임 감사예배가 전현직 의원, 장관 약 25명이 참석한 가운데 열렸습니다. 저는 그 예배를 통해 성도들이 아픈 역사를 기억하면서도 일본에 대한 증오를 씻어내고 사랑으로 그 영혼을 대하기를 바랐습니다. 또한 증오의 마음을 녹이고 그리스도의 용서와 사랑의 마음을 품기를 바랐습니다.

2011년에는 '제92주년 3·1절 기념 연합예배'를 열었습니다. 오후 3시부터 시작된 예배에 목회자와 성도들 5천여 명이 본당을 가득 메웠습니다. "일본이 저지른 만행을 잊지는 말되 일본에게 미움 대신 그리스도의 사랑과 복음을 전하자. 한일 양국의 진정한 화해와 용서를 위해서 우리에게 그리스도의 사랑이 더욱 필요하다"라는 말씀을 선포하였습니다.

저는 이 예배를 통해 성도들이 다시는 나라를 잃는 슬픔이 없도록 하나님을 잘 경배하며 강건한 나라를 만들어야 함을 인식하기를 바랐습니다. 또한 뚜렷한 역사의식과 나라 사랑의 마음에 동참하고 자녀들에게도 고난의 역사를 가르쳐야 한다는 것을 깨닫기를 바랐습니다. 예배가 진행되는 동안, 태극기를 흔들면서 힘차게 애국가를 부르는 성도들을 보며 하나님께서 역사하신 예배라는 확신이 들었습니다.

거기서 그치지 않고 역사의식을 고취하기 위한 8·15 광복절 기념예배와 PPP 십자가 대행진도 진행했습니다. PPP 십자가 대행진은 1998년 남북관계가 극도의 긴장 상태에 빠져있을 때 김영진 장로와 도이 류이치 의원이 사랑과 평화, 화해의 이름으로 시작한 것으로 'PPP'는 부산, 판문점, 평양의 약자로 한반도 전체를 가리킵니다. 그리고 약 2년 후 얼어붙은 남북관계의 물꼬를 트는 역사적인 남북정상회담이 개최되었습니다. 제6회 PPP 십자가 대행진 때는 순례의 길을 시작한 지 4일 만에 제2차 남북정상회담이 열리기도 했습니다.

저는 한일기독의원연맹 지도목사로서 한일 간의 오랜 역사적 갈등과 미해결 과제를 그리스도의 사랑으로 풀어나가기 위해 노력한 공로를 인정받아 '2007년 마틴 루터 킹 국제평화상'을 수상하며 '인터내셔널 그랜드마샬'(최고 영예로운 초대손님)로 특별초청 되어 1백만 미국 시민이 지켜보는 가운데 퍼레이드를 주도하였습니다. 참으로 하나님이 주신 귀한 선물이었습니다.

2008년에는 한국대표단과 함께 사할린을 방문해 유즈노 사할린교회에서 연합집회를 인도하고 사할린 동포 문제와 역사 현장을 탐방하였습니다. 그곳의 문화센터를 방문하여 사할린 동포들과 정신대로 끌려온 할머니들에게 의료지원을 하고 사죄하는 마음으로 큰절을 올렸습니다. 할머니 할아버지들은 "하늘을 떠가는 비행기만 보아도 고향 산천이 그리워서 눈물짓는다. 이렇게 찾아와 준 것만 해도 감사하다"라며 눈물을 흘렸습니다.

민족복음화대성회도 열었습니다. 2008년 8월 17일 '2008 기도한국 민족복음화대성회'에서 '대한민국의 회복과 비전'이라는 역사의식이 담긴 설교를 하였습니다. 특히 사할린과 우즈베키스탄, 카자흐스탄에 강제징용과 강제 이주를 당한 한민족의 시련의 역사와 애환, 정신대 할머니들의 수치와 고난의 역사를 이야기할 때는 많은 성도들이 눈시울을 적셨습니다.

이 밖에도 한일기독의원연맹 지도목사로서 한일 역사 교과서 문제, 사할린 동포 문제, 정신대 할머니 문제 등 한일 관계 사이에서 풀지 못한 여러 문제들을 지혜롭고 평화적으로 해결하기 위해 다양한 노력을 기울였습니다.

2016년 8월에는 동아일보와 함께 러시아에 강제 동원된 피해자들을 위한 위령비를 세웠습니다. 일본인이라고 생각되어왔던 시베리아 포로에는 일제강점기에 일본 관동군으로 징집된 조선인 3천여 명이 포함돼 있었습니다. 그들은 시베리아 전역에 분산 수용돼 추위와 굶주림, 질병에 시달리며 3년여 동안 강제 노동을 하다가 사망하여 시베리아 곳곳에 흩어져 그들의 한과 함께 묻혔던 것입니다. 즐로비노 공동묘지 입구에 '조선인 포로들이여 편히 잠드소서!'라고 쓰인 위령비를 세우고, 그들의 아픔을 조금이나마 위로할 수 있기를 바랐습니다.

한일 관계를 생각하면 잊을 수 없는 분이 지금은 고인이 되신 도이 류이치 의원입니다. 류이치 의원은 조선총독부 간부의 아들로 태어나 서울 동대문 초등학교를 다니면서 일본인 교사들과 일본인 학생들이 조선말을 쓰는 학생을 구타하는 것을 보며 자랐습니다. 그런 그가 훗날 기독교에 귀의하여 기독교적 세계관과 양심을 소유하게 됐습니다. 그때부터 그는 지난날 일본이 한국에 가한 만행이 용납되지 않아 자책감이 들고 괴로워하였습니다.

그러던 중에 김영진 장로님을 만나 함께 한일기독의원연맹을 이끌면서 한일 간의 진정한 화해와 용서를 위한 사역을 해 오신 것입니다. 삼일절과 광복절이 되면 몇 명의 일본 기독교 신자 의원들과 동행해 우리 교회를 방문하여 함께 예배드리며 지난날 일본의 만행과 과오를 참회하고 사죄의 절을 하였습니다. 그는 일본 민주당 원내대표를 지낸 7선 국회의원이었는데 2011년 92주년 3·1절에 우리 교회를 방문해 독도의 한국 영유권 주장을 담은 한·일 공동선언문을 낭독하고 서명한 사건 때문에 큰 고초를 겪은 후 정치생명뿐 아니라 모든 것을 잃어야 했습니다.

그때 받은 충격과 극심한 외상후 스트레스 장애(PTSD)로 힘든 나날을 보내다 결국 고인이 되었습니다. 그러나 그분은 마지막까지 조금도 원망하는 마음 없이 평온한 얼굴로 이렇게 말했습니다.

"나는 오히려 홀가분합니다. 모든 것을 잃었지만 내 양심이 이렇게 편할 수가 없네요. 나라고 어찌 일본을 사랑하지 않겠습니까마는 그래도 폐쇄적 민족주의의 노예가 되어서는 안 되지요. 예수님도 자기 민족을 사랑하는 애국자였지만 인류의 화해를 위해서 고난을 선택하지 않았습니까. 나는 예수님의 가르침을 작게나마 실천했을 뿐입니다."

지금도 우리 교회에서 선물한 한복을 입고 싱글벙글 웃으며 좋아하던 선한 얼굴이 떠오릅니다.

남북 평화와 복음 통일을 위한 걸음

2001년 미국 제약회사의 도움을 받아 북한 주민들을 위한 의약품을 가지고 북한을 처음 방문했습니다. 북한의 창광유치원과 교육시설을 둘러보고 신선한 충격을 받았습니다. 통일한국시대 민족의 눈물을 닦아줄 민족 지도자를 배출해야겠다는 생각을 더 확고히 하며, 배고프고 헐벗은 북한 사람들을 보고 눈물을 흘렸습니다. 2007년 12월에는 평양을 방문하여 '조용기심장전문병원' 건립식에 참여해 축사를 하였습니다.

2009년 12월에는 3박 4일간의 일정으로 우리 교회 성도들과 함께 북한 방문단을 조직하여 평양을 방문했습니다. 방북 첫날, 김정일 위원장 외삼촌의 아들이며 북한 노동당 서열 11위인 강영섭 위원장이 베푼 환영 만찬에 참석했습니다. 또한 북조선 그리스도교연맹 초청 '남북공동 조국 평화통일기원 평양기도회'가 열린 평양봉수교회에서 3백여 명의 사람들이 모인 가운데 예배를 드렸습니다.

저는 "하나 되는 민족 되게 하소서"라는 주제로 말씀을 전했습니다. "남한과 북한이 한 핏줄, 한민족이다. 예수님만이 우리의 구원자 되시고 진정한 남북통일의 주권자가 되신다"라는 사실을 강조했습니다. 또한, 사자성어인 '소탐대실'을 사용하여 "북한이 작은 것들에 자존심을 세우고 고집을 부리다 보면 오히려 큰 것을 잃을 수 있다. 북한도 남한에 대한 전략에 변화가 필요하다. 남북한 정상 간의 만남도 조건 없이 제의함으로써 평화적인 교류를 계속 열어가고 함께 도움이 되는 윈윈 정책으로 나아가야 한다"라고 제안했습니다.

이 외에도 총 7번의 평양 방문을 통해 남북 간의 화해의 징검다리를 놓기 위해 노력했습니다. 저는 북측에 양해를 구하고 〈왜 예수를 믿어야 하는가)라는 소책자와 성경을 안내원들에게 나눠주기도 하고 설교도 복음적으로 하며 어떻게든지 예수님을 전하려고 노력하였습니다.

저는 북한에 갈 때마다 거의 집사람과 함께 갔고 자유민주주의와 자본주의의 그리고 예수 그리스도의 복음의 빛을 비추고 왔습니다. 통일은 어쩌면 하나님 은혜로 삽시간에 이루어질 수도 있습니다. 피 흘림이 없는 복음적 평화통일만이 최선입니다. 이런 바람을 담아 저와 방문단은 평양에 있는 봉수교회에서 손을 잡고 통일의 노래를 불렀습니다.

"우리의 소원은 통일 꿈에도 소원은 통일 이 정성 다하여 통일 통일이여 오라…."

연합집회의 중심에 서다

독일의 경우 크리스천 퓨러 목사와 보네베르거 목사를 위시해서 교회가 통일기도운동을 주도했습니다. 처음엔 30명으로 시작했지만, 나중에는 30만, 50만 명이 모이는 평화통일 기도회로 발전하여 결국에는 통일의 꽃길을 열었습니다. 저는 이런 독일교회를 벤치마킹하고 싶었습니다. 통일은 우리의 노력도 중요하지만, 하나님이 허락을 해주시지 않으면 안 되는 일이기 때문이라고 믿었습니다. 그래서 늘 이런 생각을 가지고 있었습니다.

'한국교회는 쉬지 않고 눈물로 기도해야 한다. 그리고 기도와 더불어 교회의 연합을 이루어야 한다.'

그런 의미에서 새에덴교회는 평화통일을 위한 기도회와 대규모 연합집회의 한 중심에서 섬기면서 영향력을 발휘했습니다. 2006년 3월 24일, 장충체육관에서 열린 평양대부흥 100주년 전국대회에서는 제가 주강사로 섰습니다. 1907년의 평양대부흥운동처럼 이날의 집회도 북한에 복음이 심어지고 남북평화통일의 초석을 다지는 의미 있는 집회였습니다. 체육관은 빈틈없이 들어차고 전국 각지에서 교인들이 모였습니다. 나라를 위한 성도들의 뜨겁고 절실한 기도 소리로 하늘 문이 열리는, 그야말로 한국교회 연합의 변곡점을 이루는 역사적인 시간이었습니다.

2007년 상암동 월드컵경기장에서 '평양대부흥 100주년 기념대회'가 열릴 때는 제게 아무 순서도 주어지지 않았지만, 하나님을 향한 뜨거운 심장 하나만을 가지고 새에덴교회 성도들과 함께 참여하고 지원했습니다. 그 후로, 점점 연합집회의 한 중심에 서서 한국교회의 연합과 일치, 화해와 통일을 외치는 설교자로 쓰임 받을 수 있었습니다. 2008년부터 2010년까지 합동교단 '기도한국 민족복음화대성회'에서 계속 설교하였고, 2010년 6월 22일 상암월드컵경기장에서 부시 전 대통령을 초청하여 열린 6.25 60주년 평화기도회에서는 한반도의 평화를 기원하는 축시를 낭송하였습니다.

분단을 넘어 평화의 꽃길을 열어주소서

태고의 별들이 신비로운 호반의 물결 위로 뜨는 밤
저 백두대간의 허리를 끊고 순백의 심장을 찢었던
그날 새벽의 포성소리여
아, 어찌하여 한 형제, 한 동포를 향하여 총을 겨누고
창검을 찌르며 살인과 광폭의 세월을 보내야만 했던가

6·25 전쟁, 동족상잔의 비극적 수레바퀴는

어언 60년의 세월이 흐르고

그 잔혹한 분단의 상처는 녹슨 휴전선에 피어난

들꽃들처럼 바람의 칼날에 찔려 통곡하는데

아, 돌이킬 수 없는 통한의 세월이여

붉은 피 각혈하며 목 놓아 울부짖는 이산의 아픔이여

아무리 손을 내밀어도 잡을 수 없고

민족의 광야를 달리며 밤새워 절규해도

대답이 없는 분단의 참혹한 노래여

이제 6·25 전쟁 60년 평화기도회를 맞아

분단의 밤을 넘어 평화의 아침이 오게 하여라

백두에서 한라까지 저 끊어진 철길을 따라

향기로운 화해의 꽃길이 열리게 하여라

아, 처절한 기도로 울부짖는 평화의 노래여

이젠 분단의 광야, 들꽃의 한숨 소리도 그치고

이슬에 젖은 돌멩이도 눈부신 새벽 빛살에 깨어나고 있나니

통곡과 절규의 밤을 지나

평화 통일의 찬란한 아침이 밝아오게 하여라

주여

남북이 겨누고 있는 총구에 꽃을 꽂아

평화의 축포를 쏘아 올리게 하소서
총탄이 변하여 화해의 별이 되게 하시고
창검이 변하여 아카시아 향기가 되게 하소서
그날 새벽에 울린 포성 소리가
저 백두에서 한라까지, 개마고원에서 김해평야까지
평화의 아리아로 울려 퍼지게 하소서

7천만 한민족의 가슴에 평화의 영을 부어주소서
분단의 폐허 위에 평화의 꽃이 피어나게 하소서
우리 조국의 대지 위에
다시는 전쟁의 비극이 일어나지 않도록
저 판문점과 군사분계선 위로 평화의 성막을 펼쳐주소서

그리하여 세계 유일의 분단국가 조국 대한민국이
세계 평화의 성소가 되게 하소서
한민족이 평화의 선민이 되게 하여주소서
평화를 알리는 봄의 황금서판
불멸의 대서사시가 되게 하소서

그뿐만 아니라 2010년 한기총과 NCCK가 공동 주최한 '한국교회 8·15
대성회'에서 "대한민국이여, 세계 위로 비상하라"라는 제목의 설교를 하였
습니다. 시청광장은 물론 인근 도로까지 50만 명의 성도들이 모여 한국교
회와 평화통일을 위해 뜨겁게 기도했습니다. '생명, 희망, 평화'를 큰 주제

로 민족과 세계를 위해 기도해 온 한국교회 신앙 유산을 따라 예수 그리스도의 생명과 희망 그리고 평화를 세상에 선포하는 자리였습니다. 조용기, 이동원, 김학중 목사에 이어 저는 "대한민국이여, 세계 위로 비상하라"라는 제목의 설교로 "우리 민족의 희망은 오직 예수 그리스도이시며, 한국교회는 조국의 독립과 근대화, 선진화의 영적 진원이요, 원동력이 되었다"라고 전하며 "조국 대한민국이 하나님을 섬기는 제사장 나라가 되어 세계 위로 비상하자"라고 선포하였습니다. 청중들이 뜨거운 환호로 화답하였습니다.

2015년 8월 9일에는 광복 70주년을 맞아 서울 시청광장과 광화문 세종로 일대에 기독교인들이 모여 평화통일을 기원하는 대규모 기도회를 열었습니다. 무더운 날씨에도 서울과 수도권에서 50만 여 명의 교인이 참석해 시청광장을 메웠습니다.

일제강점기 때 한국교회가 정신적인 혼이 되고 영적인 발전소가 되었다면, 이제는 통일의 꽃씨를 뿌리고 민족 제단에 화목제물이 되고 있었습니다. 온몸을 땀으로 적시는 뙤약볕 아래서 성도들은 한마음으로 기도하였습니다. 얼마든지 개교회적으로 기도할 수도 있고 방송을 통해서도 할 수 있지만 그날만큼은 서울광장에 함께 모여 통일의 화목제물이 되고 희생제물이 되었습니다.

폭염을 뚫고 산소처럼 시원하고, 폭포수처럼 세차게 열렸던 기도회의 중심에는 새에덴교회가 있었습니다. 우리 교인 5천 명이 중심이 된 8,150명의 연합찬양대 찬양이 서울 시청광장을 울렸습니다. 그리고 장종현 목사, 이영훈 목사에 이어 제가 '통일의 꽃길을 열어 주소서' 라는 제목으로 설교를 했습니다. 이날의 기도와 설교의 함성은 지상파 방송의 보도는 물론 주요 일간지의 1면을 채웠습니다.

이 통일기도회는 지역과 교단을 넘어서 한국교회가 하나 되어 연합된 공교회를 이룰 뿐만 아니라 통일의 발원이 되고 화해의 물꼬를 트게 하는 산 제사였습니다. 한국교회는 이날 하나 됨의 꽃씨를 뿌려 연합된 하나의 공교회를 이루었습니다.

이어서 2017년에는 트럼프 대통령의 방한에 맞춰 잠실주경기장에서 열린 '국가와 민족, 평화를 위한 한국교회 연합기도회'에서 7만여 명의 성도가 모인 자리에서 '한반도 평화통일을 위한 기도'를 인도했습니다. 점차 연합사역의 중심으로 자리를 옮겨가고 있었습니다. 생각해 보면, 잠실주경기장을 비롯하여 상암 월드컵 경기장, 서울 시청광장 등 주요한 지방의 체육관에서는 집회를 다 한 것 같습니다.

미디어 문화선교의 새길을 열다

지금 우리 시대는 철학적으로는 후기구조주의, 문화적으로는 포스트모더니즘, 정치적으로는 네오막시즘 사상이 주류를 이루고 있습니다.

후기구조주의는 지금까지 정형화되어 왔던 모든 구조와 형태를 해체하는 것입니다. 후기구조주의 영향으로 바로 프랑스의 68혁명이 시작되었습니다.

포스트모더니즘은 인간의 이성보다 감성을 더 우월하게 생각하고 모든 권위를 붕괴시키려 합니다. 그래서 사회 시스템 안에서 권위가 붕괴되고 기존 가치관이나 이념에서 탈피하거나 해체하면서 인간의 감성지상주의를 추구합니다.

네오막시즘은 무신론적 공산주의와 문화적 휴머니즘을 혼합하여 만들어낸 새로운 진보사상과 신좌파사상이라 할 수 있습니다.

이 세 가지 사상과 문화적 흐름이 하나가 되어 교회를 공격하고 해체하려고 하고 있습니다. 특별히 네오막시즘 사상은 독일의 프랑크푸르트학파에 의해서 발전이 되었는데, 여러 학자들 가운데 안토니오 그람시와 빌헬름 라이히의 사상을 주목할 필요가 있습니다.

네오막시스트들이 꿈꾸는 세상은 지배자와 피지배자가 없는 누구나 차별 없는 평등한 세상입니다. 그래서 빌헬름 라이히는 성 정치를 주장합니다. 그에 의하면 인간 내면에서 억압받고 있는 성적 욕망을 해방시켰을 때 새로운 마르크시즘의 세상이 온다는 것입니다. 성 정치에서 가장 앞세우는 무기가 바로 동성애입니다.

안토니오 그람시는 그들이 주장하는 평등한 세상을 이루기 위해서 헤게모니 이론을 내세웁니다. 모든 사회와 문화에 있어서 헤게모니를 쥐어야 한다는 것입니다. 그들이 헤게모니를 잡는데 가장 큰 걸림돌은 학교나 교회입니다. 그래서 어떻게든지 교회를 해체하려고 합니다. 이를 위해서 치밀한 전략을 동원하여 문화전, 여론전을 펼칩니다. 그는 이런 사상을 바탕으로 '문화적 패권'이라는 책을 썼습니다.

그들은 먼저 언론부터 장악해서 국민의 의식과 상식, 세계관을 바꾸는 작업을 합니다. 검은 것도 자꾸 흰 것이라고 반복해서 말하면 흰 것이 된다는 그람시의 반복 이론에 근거한 것입니다. 언론에서 자주 반복적으로 주장을 펼쳐서 사람들을 세뇌하는 것입니다. 검은 것을 자꾸 희다고 주장하여 결국 흰 것으로 만드는 작업입니다.

우리 사회에서도 십수 년 전까지만 해도 동성애를 이야기하면 "말도 안 되는 소리 하지 말라"라며 하며 완전 비정상으로 알았습니다. 그런데 언론에서 끊임없이 인권으로 동성애를 포장해서 이야기하고 성소수자로 보도하고 미화를 하니까 10년이 지나자 대중이 그렇게 인식해버린 것입니다. 저는 이런 반기독교 진영의 전략을 간파하고 문화 미디어 사역의 새길을 개척해 갔습니다.

가장 효과적인 방법을 찾던 중에, 공중파 방송 PD에게 다큐멘터리 제작을 제안했습니다. 불교와 천주교는 드라마나 영화에 나와도 아무 거부감 없이 받아들이는데 유독 기독교 얘기만 나오면 반대하는 경향이 있기 때문입니다. 그런 탓에, 아예 공중파 방송에서 기독교 관련 내용은 찾아볼 수 없는 상황이었습니다. 오히려 미디어에서는 일부 목회자들의 부정적인 면을 부각하여 교회 이미지를 실추시키고 있었습니다. 일부 사이비 이단 교주들의 비리와 부정을 기독교로 오보하며 인터넷에서 기독교를 비하하고 공격하는 실정이었습니다.

이런 오해를 바로잡으려면 공중파에서 기독교 관련 방송을 다큐멘터리로 제작하는 수밖에 없었습니다. 처음에는 공중파 방송에서 종교 얘기는 넣을 수 없다고 거부했으나 끊임없이 소통하고 설득한 결과 하나씩 제작, 방영될 수 있었습니다. 그 누구도 하려고 하지 않았지만, 저는 이게 하나님의 뜻이라고 생각하고 계속 기도하면서 방법을 찾던 끝에 성공하게 된 것입니다.

그 결과 2015년 성탄특집 다큐 〈일사각오 주기철〉이 방영되었으며, 이는 방송 동시간대 최고 시청률을 기록했고, 다음 해에는 영화로도 제작되었습니다. 이밖에도 KBS 다큐 〈다시 코리아로, 그들의 마지막 귀환〉, 〈밀림의 크리스마스〉, 윤동주 100주년 특집으로 〈시인과 독립운동〉 등이 제작, 방영되었고, SBS에서 〈발굴추적! 예수〉(1부-메시아 탄생의 비밀, 2부-십자가 죽음을 넘어 메시아가 되다), 〈오방 최홍종〉, 〈워싱턴에 한국전쟁의 별이 새겨지다〉가 방영될 수 있었습니다.

윤동주문학상, 천상병문학대상 수상

저는 1995년 월간 〈문예사조〉로 등단한 이래 한국문인협회 회원으로 활동하며 활발한 창작활동을 펼쳤습니다. 그러는 동안, 목양문학상, 기독교문화대상을 수상하였습니다. 저는 좀 문학적 외연을 넓히기 위해 기도하던 중에 시집《어느 모자의 초상》으로 2015년 천상병문학대상을 수상하였습니다. 천상병문학대상은 1993년에 작고한 천상병 시인의 시 〈귀천〉의 정신을 잇기 위해 제정한 상으로, 목회자가 선정된 것은 대단히 이례적인 일이었습니다.

또한 윤동주 탄생 100주년을 맞아 저술한 평전시집 '다시, 별 헤는 밤'으로 목회자로서는 최초로 제33회 윤동주문학상을 수상하였습니다. 한국문인협회(이사장 문효치)는 "소 목사가 윤동주 탄생 100주년을 기념해 한국 문단사에서는 최초로 윤동주 평전시집을 출간했고 출판물을 통해 윤동주의 시대정신을 시로 담아내려 노력했다"라고 시상 배경을 밝혔습니다. 저는 "윤동주의 죽음은 조국 해방을 위해 자신의 시와 목숨, 붉은 피를 바쳤던 제사와 같습니다. 목회자이자 시인의 한 사람으로서 그의 숭고한 저항정신을 널리 드러내는 삶을 살겠습니다"라는 수상 소감을 밝혔습니다.

이뿐 아니라, 조선일보에 칼럼을 게재하기 시작했습니다. 2014년 1월

22일 자에 〈이인임의 만두는 틀렸다〉라는 제목의 칼럼을 시작으로, 매 6주 간격으로 연재되었는데, 독자들이 큰 호응을 해주었습니다. 이 연재를 통해 교회의 담을 넘어 수백만 독자들에게 간접적으로 복음을 전하고 시대와 소통하고 역사를 섬기는 기독교의 이미지를 각인시키고자 노력했습니다.

또한 경향신문에 '내 인생의 책'을, 중앙일보, 동아일보 칼럼, 국민일보에 소강석 목사의 꽃씨칼럼, 시온의 소리, 월간 샘터 소강석 목사의 행복이정표, 각종 교계 언론 기고 등을 통해 기독교 세계관과 가치관으로 시대를 통찰하고 미래를 열어가는 영혼의 저널리스트로 활동하고 있습니다.

2014년 10월에는 《스펙을 넘어 스토리를 만들라》의 중국어 번역본 《찬란한 경력을 초월하라》 출판감사예배를 드렸습니다. 한국 목회자 중 기독교계 밖의 번역본으로는 최초입니다. 이날 감사예배에는 조용기 목사, 김삼환 목사를 비롯한 다수의 교계 대표지도자들과 이명박 전 대통령, 남경필 경기도지사, 용인시장 등 각계의 유력 인사들이 대거 참석하여 중국 문서선교의 힘찬 첫 출발을 축하했습니다.

이 밖에도 2006년에 출간한 《신정주의 교회를 회복하라》가 한국기독교출판문화 최우수상을 수상하였고, 2017년에 출간한 《21세기 목회 뉴트렌드》가 한국기독교출판문화 최우수상을 수상하였으며, 2015년에 출간한 《꽃씨 심는 남자》는 교회의 담을 넘어 일반 독자들에게도 사랑을 받으며 세종도서 문학나눔에 선정되기도 하였습니다.

제가 이처럼 교회의 담을 넘어 일반 사회와도 소통하는 시와 에세이를 쓰면서 문화사역의 외연을 넓히는 이유는 한국교회의 영광성과 거룩성을 회복하고 목회 생태계를 복원하기 위함입니다. 2018년에는 민족애와 인류애를 바탕으로 평화 증진에 헌신한 삶과 문학 활동이 평가를 받아 단국대에서 명예문학박사 학위를 수여 받았습니다.

복음의 황금어장, 군선교 사역

백암리를 떠나서 서울에서 개척한 교회가 어느 정도 성장하면서 군선교에 대한 부담을 갖게 되었습니다. 아니, 그동안에도 군선교에 도움이 되고 싶은 심정으로 가득 차 있었습니다. 모임에서 군목만 만나도 가슴이 두근거리고 군선교에 대해 물어보곤 했습니다.

전 세계적으로 44개국에서 군종 제도를 운영하고 있습니다. 군대라는 곳은 군병들의 마음이 가장 낮아지고 가난해지는 곳입니다. 바로 복음이 전파될 수 있는 '황금어장'인 셈입니다. 대한민국에는 1천여 개의 군부대와 278명의 군종 목사들이 있습니다. 새에덴교회는 이들이 힘을 내고 열심을 다해 복음을 전할 수 있도록 뒤에서 묵묵히 사랑과 후원을 아끼지 않았습니다. 그동안 1만여 권의 성경공부 책을 후원하였습니다.

본격적인 군선교는 2015년부터 이루어졌습니다. 이 해에 논산 훈련소 연무대교회에서 진중세례식을 거행하며 4천여 장병들에게 피자 1천 판을 전달했습니다. 2015년에는 예배당 시설이 낙후되고 누수가 잦아 예배를 드릴 수 없던 19연대 교회를 현장 답사한 뒤 3억 원을 후원하여 예배실, 친교실, 목양실, 북카페 등을 갖춘 새 예배당을 지어주었습니다.

몇 달 후에는 매년 7만 5천 명이 세례받고 예배드리는 육군훈련소의 연무대교회가 무너져가고 있다는 소식이 들려왔습니다. 연무대교회는 30여 년의 세월을 지내면서 많이 낡아졌고 곳곳이 갈라지고 있었습니다. 게

다가 매주 밀물처럼 밀려오는 6천여 명의 장병들을 수용하지 못해 예배당 통로에조차 앉지 못하는 1천 5백여 명의 훈련병들은 예배당 밖에 쪼그려 앉아야 하는 처지였습니다.

더 이상 지체할 수 없는 절박한 심정으로 얘기를 듣자마자, 곧 연무대 교회 건축에 사용하라고 5억 원을 전달했습니다. 한국교회의 다음세대를 향한 청년 전도사역인 군선교 사역이 이 시대의 민족을 살리는 거룩한 하나님의 사역이기에 조금도 망설일 수 없었습니다. 감사하게도, 새에덴교회 성도들은 힘든 상황 가운데서도 기도와 건축헌금에 힘껏 동참해주었습니다.

여기서 멈출 수 없었습니다. 군장병들에 대한 지원은 일시적인 후원에 그치면 안 되기 때문이었습니다. 진중세례식을 통해 세례를 받은 신병들이 지속적으로 신앙생활을 할 수 있도록 지원하기 위한 제도가 무엇이 있을까 기도하다가 새에덴 군선교위원회(위원장 : 이철휘 장로)를 만들었습니다. 2014년 3월 '군선교를 통한 민족복음화'를 기치로 군선교위원회가 출범하여 매 주일 군부대 교회를 섬기고 있습니다. 이를 통해 군교회 부흥에 크게 기여하고 있으며, 논산훈련소 진중세례식도 지원하고 있습니다. 진중세례를 통하여 세례를 받는 장병들은 연간 18만 명에 달합니다.

2014년에는 서울 용산구 국군중앙교회에서 '대대급 교회 부흥을 위한 군선교 콘퍼런스'를 열었습니다. 지역교회의 군선교 참여를 극대화함으로써, 진중세례신자의 자대군인교회 정착과 대대급 교회의 부흥을 지원하기 위해 마련된 것입니다. 새에덴교회의 양육 시스템을 지역 군교회에 도입하여 "군인교회가 살아야 군선교가 산다. 신병훈련 70퍼센트 세례자를 군인교회 예배 출석으로 연결시키자. 군 복무 기간 중 예수님과의 만남과 양육으로 군인교회에 정착시키자. 양육된 군 성도를 통한 동료 군인 전도와 군인교회를 부흥시키자"라는 비전을 갖고 달려가자고 제안했습니다.

군선교는 당장 열매를 볼 수 없고 많은 물질과 육신의 헌신이 소요되는 사역이지만, 하나님 나라의 확장을 위해, 건강한 한국 사회를 위해 꼭 필요한 사역입니다. 겨울이 지나면 봄이 오듯이 일정한 시기가 지나면, 저와 새에덴교회 성도들의 뿌린 씨앗이 한국교회의 들판에 풍성하고 푸른 열매로 맺게 되기를 소망합니다.

나 혼자만의 성을 쌓는 것을 넘어서서
하나님의 도성을 쌓는 킹덤빌더로 거듭났다.

The Called

chapter 09

캐슬빌더를 넘어 킹덤빌더로

공교회 세움을 위한 목회 패러다임 전환

교회를 개척할 때 당시의 목회 방향은 크게 두 가지였습니다.

첫째, 신학과 신앙의 순결을 지키는 것이었습니다. 무엇보다 정통보수 신학과 개혁신학을 공부하였기에 신학의 순수성을 지키려고 노력했습니다. 그래서 목회를 하면서 한 번도 외도한 적이 없습니다. 한동안 한국교회를 강타했던 빈야드 운동이나 다락방 운동, 신사도 운동 등에 가까이하지 않았습니다. 오직 개혁신학적 토대 위에서 목회하려고 노력했습니다.

둘째, 성장 지상주의를 추구했습니다. 앉으나 서나 생각하는 것이 오로지 교회 성장이었습니다. 어떻게 하면 교회를 성장시킬 것인가, 밥을 먹어도 교회 성장, 잠을 자도 교회 성장, 꿈을 꿔도 교회 성장이었습니다. 그런 노력이 결실을 거두어서 교계 언론의 주목을 받으며 교회 성장의 새로운 이정표를 세웠습니다.

그러던 것이 2007년에 법무부 장관과 국정원장을 지낸 김승규 장로님과의 만남을 기점으로 완전히 목회 패러다임이 바뀌었습니다. 한번은 김승규 장로님이 여러 교회 목사님들을 초청해서 영상 하나를 보여주며 한국교회의 위기를 설명하셨습니다. 한국교회를 무너뜨리는 반기독교 정서와 세력이 밀려오고 있는데, 그게 바로 이슬람이고, 동성애고, 차별금지법이라는 것입니다. 다들 새벽기도를 하고 나온 터라 꾸벅꾸벅 졸고 계신 분들이 많았습니다. 그러나 그중에 젊은 목사 한 사람이 눈을 빛내며 그 영상을 집중해서 보고 있었습니다. 아니, 그 영상으로 아예 생각이 확 바뀌어버렸습니다.

그 젊은 목사가 바로 저였습니다. 저는 그 분을 만난 이후로 완전히 생각이 바뀌었습니다.

"아, 이제는 개교회 목회를 넘어 공교회를 세우기 위한 공적 사역을 해야 하겠구나. 나 혼자 성을 쌓고 왕국을 이룰 것이 아니라, 이제는 함께 연합하여 한국교회를 세워야겠구나. 그렇지 않으면 한국교회의 둑이 무너지고 완전히 교회 생태계가 파괴되겠구나."

그래서 김 장로님께 "장로님 어떻게 도와드릴까요?"라고 물었습니다. 그 순간, 대형교회를 이루는 것보다 한국교회가 지속 성장하는 발판을 만드는 것이 시급하다고 판단했습니다. 앞으로 10만 명을 수용할 더 큰 성전을 짓는 것보다 공교회적 대형교회를 이루는 것이 하나님의 뜻에 부합한다고 생각했습니다. 판단이 서면 곧바로 실행에 옮기는 것이 저의 장점이었기에 사역의 방향을 정했습니다.

이슬람 대응팀이 생기게 되었고, 새에덴교회가 지원을 하게 되었습니다. 이때부터 한국 사회와 교회에 위협적으로 다가오는 동성애와 이슬람 확산을 막고 분열된 한국교회를 다시 하나로 연합시키는 사역에 혼신을 다하기 시작했습니다. 이는 지금까지 너른 강을 향해 헤엄치던 물고기가 이제는 고래가 되어 거대한 바다로 헤엄치는 형국이 되었습니다. 아니, 처음부터 그 물고기는 바다에 가기로 되어 있었던 것입니다.

성도들에게도 예배 시간을 통해서 수차례 공적 사역에 대해서 강조하였으며, 이슬람과 동성애 등 반기독교 세력들의 전략과 공격, 사상적 배후에 대해 설교하고 가르쳤습니다. 저 혼자만 의식이 전환되어서는 공적 사역을 지속적으로 추진할 수 없기에 성도들과 함께 공적 신앙의 마인드를 공유했습니다.

그뿐만 아니라 수많은 강연과 세미나, 언론사 기고를 통하여 한국교회 안에 이슬람과 동성애, 차별금지법 등의 문제에 대해 알리고 함께 연합하여 막아야 함을 호소하였습니다. 아마 대형교회 목사로서는 최초로 한국교회 생태계와 건강한 사회를 지키기 위한 공적 사역을 알리고 선도하였을 것입니다.

십수 년 전부터 이슬람 수쿠크법뿐만 아니라 동성애, 차별금지법 등을 앞장서서 막았고 종교인 과세 문제를 대처하는 등 한국교회 생태계를 지키는 공적 사역에 투신을 하였습니다.

사실 그때 당시 더 큰 대형교회를 꿈꾸며 교회 성장에만 올인했다면 지금쯤 더 큰 예배당을 다시 짓고 훨씬 큰 교회로 부흥했을지도 모릅니다. 하지만, 반기독교 세력의 공격으로부터 한국교회를 보호하고 목회 생태계를 지키는 선도적 개척자, 즉 창조적 퍼스트 무버(First Mover)가 되기로 결심하였습니다. 어느 사회나 조직에서도 생태계는 아주 중요합니다. 생태계가 파괴되면 생존이 위협받고 끝내는 사멸의 길로 들어서기 때문입니다.

교회도 마찬가지입니다. 목회 생태계와 환경이 건강해야 교회가 생존할 수 있습니다. 아무리 개교회가 부흥하고 예배당을 크게 지어도 목회 생태계가 깨져 버리면 나중에는, 작은 교회는 물론 대형교회도 소멸해 버립니다. 아무리 다음세대를 위한 전략을 수립해도 그 전에 교회 생태계와 목회 환경이 파괴되어버리면 무용지물이 되는 것입니다. 모래 위에다 집을 짓는 것처럼 허망한 일이 되어버리기 때문입니다. 우리 모두가 사는 길을 찾아야 했습니다.

저는 다시 제2의 개척을 한다는 마음으로 심장이 뜨거워지는 것을 느꼈습니다. 한국교회를 향한 반기독교 세력의 전방위적 공격은 시간이 갈수록 더 거세지고 집요해졌습니다. 더 이상 지켜볼 수만은 없었습니다. 실기를 하게 되면 더 많은 노력과 비용이 들어갈 수 있다고 판단하고, 거룩한 의협심으로 그 영적 전쟁의 선두에 서기로 했습니다. 그것은 역사적 항체요, 저항인자인 창조적 소수로서 걸어가야 할 외롭고 고독한 길이었습니다. 한편으로는 하나님께서 저를 부르실 때, 이런 사역을 위해서 부른 것 같았습니다. 그 전과는 사역 자체가 180도 달라지는 것이었고, 오해의 소지도 많이 있었지만, '맨발의 소명자'다운 기개로 기꺼이 퍼스트 무버(First mover)의 길을 걸어가기로 결심했습니다.

이슬람 수쿠크를 막다

2011년 정부는 중동 경제 특수와 오일 머니에 대한 기대에 편승하여 이슬람 수쿠크(이슬람 국가들이 발행하는 채권)를 도입하려고 했습니다. 채권은 정부나 공공기관, 주식회사 등이 비교적 거액의 자금을 조달하기 위해서 발행하는 차용증서로서 돈을 받고 그 증서를 주는 것입니다.

사람들이 채권을 사면 만기일까지 채권 발행처에서 주는 이자를 받게 됩니다. 한국에서 이슬람 수쿠크법이 통과하게 되면 이자 대신 임대료, 배당금, 양도소득 등을 지급하거나 자산 이전에 따른 취득세, 등록세 등을 면제하는 법을 만들어줘서 이슬람 머니에만 한국 채권을 사는 데 혜택을 제공하는 구조로 되어 있습니다.

이들은 국내법보다 그들의 법인 샤리아법을 우선으로 하며 복잡한 수쿠크 제도를 들여와 이슬람 법체계를 한국에 정립하겠다고 생각했으며, 그 배후에는 이슬람 세력이 국내 정치, 경제를 쥐락펴락하겠다는 의도가 깔려 있었습니다.

도이치 뱅크에서 보듯이 막대한 오일 머니를 순식간에 마음대로 처분해 버린다면 우리나라의 자본시장의 자율성에 큰 위험이 됩니다. 유럽에서는 이슬람권이 이 법의 비호를 받아 횡포를 부리고 있고, 미국에는 테러 조직에 직접적으로 경제적 도움을 준 이슬람 단체들이 있습니다. 이를 '금융 지하드'라 부릅니다. 금융위기 당시 HSBC(영국계 은행)가 수쿠크법에 의해 천문학적 자금 손해를 입어 더 이상 운용을 하지 못했고, 일본은 법안 상정 도중에 폐기되었던 사례도 있었습니다.

이처럼, 수쿠크법이 입법화되면 샤리아법이 들어오게 되고 이슬람 세력이 걷잡을 수 없이 들어와 더 이상 통제할 수 없는 사태까지 오게 될 것은 자명했습니다. 이 법이 통과되면 한국 기독교가 위기를 당하고, 한국 역시 유럽의 나라들처럼 테러 위험 국가가 될 위기에 처할 수 있다는 우려들이 컸습니다.

하지만, 한국교회 각 교단과 연합기관은 아무런 대응도 하지 않았습니다. 아니, 이런 문제점에 대해서 전혀 알지 못하고 있었습니다. 저는 다급한 심정으로 이슬람 관련 동영상을 만들어 전국 교회에 배포해 위험을 알렸으며 연합기관과 전 교단에 이슬람 대책위원회가 설립되는 불씨 역할을 하였습니다. 또한, 이혜훈 의원이 국회에서 외로운 싸움을 하고 있을 때도 든든한 후원자가 되어 함께 스쿠크를 막는 데 힘을 모았습니다. 그동안 무관심했던 크리스천 국회의원들도 하나, 둘 관심을 갖게 되었고 전국의 깨어 있는 목회자들과 함께 기도하며 결국에는 이슬람 수쿠크법을 극적으로 폐기할 수 있었습니다.

동성애를 옹호하는 차별금지법 통과를 막다

사회적 약자를 보호해 차별 없는 세상을 만드는 것은 기독교가 전하는 사랑의 핵심입니다. 부당한 차별을 없애는 데는 앞장서야 합니다. 그래서 개별적 차별금지법은 반대할 이유가 없습니다. 문제는 포괄적 차별금지법안 또는 평등법안이 내세우는 '차별 없는 세상의 구현'이라는 구호 속에 감추고 있는 무서운 발톱입니다.

하나님의 창조 원리를 거스르는 동성애·동성혼 합법화, 진리를 흐리는 사이비·이단 합법화, 자유를 위협하는 전체주의 합법화라는 '파괴적 이빨'이 있기에 반대하는 것입니다. 무엇보다 포괄적 차별금지법은 차별을 금지한다는 미명 아래 더 많은 절대다수 사람의 인권을 제한하고 수많은 역차별을 초래할 수 있는 독소조항을 품고 있습니다.

포괄적 차별금지법이 제정되면 모든 국민을 차별 대상으로 만들고 국민의 생활 영역 전체를 차별 사유로 규정해 가해자와 피해자로 만들 수 있습니다. 또 모든 국민을 감시자와 고발자로 만들고 심판자와 범죄자로 만들어 버릴 수 있습니다. 한국교회뿐 아니라 더 많은 국민이 포괄적 차별금지법의 문화적, 사회적 역기능의 폐해를 알아야 합니다.

한국교회는 국민적 지지를 얻기 위해 문화전, 사상전, 여론전을 펼쳐야 합니다. 여론조사를 할 때도 국민에게 이 사실을 똑바로 알려야 합니다. 개별적 차별금지법으로도 소수자들은 얼마든지 보호받고 살아갈 수 있습니다. 그런데도 포괄적 차별금지법으로 다수 국민을 종교적으로, 성적으로 역차별해서는 안 됩니다. 한국교회가 포괄적 차별금지법을 반대하는 이유는 특정 종교 관점을 넘어 국가의 미래, 국민과 다음세대의 안위와 평안, 진정한 자유와 권리를 지키기 위한 것입니다.

그런데 일부 국회의원들은 지금도 포괄적 차별금지법을 통과시키려고 시도하고 있습니다. 국가인권위원회는 2011년부터 동성애자와 AIDS를 연결 짓지 못하도록 한국기자협회와 함께 인권보도준칙을 만들어 언론기관을 사실상 통제하고 있습니다. 방송이나 신문에서 동성애 확산을 우려하는 기사를 쓸 수 없도록 막아 놓았습니다. 다수를 역차별하는 행위가 아닐 수 없습니다.

국가인권위원회법 2조 3항도 차별금지 사유 중 하나로 '성적 지향'(이성애, 동성애, 양성애)을 포함해 절대다수 국민들이 역차별을 당하게 하고 있습니다. 차별금지법을 만들기 위한 발원이 되도록 그렇게 한 것입니다. 군형법 제92조 6항도 폐지하려 합니다. 이 조항이 폐지되면 군대 안에서 동성 간 성행위를 해도 처벌할 수 없습니다. 그러면 군대 내 AIDS 확산, 기강 문란, 전투력 약화를 야기할 수 있게 됩니다. 동성애 차별금지뿐 아니라 종교차별금지도 문제입니다. 그러면 한국은 이단 천지가 되고 이슬람 같은 종교가 잘못 들어오면 테러 위험 국가가 될 수 있습니다.

2012년 김승규 장로님과 함께 안티기독교에 대응하기 위한 사역을 하던 중, 이단 사이비 종교단체가 안티기독교와 이슬람 세력, 동성애자와 연관되어있다는 것을 알아냈습니다. 동성애 진영이 갖고 있는 국회 차별금지법에도 교묘하게 인권에 "성적지향"이라는 항목이 삽입된 채 마지막으로 법안 통과만 되면 되는 상황이었습니다. 새에덴교회에서 지원하는 온라인 사역팀이 국회 입법부를 모니터링하던 중 소수자 차별법 안에 "성적지향"이라는 독소조항을 발견하게 되었습니다.

그대로 소수자 차별법이 통과되면 목사나 성도가 동성애 반대를 하는 발언을 하거나, 오직 예수님만이 우리의 구원자라는 설교를 해도 법으로 처벌받게 될 상황이었습니다. 차별금지법이 통과된 유럽과 미국의 교회는 사멸되어가고 있었습니다. 영국의 안드레이 윌리엄스 변호사는 한국을 방문하여 "한국교회는 제발 영국의 잘못된 전철을 밟아 뼈저리게 후회하는 일이 없도록 깨어서 미리 막으라"라고 말하며 눈물로 호소하였습니다.

2016년 한국교회동성애대책협의회가 출범하였고 제가 초대 회장으로 추대되어 반동성애 운동에 앞장섰습니다. 저는 기회가 있을 때마다 이에 대한 문제점을 설파하였습니다. 유력 정치인이나 대선주자를 만날 때마다 이를 각인시켰습니다. 언론에도 여러 번 이와 관련된 글을 올렸고, 국가인권위원회를 방문하거나 청와대 등 관계기관에 여러 차례 법안의 폐해를 호소하였습니다. 하지만, 반대 진영도 쉽게 포기하지 않았습니다.

2021년 6월 14일에 비로소 차별금지법 제정 청원이 국회 국민동의 청원 10만 명이 넘으면서 소관 상임위원회인 법제사법위원회에 자동 회부되었습니다. 다시 이에 대한 부당성을 계속 여러 경로를 통해서 지적하던 중에, 다행히 법사위원들이 독소조항을 발견하였고, 문제점이 있다고 결론을 내어서 입법화되지 않았습니다. 결국, 차별금지법이 통과되지 않았습니다. 앞으로도 이 일은 하나님이 주신 소명으로 알고 끝까지 최선을 다할 것입니다.

반동성애 집회를 시작하다

네오막시즘 학자인 안토니오 그람시는 '혁명은 축제다'라고 말했습니다. 그에 따르면 지난 과거의 공산주의는 유혈혁명을 추구하다 너무나 많은 피를 흘림으로써 사람들의 마음을 얻는 데 실패하였습니다. 그러므로 혁명은 폭력을 기반한 물리적 혁명이 아니라 사상과 정서를 변화시키는 문화혁명을 해야 한다는 것입니다.

이른바 문화혁명으로 축제와 언론, 미디어를 통해 사람들의 의식에 자연스럽게 스며들게 하는 것입니다. 그러기 위해 그들은 시청광장에서 동성애 축제인 '퀴어축제'를 열었습니다. 동성 간의 성행위를 청소년이나 그 실체를 잘 모르는 사람들에게 축제와 놀이를 통해 자연스럽게 스며들게 하는 것입니다.

2015년 6월 28일 진행된 퀴어문화축제 행사는 오전 11시부터 시작하여 88개의 부스 활동, 사전 행사에 이어 퍼레이드(서울 광장-을지로입구-명동성당-소공로-광장)까지 진행됐습니다. 한국교회는 이를 반대하기 위한 반대 집회를 열었습니다. 2015년과 2016년 시청 앞 광장에서는 전국의 교회와 에스더기도운동본부 등이 하나가 되어 반대 집회에 참석했습니다.

퀴어축제가 열릴 때마다 한국교회는 반동성애 집회로 대처하였고 저와 우리 교회가 앞장섰습니다. 덕수궁 대한문 앞에 모인 기독교인과 시민들은 피켓을 들고 목소리를 높였습니다. 내리쬐는 햇볕 탓에 땀이 비 오듯 흘렀지만, 구호는 멈추지 않았습니다. 자녀들을 동성애로부터 지켜달라고 부르짖는 통성기도가 한동안 이어졌습니다. 방송에 알리는 일에도 힘을 썼습니다. 국민일보와 C채널이 함께한 '동성애 STOP' 긴급 공동대담에 제가 한국교회동성애대책위원회 본부장 자격으로 참석하였습니다. 여기에서 '동성애가 선천적'이라는 오해와 인권 논리의 허구성을 비판하며, 동성결혼 합법화와 차별금지법안 저지를 위해 한국교회가 하나 돼야 한다고 강조했습니다.

뿐만 아니라 2017년 6월 3일에는 새에덴교회가 주체가 되어 서울역 광장에서 세계가정축제를 열었습니다. 이날 저와 새에덴교회 성도들은 시종일관 선두에 서서 동성애 반대와 행복한 가정을 위해 서울역 거리를 행진하며 외치고 또 외쳤습니다. 저는 결국 이날의 외침으로 성대에 무리가 와서 2017년 7월 4일 성대 폴립 수술을 받았습니다. 수술을 하게 되면, 다시 목소리를 낼 때까지 충분한 쉼과 침묵의 시간을 가져야 했지만, 현시대 당면한 교회 생태계의 위급한 상황을 지켜보기만 할 수 없어서 하루에 300건이 넘는 문자 메시지와 원고를 통해 소리 없는 외침을 이어 나갔습니다.

과거에는 성적지향이 포함된 차별금지법 제정 문제와 관련하여 교회를 공격했다면, 2017년에는 헌법 36조의 "양성평등"을 "성평등"으로, 또 11조의 차별금지사유를 추가한 뒤 "등"을 넣자고 하는 헌법 개정을 추진하면서 한국교회는 다시 큰 위기를 맞게 되었습니다. 이러한 개헌은 한국교회의 종교 활동의 치명적인 제약과 어려움을 가져오게 되며, 소수자의 권익 보호라는 미명아래 다수의 자유를 제한하고 역차별을 받게 되는 심각한 결과를 초래하게 되었습니다. 그래서 국회 개헌특위를 설득하여 헌법 개헌에서 양성평등을 성평등으로 바꾸려던 것을 막고 그대로 존치하게 하였습니다.

종교인 과세에 적극 대응

종교인 과세도 마찬가지입니다. 많은 사람들이 목회자들이 납세를 회피하려는 것으로 오해하며 공격하였습니다. 그러나 이미 저를 비롯하여 대부분의 대형교회 목회자들은 자발적으로 납세를 하고 있었습니다. 사실 2015년 박근혜 정부 당시 종교소득 과세로 입법하려고 했습니다. 그렇게 되면 교회는 일반 기업체나 마찬가지가 됩니다. 교회에서 행해지는 모든 선교활동에 세금을 추징하게 되는 것입니다.

그런데 한국교회는 꼼짝도 안 했습니다. 교단도, 연합기관도 문제의식조차 인지하지 못하고 있었습니다. 그대로 둘 수 없어서 제가 종교소득 과세의 심각한 문제점을 파악하고 전면에 나섰습니다. 17개 전국광역시도 기독교 연합회와 함께 지역 국회의원들에게 전화하고 특별히 당시 여당 의원들을 압박하여 의총을 다시 열게 되었고 결국 종교소득 과세에서 종교인소득 과세로 바꾸었습니다.

당시 여당 의원들은 종교인소득 과세 시행령을 만드는 데도 관여를 하겠다고 분명히 약속했습니다. 그런데 대통령탄핵 사건이 발생하면서 혼란한 정국 속에서 시행령을 준비하는 데 전혀 신경을 못 쓴 것입니다. 기재부 관계자들은 교회 상황을 전혀 모르기 때문에 특수성을 전혀 고려하지 않는 35가지의 세금 항목이 기록된 시행령 초안이 나온 것입니다.

그러자 교계가 비상이 걸렸습니다. 저는 기재부 직원들을 만나서 소통하고 설득하기 시작했습니다. 그러자 기재부 관계자들도 자신들이 교회의 특수성을 잘 몰라서 그런 것이라고 인정하며 목회자의 순수 소득에만 과세하게 되어 진정한 종교인 과세 취지에 맞는 시행령을 만들게 되었습니다. 뿐만 아니라 개척교회 저소득층 목회자들에게는 근로장려 세제 혜택까지 받도록 하였습니다. 그리고 대통령령으로 종교단체의 세무조사를 하는 것을 막는 단서 조항까지 달아놓았습니다. 더 나아가 전국을 순회하며 2018년 목회계획과 종교인 과세 대책 세미나를 개최하여 적극 대응하였습니다.

원래 종교인 과세는 울산대학교 이정훈 교수의 양심고백을 통하여 종교자유정책연구원(종자연)의 치밀한 기획과 전략에 의해서 시작되었다는 것이 밝혀졌습니다. 그것은 교회를 무너뜨리기 위한 차별금지법보다 더 무서운 법이었습니다. 그런데도 그동안 한국교회는 대사회적 소통과 대화, 리더십을 전혀 행사하지 못하고 있었던 것입니다.

그런 위기의 때에 한국기독교공공정책협의회 대표회장, 종교인 과세 대책위원장을 맡으면서 정부 관료와 국회의원, 언론 기자들과 소통하고 교류하면서 대사회적 리더십을 발휘하였습니다. 그 결과 자칫 한국교회 생태계를 심각하게 무너뜨릴 수 있었던 종교인소득 과세 문제를 정부와의 큰 마찰 없이 해결하고 한국교회도 지키는 역할을 하였습니다. 쉼 없는 사명 속에서 몸이 혹사당하였지만, 반기독교 악법을 막아내고 한국교회가 무너지지 않도록 감사함으로 뛰고 또 뛰었습니다.

복음적, 사회적 기독교의 조화를 이룬 리더십

미국교회의 역사를 보면 정반합의 과정이 있었습니다. 100년을 한 기간으로 본다면 처음 미국교회는 청교도적 전통에 세워졌습니다. 그때는 기독교 국가나 다름없었습니다. 그리고 기독교의 영적 리더십 행사는 빌리 그레이엄 목사가 마지막 절정의 끝이라고 할 수 있습니다. 이때가 복음적 기독교와 사회적 기독교가 조화를 이룬 마지막 정점이라고 할 수 있습니다. 그런데 빌리 그레이엄 이후 복음적 기독교로만 가면서 사회적 리더십을 행사하지 못했습니다. 그 결과 동성결혼법과 같은 반기독교적 악법이 세워질 때도 교회가 전혀 대응하지 못했습니다.

한국교회도 마찬가지입니다. 교계 지도자의 부재와 기득권 다툼과 분열 등으로 사회적 리더십을 행사하지 못하고 있습니다. 반기독교 세력은 치밀한 전략을 앞세워서 한국교회 생태계를 무너뜨리고 해체 시키려고 하는데 사회적 리더십을 발휘하지 못하고 있는 것입니다. 저는 이런 인식의 토대 안에서 복음적 기독교와 사회적 기독교의 조화를 이루며 사회적 영향력을 발휘하기 위하여 노력하였습니다. 지금은 목회자들이 개교회를 넘어서 한국교회 목회 생태계를 보호하고 건강한 나라를 지키는 사회 리더십을 발휘해야 합니다.

제가 반이슬람, 반동성애 운동에 앞장섰을 때는 극좌 진영으로부터 극보수 인사로 공격을 받았습니다. 그런데 최근에는 종교인 과세 문제와 한국교회 예배 회복 등을 위해서 정부와 대화하고 협상했다는 이유로 극우 진영으로부터 좌파 인사로 공격받기도 합니다. 저는 오로지 예수파요, 복음파요, 교회파입니다. 그만큼 우리 사회가 초갈등사회를 이루고 있다는 반증일 것입니다.

저는 단 한 번도 한국교회를 지키기 위한 공적 사역을 하면서 어떤 이념이나 사상을 앞세워서 하지 않았습니다. 혹은 어떤 진영에 속하여 편을 가르지 않았습니다. 앞으로도 성경적 세계관과 가치관 위에서 보수와 진보를 아우르는 균형 잡힌 리더십을 발휘하려고 노력할 것입니다. 일제강점기에 한국교회가 3.1운동의 정신적 기초가 되고 구심점 역할을 하면서 민족 종교로 자리매김한 것처럼, 저는 복음적, 사회적 기독교가 조화를 이룬 리더십을 행동으로 보이고 한국교회의 위상과 영향력을 넓혀가기 위해 노력할 것입니다.

국가조찬기도회 설교

대한민국 제헌국회는 1948년 목사인 이윤영 의원의 인도로 종교와 사상을 넘어 모든 의원들이 하나님께 감사의 기도를 올려드린 것으로 시작하였습니다. 광복과 정부수립의 주역이 대부분 기독교인이었기에 가능한 일이었습니다. 이러한 역사적 전통을 이어서 우리나라 국가조찬기도회는 매년 국가 지도자를 위해 기도해오고 있습니다.

저는 오십 대 나이에 국가조찬기도회에서 48회(박근혜 대통령 재임), 50회(문재인 대통령 재임) 두 번 설교를 했습니다. 48회 국가조찬기도회 설교 당시 대통령이 자신의 의견과 다른 반대편 사람들도 품고 아우르며 가야 한다는 메시지를 전하려고 했습니다.

또한 제50회 국가조찬기도회 때는 '동성애와 종교인 과세 문제 등을 위해서 한국교회의 최선두에서 가장 큰 희생과 헌신을 하며 사회 리더십을 발휘하였고 흠결이 없는 참신한 젊은 목회자'라는 평을 받으며 만장일치로 다시 한번 설교자로 선정되었습니다. 기존의 국가조찬기도회 설교는 교회에서 하듯이 일반적인 복음 설교로만 그친 면이 있었습니다. 그런데 저는 성경 말씀을 근거로 해서 기독교적인 세계관과 가치관을 가지고 대사회적 메시지를 선포하려고 노력했습니다. 설교는 사회적 큰 반향을 일으키며 시대와 역사를 향한 희망을 전하였습니다.

특별히 2018년에 열린 제50회 국가조찬기도회 설교는 남북 간의 평화를 이루는 꽃씨 역할을 했습니다. 북미대화를 위해 미국 트럼프 대통령을 접견 중이던 정의용 국가안보실장이 "우리나라 국가조찬기도회에서 문재인 대통령이 목사님 5,000명 앞에서 트럼프 대통령에 대한 감사의 말씀을 하셨다"라고 전한 소식에 트럼프가 마음의 문을 열고 북미대화 제의를 수용했기 때문입니다.

목사들의 격려와 기도를 좋아하는 트럼프 대통령은 국가조찬기도회를 매개로 한 대화에 마음 문을 열고 특사단이 전하는 한반도의 평화 의지에 호응하며 흔쾌히 북미대화를 수락으로 세계를 깜짝 놀라게 한 외교적 쾌거를 이룬 것입니다. 이처럼 제50회 국가조찬기도회는 그야말로 평화의 꽃길을 여는 기도회요, 화해와 번영의 초석을 놓는 기도회였습니다.

기도회에 참석한 교인들은 성공적으로 마친 기도회에 안도하고 기뻐하며, 새에덴교회가 남북평화통일의 매개체로 사용된 것에 하나님께 감사했습니다. 새에덴교회를 중심으로 한 연합성가대는 웅장한 찬양으로 기도회장을 울렸고 행사장 밖에서는 주차봉사로, 안에서는 분홍 정장과 고운 한복을 입은 새에덴 안내위원들이 참석자들을 밝은 미소로 맞이하며 일사불란하게 안내했습니다. 주최 측과 청와대에서 새에덴교회가 대체 어떤 교회냐고 물을 정도로 빈틈없는 준비와 행사 진행으로 감동을 일으켰습니다. 성도들은 한국교회를 통하여 북한의 비핵화와 평화의 체제를 굳히는 평화열차가 질주할 수 있도록 간절히 기도했습니다.

하나님은 대한민국의 평화통일의 물꼬를 트는 데 저와 새에덴교회를 쓰시고 통일의 씨를 뿌리게 하셨습니다. 새에덴의 평화통일을 위한 사역이 축적될 때 통일의 꽃길이 열릴 것입니다. 언젠가 통일의 꽃이 피었을 때 그 꽃씨를 누가 뿌렸냐는 질문에, 많은 사람들이 새에덴교회를 떠올리는 순간이 오기를 기대합니다. 동독의 라이프치히 니콜라이 교회에서 시작된 작은 기도모임이 베를린 장벽을 무너뜨린 통일 독일의 출발점이 되었듯, 새에덴의 구국의 기도와 통일사역이 휴전선을 걷어내고 평화통일로 나아가는 초석이 될 것이라고 믿습니다.

한국교회를 대변하는 오피니언 리더

현대는 멀티미디어 사회입니다. 반기독교 세력은 각종 방송 미디어뿐만 아니라 온라인상의 여론을 통하여 사회의 모든 영역에서 한국교회를 무너뜨리기 위한 사상전과 문화전을 펼치고 있습니다. 교회와 목회자들과 관련한 부정적인 사건은 언론에 대서특필되고, 온라인 뉴스 대문을 장식했습니다. 동성 간 성행위와 AIDS의 상관관계 등에 대해 밝힌 기사는 아예 게재도 못 하고 댓글은 삭제되었습니다.

저는 오래전부터 미디어와 문화사역의 중요성에 주목했습니다. 세계 역사를 보면, 로마는 보병으로 세계를 정복했고 몽골은 기마병으로 세계의 절반을 차지했습니다. 영국은 해군으로 해가 지지 않는 제국을 건설하였으며 미국은 공군으로 세계 최강 국가가 되었습니다. 그런데 현대사회에는 이런 무기들보다 훨씬 더 막강한 무기가 있으니 바로 미디어입니다.

그래서 미디어를 통해 한국교회의 이미지를 살리고 교회생태계를 보호하는 데 힘을 쏟았습니다. 한국 교계에서 누구도 언론에 관심이 없을 때 일간지 기자들, 방송 관계자들과 소통하고 교류하기 시작했습니다. 지금은 김영란법 때문에 안 되지만, 기자들을 후원해서 성지순례를 보내고, 종교개혁지 탐방, 탄자니아 선교 현장에도 가게 했습니다. 저 역시 기자들과 함께 동행하며 소통하고 마음의 문을 열기 위해 노력하였습니다.

그러면서 교회라면 부정적으로만 쓰던지 아예 언급도 안 하던 기자들이 점점 우호적인 기사들을 쓰기 시작하였습니다. 특별히 공중파 뉴스에서 퀴어축제를 보도할 때 최초로 반동성애 진영의 집회도 소개하고 신문에서도 동성애의 문제에 대해서 보도하기 시작했습니다. 동아일보에서는 종교개혁 100주년을 맞아 종교개혁 특집기사를 게재하면서 한국교회의 사회적 인식을 심화, 확대하기도 하였습니다.

최근에는 한국 이스라엘 수교 60주년을 맞아 메이저 언론사 기자들과 함께 성지순례를 다녀와서 성탄절 특집 기사들이 대서특필되는 일도 있었습니다. 저는 조선일보에 에세이를 기고할 뿐만 아니라 동아일보, 경향신문, 문화일보, 매일경제, 한국경제 등 각종 일반 신문사에 한국교회를 대변하는 글을 쓰면서 오피니언 리더로서의 이미지를 구축하게 되었습니다. 특별히 한국교회 목회자로서는 최초로 조선일보 '최보식이 만난 사람'에 소개되기도 하였습니다.

얀 소비에스키가 되어 한국교회의 연합을 외치다

2013년에 김형오 전 국회의장이 쓴 '술탄과 황제'라는 책을 선물 받고 밤을 새워 단숨에 다 읽었습니다. 한 편의 그림처럼 펼쳐지는 동로마제국의 멸망사를 보면서 심장이 뛰기 시작했습니다. 성화숭배파와 성화반대파가 교권을 차지하기 위해 극한의 대립과 싸움을 하다가 결국에는 메흐메드 2세가 앞세운 이슬람 군대에게 처참하게 패망한 모습이, 끝없이 분열하고 다투고 있는 한국교회의 모습으로 투영되었기 때문입니다.

그래서 터키 이스탄불을 방문하여 직접 동로마교회의 패망사를 연구하고 집대성하여 국민일보에 '동로마제국의 멸망과 한국교회'라는 제목으로 3회에 걸쳐 특집 기고를 하였습니다. 뿐만 아니라 한국교회 지도자들과 목사님들을 초청하여 '동로마제국의 멸망과 한국교회의 미래 전망'이라는 제목으로 강연을 하기도 하였습니다.

그만큼 동로마교회의 패망사가 한국교회에 주는 교훈은 강렬하였습니다. 분열하면 망하고 연합하면 흥한다는 것입니다. 동로마제국은 분열하다 망했지만, 정반대의 역사도 있었습니다. 동로마제국을 멸망시켰던 메흐메드 2세의 손자인 메흐메드 4세가 콘스탄티노플 도성 함락을 넘어 로마 교황청까지 이슬람 제국으로 만들겠다는 야망을 품고 진군하기 시작한 것입니다.

그때 로마로 가는 첫 관문이 바로 비엔나였습니다. 메흐메드 4세가 이끄는 이슬람 군대가 비엔나마저 함락시켜 버리면 로마 교황청을 비롯하여 전 서유럽마저 이슬람화되는 절체절명의 위기에 놓였습니다. 그때 전 서유럽의 단결을 호소하며 직접 군대를 이끌고 나섰던 사람이 폴란드 왕 얀 소비에스키였습니다.

사실 얀 소비에스키와 오스트리아 왕 레오폴드 1세는 앙숙관계요, 정적이었습니다. 왜냐하면 레오폴드 1세가 소비에스키를 폐위시키고 로렌샤를 공에게 왕위를 주려고 했기 때문입니다. 그러나 소비에스키는 이렇게 말하며 비엔나를 구하러 왔습니다. "아무리 레오폴드 1세가 증오스러워도 비엔나가 망하면 폴란드도 망하고 유럽도 없게 될 것이다. 유럽의 교회도 몰락하고 이슬람 천지가 되어 버릴 것이다. 그러면 구교도 없고 신교도 없게 된다. 그러니 나라도 일어나서 비엔나를 지키리라."

이 얼마나 멋진 하나님의 사람이요, 사나이 중의 사나이입니까? 저는 얀 소비에스키의 모습이 너무나 멋지고 감탄스러웠습니다. 결국 얀 소비에스키가 이끄는 7만 명의 연합군은 누구도 상상할 수 없는 기상천외한 전략을 구사하여 이슬람의 사령관 무스타파가 이끄는 30만 명의 군사들을 완전히 초토화시켜 버렸습니다. 그리고 비엔나전투를 기점으로 해서 오스만튀르크는 유럽에서 완전히 패권을 잃어버리고 쇠락해 버리고 말았습니다.

만약 얀 소비에스키가 없었다면 어찌 오늘날 유럽의 그 찬란한 교회 건물과 기독교적인 문학 작품, 베토벤, 바흐, 헨델의 음악이 나올 수 있었겠습니까? 저는 비엔나전투를 연구하기 위하여 방문하였던 칼렌버그 언덕에 서서 얀 소비에스키의 혼과 거친 숨결, 의협심을 느꼈습니다. 그의 처절한 절규와 영혼의 울림을 느끼며 기도하였습니다. "하나님, 저도 얀 소비에스키처럼 쓰임 받게 하여 주옵소서. 분열된 한국교회를 하나 되게 만드는 연합의 종으로 사용하여 주옵소서. 하나님의 도성을 지키고 확장하는 새 역사를 쓰게 하옵소서."

지금 한국교회의 가장 큰 문제 중의 하나가 분열과 다툼입니다. 개교회의 분열과 다툼뿐만 아니라 교계의 분열은 응집력을 저하시키고 사회적 위상과 영향력을 상실하게 했습니다. 이런 현실을 두고 볼 수 없어서 수많은 설교와 연합집회, 강연, 언론 기고를 통하여 한국교회의 연합과 일치를 호소하였습니다. 다음은 한국교회의 연합과 일치를 호소하며 쓴 국민일보 칼럼입니다.

더 늦기 전에, 너무 늦기 전에

어느 조직이나 기관을 막론하고 분열하면 그 대가를 혹독하게 치른다. 교회는 더 그렇다. 러시아정교회가 분열하다가 망했고 동로마교회도 그리스도와 성모 마리아의 성화 상을 숭배하는 화상숭배파와 화상반대파가 다투고 분열하다 망했다. 사실 화상반대파의 신앙이 성경적이었다. 그런데 화상숭배파에 밀려 동로마 변방으로 쫓겨난 그들은 오스만튀르크족과 사돈 관계를 맺고 그들과 협력했다.

화상반대파는 동로마교회의 기득권을 잡은 화상숭배파 세력만 무너뜨리면 자기들의 세상이 온다고 생각했다. 이렇게 동로마교회가 분열하여 서로 싸우고 있는 동안 오스만튀르크의 무라드 2세는 밖으로는 평화조약을 맺고 안으로는 전쟁 준비를 했다. 그의 아들 메흐메드 2세가 진격을 해왔다. 그러자 로마 교황청에서는 이시도르스라는 대주교를 보내 협상을 했다. "우리가 군대를 보내 도와주겠다. 대신 우리와 하나를 이뤄야 한다."

말이 하나가 되는 것이지 실제론 동로마교회가 교황청에 귀속되는 것이나 다름없었다. 그래도 동로마제국 황제는 일단 나라를 살리고 교회를 살려야 하기 때문에 이에 서명하고 동서 교회 합동 예배를 드렸다. 그러나 당시 노타라스 대공(조선시대 영의정 역할)을 비롯해 동방정교회 주교들이 반대하며 백성을 선동했다.

"우리가 옛날 십자군 전쟁 때 서방 십자군에 얼마나 수치와 모욕을 당했는가. 황제를 따르지 말고 결사 항전하자. 우리가 추기경의 모자를 쓰느니 차라리 술탄의 터번을 쓰자." 이 말은 교황청의 도움을 받고 귀속되느니 차라리 이슬람 세력과 손잡고 교황청과 싸우자는 말이나 다름없었다(당시는 종교개혁 이전이었다).

노타라스 대공은 완악했다. 화약 제조자 우르반이 대포를 만들자고 할 때 그를 죽이려고 했다. 대포를 만들려면 귀족들이 재정을 부담해야 했기 때문이다. 귀족들은 희생은 안 하고 권력만 누리려고 했다. 주교들도 서로 분열해 싸우기만 하였다.

결국 노타라스 대공은 자신의 눈앞에서 자녀들이 참수당하는 것을 봐야 했고 자신도 비참하게 처형당했다. 동로마의 딸들은 겁탈당하고 주교들도 목 베임을 당하고, 예배당에서 쓰던 휘장은 어린아이들을 노예로 끌고 가는 밧줄로 사용됐다. 성소피아 성당과 삼위일체 교리를 확립한 이레네 교회를 비롯해 100여 개 교회들이 다 이슬람 모스크가 돼 버렸다.

동로마제국이 멸망하기 전 1만 명에 가까운 콘스탄티노플 교회 성도들이 성소피아 성당에 모여 간절하게 기도했다. "하나님, 지금이라도 어서 빨리 미가엘 천사를 보내어 저 짐승 같은 이교도들을 보스포러스 해협 바깥으로 물리쳐 주옵소서." 그때 백마를 탄 메흐메드 2세가 성소피아 성당의 문을 열면서 이렇게 외쳤다. "두려워 말라, 놀라지 말라. 내가 어릴 때 나의 어머니에게 배웠던 기독교는 평화의 종교였다. 그런데 왜 너희들은 한 하나님을 섬기고 같은 예수님을 믿으면서도 늘 싸우기만 한단 말이냐. 내가 너희들에게 알라의 이름으로 평화를 주러 왔노라."

오늘 우리는 이 말에 가슴을 후벼파야 한다. 지금 한국교회 연합기관의 하나 됨은 대세이며 급물살을 타고 있다. 물론 반대하는 사람들의 논리도 존중한다. 그러나 각자 입장에서 펴는 논리보다 역사적 교훈이 더 중요하다. 한국교회를 향한 반기독교 세력의 공격과 관련 입법안이 밀려오고 있다.

한국교회를 지키기 위해서는 분열된 연합기관을 하나로 만들어 대응하는 길밖에 없다. 하나 된 연합기관은 한국교회의 공익과 공공선을 추구해야 한다. 반기독교 세력의 공격이나 쓰나미처럼 밀려오는 반기독교적 입법 흐름을 감지한다면, 누구도 한국교회의 연합을 반대하지 못할 것이다. 더 늦기 전에, 아니 너무 늦기 전에 분열된 연합기관은 반드시 하나 돼야 한다.

_ 국민일보 소강석 목사의 블루시그널, 2022년 6월 9일

억울한 영광, 국민훈장 동백장 서훈

2011년 10월 5일 오전 코엑스 오라토리움에서 국민훈장 서훈식이 거행되었습니다. 드디어 행사가 시작되고 수상자 이름을 부르는데 저도 사람인지라 마음이 들뜨고 사뭇 긴장이 되었습니다. 그런데 시상식이 진행되는 동안 너무나 마음이 서글펐습니다. 어떻게 강단에 올라갔으며 훈장을 받았는지 기억도 안 납니다. 아니 정신이 들자마자 너무 서러워서 눈물이 나 버린 것입니다.

이후에 사진 찍어 놓은 것을 보았더니 웃는 모습이 하나도 없었습니다. 인상을 찌그리고 섭섭하고 아쉬운 표정밖에 없었습니다. 멀리서 찍은 사진이지만 눈물을 글썽이는 표정이 역력했습니다. 제 이름을 부를 때 당연히 새에덴교회 담임목사 소강석으로 부를 줄 알았는데 세계한인교류협력기구 대표로 부른 것입니다.

그 순간 혼이 나가는 줄 알았습니다. 당장 외교부에 항의를 하고 싶었습니다. 이건 내 개인이 받은 것이 아니라 사실 우리 교회가 받은 것이고 내 개인이나 가문의 영광이 아니라 우리 교회의 영광이요 우리 모든 성도의 영광입니다. 지금 한국 사회가 교회를 향해서 뭐라고 요구하고 있습니까?

"한국교회 당신들이 그만큼 성장했으면 성장했다는 증거를 보여주어야 하지 않겠느냐, 교회도 사회적인 존재이기 때문에 그만큼 힘을 갖추었으면 이제는 종교와 전혀 상관없는 일도 해야 하지 않느냐. 당신들끼리만 모여서 예배하고 좋아만 한다면 당연히 우리의 비난을 받을 수 있지 않으냐, 당신들의 신앙적 성숙만 추구하지 말고 사회적 성숙과 기여도 해야 하는 것 아니냐."

저는 이런 시대 흐름과 트렌드를 이미 인식한 목사입니다. 그래서 사회적 섬김과 민족의 역사를 보듬는 공적 사역을 하게 된 것입니다. 그리고 이 일은 저 혼자 한 것이 아니라 우리 성도들이 함께했고 새에덴교회가 함께 한 것입니다. 그리고 세월이 흘러서 이 활동은 어느 정도 평가를 받아 제가 대표로 국민훈장 동백장을 서훈받은 것입니다.

사실 목사가 외교부로부터 훈장을 받는 것은 대한민국 안에서는 전무한 일이었습니다. 그것도 젊은 나이에 받았으니 말입니다. 현장에 오신 분들은 알지만, 훈장을 받은 분들이 전부 팔순에 이른 분들이어서 그 사람들에 비하면 저만 새파란 청년에 불과했습니다. 이것은 새에덴교회와 소 목사가 믿지 않는 사회와 국가 정부에서도 인정받았다는 이야기가 아닙니까?

그러니까 이것은 큰 영광의 자리가 아닐 수 없습니다. 그런데 수상자를 호명할 때 소강석 목사는 확실하지만, 새에덴교회가 아니라 세계한인교류협력기구로 불린 것이 너무나 억울해서 울었습니다. 물론 민족의 역사를 보듬고 사회를 섬기려고 한 것이지만 그 이면에는 하나님의 영광과 교회의 이미지 갱신을 위해서 한 것이 아닙니까?

그런데 왜 나를 부를 때 그렇게 부르냐는 말입니다. 당장 국무총리한테도 따지고 싶은 마음이 솟구쳐 올랐습니다. 그리고 끝나자마자 장로님들과 교인들 앞에서 너무 아쉽다고, 진짜 울고 싶다고 막 소리를 쳤습니다. 거기 나와 있는 외교부 직원에게도 막 따졌습니다. 그랬더니 "목사님, 지금까지 훈장을 받은 목사님들도 다 단체명으로 받았지, 교회 이름으로 받으신 분은 한 명도 없습니다. 그리고 목사님이 새에덴교회 목사님이라는 사실을 모르는 사람이 누가 있습니까?"라고 하는 것입니다.

군사령관 출신인 이철휘 장로님도 "오히려 그렇게 받는 것이 더 지혜롭고 목사님이 운신의 폭이 넓어지는 것입니다"라며 오히려 제 마음을 더 고무시켜 주는 것입니다. 그래도 저는 마음이 서글퍼서 그 행사 현장에 아들까지 참석을 했지만, 아들에게도 웃는 눈빛을 보여주지 못했습니다. 그리고 그 억울한 영광과 아쉬움은 그날 내내 있었습니다. 수많은 사람에게 문자 메시지가 오고 축하 전화가 와도 전화도 못 받을 만큼 우울증에 빠질 정도였습니다.

그러자 이런 모습을 아는 성도들이 "정말 이번 기회를 통해서 우리 소목사님을 다시 알았다. 물론 평상시에도 교회를 사랑하고 성도를 사랑하는 그 마음을 알았지만 얼마나 하나님 중심, 교회 중심의 신앙으로 서있는가를 알았다"는 것입니다. 그날 오후 연합뉴스에서 새에덴교회 소강석 목사가 국민훈장을 서훈받게 된 것을 보도하고 이튿날 국민일보를 비롯한 동아, 조선, 각 지방 신문과 인터넷에서 여기저기 '새에덴교회 소강석 목사 국민훈장 서훈'이라는 기사를 보고 그제야 마음이 풀렸습니다.

이번 기회를 통해서 다시 한번 저의 정체성을 발견하였습니다. '내가 그래도 정말 하나님 중심의 신앙을 가지고 있는 목사구나, 오직 교회를 위해 존재하고 교회의 영광성과 거룩성을 위해서 존재하는 목사이구나' 그런 생각을 하며 감사의 눈물을 흘린 것입니다.

"하나님, 내가 나를 알았습니다. 그리고 이 사건을 통해서 하나님이 저를 발견하게 하셨습니다. 이 소중한 깨달음은 천금보다 더 귀한 것입니다. 만약에 새에덴교회 소강석 목사라고 불렀으면 어쩌면 내 마음이 우쭐하고 대견스러운 마음으로만 가득했을지 모릅니다. 그런데 이런 억울한 영광을 통해서 나를 보고 알게 하시니 얼마나 감사한지 모르겠습니다.

이제 역사와 사회의 평가를 어느 정도 받았지만 저는 더 낮은 곳으로, 그리고 더 광활한 사역의 현장으로 나갈 것입니다. 아니 역사와 사회의 평가를 넘어서 더 하나님의 위대하고 완전한 평가를 받기 위해 저는 오늘도 눈물 젖은 몸부림을 칠 것입니다."

두 번의 성대 수술

저는 너무 무리한 목회 일정과 방대한 공적 사역을 이끌어오다, 2009년과 2017년 두 번의 성대 수술을 하였습니다. 오직 하나님의 영광과 교회를 위한 일이라면 몸을 돌보지 않고 야생마처럼 달려온 영광스러운 상흔이라고 할 수 있겠지요. 오죽하면 제가 첫 번째 성대 수술을 한 다음에도 미리 설교와 기도를 녹음해 놓은 녹음기를 가지고 다니면서 심방을 다녔겠습니까? 저는 오직 예수, 오직 교회, 오직 사명을 위해서라면 제 한 몸 부스러진다 해도 달려가는 인생을 살아왔습니다.

첫 번째 성대 수술을 한 이후에 성대를 좀 조심하고 관리를 잘해야 했는데 또 무리하게 사용하다 두 번째 성대 수술을 해야 했습니다. 수술 대기실에서 잠시 기다리는데 지난날의 삶들이 주마등처럼 스쳐 지나갔습니다. 주일 낮, 주일 밤, 수요일, 철야기도, 신년성회, 여름수련회 등에서 뿜어낸 사자후의 설교, 그리고 대부분의 원고를 흔들리는 건조한 차 안에서, 또는 동굴같이 답답한 제 방에서 구두로 불러주던 순간들…. 게다가 외부집회, 특히 수만, 수십만 앞에서 화염을 내뿜은 야성의 설교들을 목이 터지라고 외치면서 목이 상하기 시작한 것입니다.

그러다가 유럽 집회 때 설교하던 중 성대가 터져 피를 토했는데도 계속

집회를 하였고, 한국에 와서도 반동성애 국제대회에서 사자후를 토해내다가 수술을 해야 할 지경까지 만들어버린 것입니다. 이윽고 수술실로 들어갔을 때, 싸늘하고 음산한 공기가 수술실을 에워싸고 있었습니다. 수술대 위에 누워 잠시 주님께 속삭였습니다.

"주님, 저의 삶이 여기서 끝나지는 않겠지요. 만에 하나 그렇게 된다면 우리 가족들과 성도들이 얼마나 실망하겠습니까? 그러나 분명한 것은 죽음이 절대로 두렵지는 않습니다. 주님이 오라고 하시면 미련 없이 떠나겠지만 아직은 제가 감당해야 할 사명이 남아있겠지요."

드디어 마취약이 들어가고 잠에 빠졌지만 제 의식은 살아서 잠꼬대를 하였습니다.

"그래, 나는 주님의 소명에 혼을 바치고 산 거야. 나는 주님 앞에 절규의 산제사를 드리는 투혼의 삶을 산 거야. 맞아. 그랬어. 그런 거야…."

그때 간호사 선생님이 저를 흔들어대며 깨웠습니다. 수술을 잘 마치고 깨어난 순간, 다시 숨을 쉴 수 있다는 것 자체가 감격이고 새로움이었습니다. 병실 창문으로 보이는 바람에 흔들리는 나뭇잎과 풀잎들이 신비하게 느껴졌고 살아서 숨을 쉬고 있다는 게 얼마나 큰 행복인가를 새삼 깨달았습니다.

저는 성대 수술을 마치고 말을 못 할 때 주일예배 강단에 올라가 '오빠생각'이라는 노래를 하모니카로 연주하고, 한복을 입고 벙어리 춤을 추기도 하였습니다. 또한 수술한 지 3주 만에 1시간 30분짜리 설교를 8번을 하였습니다. 그러나 수련회를 마치고 난 후 병원에 가서 보니까 다행히 전혀 이상이 없었습니다.

사실 성대 수술을 한 이후에는 당분간 한마디도 안 해야 합니다. 그런데 얼마나 설교하고 싶었으면 자다가 꿈 속에서 설교를 한 것입니다. 첫 번째 성대 수술을 한 후에는 꿈속에서 하나님의 살아계심을 외쳤습니다.

"여러분, 하나님은 죽지 않았습니다. 절대로 만홀히 여김을 받지 않으시고 업신여김을 받지 않으시는 분이에요. 그러므로 여러분, 우리 하나님 앞에는 심는 대로 거두게 되어 있어요. 하나님과 교회에 눈물로 씨를 뿌리면 반드시 자손만대까지 복을 받을 거예요. 믿습니까?"

두 번째 성대 수술을 한 이후에도 꿈 속에서 설교를 하였는데 설교 내용과 방향이 달랐습니다.

"이 시대를 사는 성도여, 목회자여, 우리는 교회의 영광성과 거룩성을 반드시 지켜야 합니다. 그러기 위해서 우리는 먼저 교회의 생태계를 지켜야 합니다. 교회 생태계를 가장 위협하는 것이 무엇인지 아세요? 그것은 동성애입니다. 그러므로 우리는 먼저 동성애를 막아야 합니다. 성적 지향이 포함된 차별금지법 제정, 인권조례안 등을 막아야 합니다. 그래야 한국교회가 삽니다."

이렇게 외치면서 저는 동성애를 지지하고 차별금지법 제정을 찬성하는 어느 국회의원과 싸웠습니다. 꿈에서였지만 제가 이겼습니다. 꿈을 꾸고 나서 가만히 생각해 봤습니다. 1차 성대 수술은 하나님의 살아계심과 신실하심을 외치는 결과 때문이었다면 2차 성대 수술은 한국교회의 영광성과 거룩성을 회복하기 위한 외침의 결과 때문이라고 말입니다.

개척교회 때는 제 영성 관리와 더불어 오직 교회 성장이 저의 관심사였습니다. 그런데 어느 정도 교회가 부흥된 후에는 한국교회와 나라와 민족, 역사에 관심이 갔습니다. 이것은 저의 명예나 교권을 위한 것이 아니었습니다. 저의 사익이나 사적 욕망의 동기도 아니었습니다. 오직 한국교회의 공익과 제2의 전성기 회복에 대한 비전 때문이었습니다.

안면마비의 고통 속에서

두 번의 성대 수술뿐만 아니라 2012년에는 안면마비가 오는 고통을 겪어야 했습니다. 연말·연초에 수많은 목회와 외부 일정을 소화하고 송구영신예배와 신년축복성회를 다 인도한 후에 좀 쉬어야 하는데, 무리하게 새벽 일정을 강행하다가 안면마비가 와 버린 것입니다.

안면마비가 오자, 매일 아침을 기다리며 밤을 지새워야 했습니다. 그리고 아침에 일어나자마자 거울을 보며 일그러진 얼굴이 얼마나 회복되어 가고 있는가를 살펴보았습니다. 그런데 8일째부터 조금씩 회복되기 시작하는 것입니다. 그러나 회복이 되더라도 금방 회복이 되는 것이 아닙니다. 하루에 조금씩 조금씩 되었는데, 외관상으로는 어느 정도 회복이 되지만 발음이 완전히 회복되지 않는 것입니다. 어지간한 발음은 다 되는데 'ㅂ'자 발음이 잘 안 되었습니다.

예를 들어서 몇 분, 몇 편 이게 잘 안 되었습니다. 발음이 왼쪽에서 새니까 잘 안 되는 것입니다. 그래서 'ㅂ'자 발음의 표준을 무엇으로 했냐면, 아들 사건이 생각이 나서 아빠로 했습니다. 얼굴 양쪽이 정상적일 때는 아빠 발음이 잘 되는데 왼쪽 안면과 입이 마비되니까 힘이 없어서 아빠가 안 되는 것입니다.

"아봐, 아봐" 하면서 발음이 새는 것입니다. 그래서 제가 혼자 있을 때는 얼마나 아빠를 많이 불렀는지 모릅니다. "아버지, 아봐, 아버지, 아봐, 제발 빨리 회복시켜 달라"라며 얼마나 많이 아빠를 불렀는지 모릅니다.

교회 서재 방에서 혼자 잠을 자니까 잠이 안 올 때는 밤 1시, 2시, 3시, 5시까지 얼마나 거울을 보면서 "아빠, 아빠"를 많이 불렀는지 모릅니다.

"아빠, 하나님, 아버지 하나님, 저의 모습을 보고 계십니까? 하나님, 제가 아들입니까? 제가 당신의 종입니까? 이렇게 발음이 새고 이렇게 아빠 하나 못하는 종이 그래도 당신의 아들입니까?"

그때 제 마음속에 하나님이 이런 감동을 주셨습니다.

"네가 주의 일을 하다가 너무 과로하고 피곤해서 그런 것인데 너무 낙망하지 말거라, 너는 내 사랑하는 아들 내 기뻐하는 종이다, 내가 너를 다시 새롭게 조성하며 더 귀하게 쓰리라. 더 크게 쓰리라. 그러니까 이 기회에 아빠 아버지를 많이 불러라, 많이 불러라."

그래서 밤을 지새우며 아빠를 부르고 또 부르고 또 불렀습니다. 그러다가 잠이 들어 아침에 일어나면 또 제일 먼저 "아빠"를 불렀습니다. 그때도 발음이 샙니다. 그러면 그 새는 발음으로 아빠를 열 번, 오십 번, 백 번을 부르고 또 부릅니다. 거울을 보며 "아봐, 아봐"를 해보고 또 거울을 보고 "아봐, 아봐"를 불렀습니다.

어릴 때 다친 아들이 아빠를 목이 메도록 부르는 것처럼 때로는 속상해서 부르기도 하고, 또 감격해서 부르기도 합니다. "아봐" 할 때 발음이 새서 속상하기도 하지만 또 그런 기도할 대상이 있고 이런 기회에 하나님을 "아봐"라고 부르는 게 얼마나 감사한지 알 수 없었습니다.

더구나 보통 때는 누가 하나님을 아빠라고 부르겠습니까? 보통 아버지라고 부르죠. 그러나 제가 안면마비 때니까 아버지라고 안 부르고 아빠를 셀 수 없이 많이 불렀습니다. 수천 번, 수만 번을 불렀을 것입니다. 그러면서 얼마나 은혜를 받고 얼마나 감사했는지 모릅니다. 그래도 하나님의 은혜로 신속하게 몸이 회복되어갔습니다.

안면마비가 온 후에도 설교는 4주째부터 했지만 강단에 서서 축도하고 광고하는 것은 2주째부터 했습니다. 그런데 그렇게 수줍을 수가 없습니다. 왜냐면 아무리 마비가 풀려가고 있다고 하더라도 아직은 얼굴 반쪽을 여전히 마비의 위력이 덮고 있기 때문입니다. 그래도 정면돌파로 나갔습니다.

그런데 제가 강단에 서기만 해도 성도들이 눈물을 줄줄 흘리며 은혜를 받는 것입니다. 마침내 4주째 설교를 하는데 너무나 설교가 영광스러워서 저도 감격에 겨웠고 성도들도 뜨거운 눈물을 쏟으며 온 교회가 눈물바다가 되었습니다. 이처럼 저를 사랑해주고 기도해준 성도들이 너무 고맙고 감사해서 두 손을 들어 뜨겁게 기도하였습니다.

"하나님 아버지, 우리 성도들이 평생 동안 안면마비 걸리지 않게 하옵소서. 안면마비 걸린 것은 저 하나로 족하게 하시고 우리 성도들에게는 단 한 사람도 안면마비 걸리지 않게 하옵소서. 저의 아픔이 성도들을 대신한 아픔으로 하나님이 간주해 주시고 절대로 우리 성도들 가운데 단 한 사람도 안면마비 걸리지 않게 하옵소서.

사랑하는 우리 성도들에게 사명을 위하여 건강을 주옵소서. 병들지 않게 하옵소서. 머리끝에서 발끝까지 건강을 주옵소서. 그리고 혹시 병마가 몸에 쳐들어와 있고 연약한 부분이 있는 곳에 주의 성령이 찾아가 역사하시고 주님의 피 묻은 손으로 안수하여 주옵소서. 예수 그리스도의 이름으로 명하노니 병마는 떠날지어다. 연약함은 회복될지어다. 예수님의 이름으로 기도드리옵나이다."

하나님은 고난을 영광으로 바꾸어 주셨고, 아픔의 눈물을 사명의 꽃으로 피어나게 하셨고, 더 위대한 교회 부흥의 밑거름이 되게 하셨습니다. 그때 밤을 새우며 부르고 또 부른 노래가 있습니다. 그 고난 속에서 피어난 노래가 바로 '사명의 길'이라는 노래입니다.

숨 쉴 수 없는 고난의 뜨거운 바람
내 영혼을 찢으며 불어올 때
광야에 홀로 남겨진 지독한 외로움 속에
깊은 밤 뜨거운 눈물 흘려도
주님이 주신 사명이라면 가시밭길 맨발로라도 걸어가리
주님이 주신 약속이라면 불길 위를 걸어서라도 붙잡으리

사명이 생명이기에 사명이 눈물이기에
힘들고 어려워도 사명의 길을 걸어가리라
사명이 은혜이기에 사명이 축복이기에
외롭고 고독해도 사명의 노래를 부르리라
내 삶이 끝나는 그 순간까지
내 마지막 호흡이 그치는 그 순간까지
사명의 길 위에서 쓰러지리라 사명의 길 위에서 쓰러지리라

새에덴교회 설립 30주년 기념 45억의 나눔

2018년 11월 11일 새에덴교회 설립 30주년 감사예배를 "받은 은혜, 섬김과 나눔으로"라는 주제로 드렸습니다. 우리 교회는 잃어버린 30년

이 아니라 꽃을 피우는 30년, 향연을 이어온 30년, 하나님께 영광 돌리는 30년, 받은 은혜를 사랑과 섬김으로 나누는 30주년 행사를 하고 싶었습니다.

우리 교회는 30년 동안 단 한 번도 싸워본 적이 없습니다. 교회 건축을 놓고 싸워본 적이 없고 제직회나 공동의회, 당회를 하면서 한 번도 소리를 지르거나 싸워본 적이 없습니다. 지나온 30년이 너무나 행복하고 아름답기만 합니다. 사실 저는 행사성 목회를 잘 안 했습니다. 그래서 창립 10주년, 20주년 행사 같은 걸 한 번도 해 본 일이 없습니다. 그리고 10년사, 20년사 같은 것도 만들지 않았습니다.

그러나 30년쯤 되었으면 역사의 기록을 위해서라도 30년사도 만들고 기념행사도 해야겠다는 생각이 들었습니다. 대부분 30주년 행사를 보면 교회의 영광과 위상을 나타내는 행사를 하는 것을 많이 보았습니다. 물론 우리 교회도 서울의 체육관을 빌리거나 가까운 단국대 운동장에서 휘황찬란한 행사를 해볼까도 생각해 봤습니다. 그리고 우리 교회의 부채를 정리하여 헌당식을 할까도 생각해 보았습니다.

그러나 그것은 시대와 사회적 정서에 부합하지 않는다는 생각이 들었습니다. 그래서 우리는 주일 저녁예배 때 송구영신예배를 드리는 것처럼 교회당에서 예배를 드렸습니다. 대신에 30주년을 맞아 30가지의 사랑과 섬김의 나눔을 실천하였습니다. 우리 교회의 도움이 필요한 교회, 장애인, 목회자로 부름 받았지만 불치병과 투병하는 분들, 선교사, 기독 사학, 구제 기관이나 단체에 사랑의 마음을 전달하였습니다.

원래 계획은 30주년이니까 30억 원을 전달하려고 하였는데 도와야 할 단체들이 계속 늘어나면서 45억이 넘는 재정을 나누게 되었습니다. 제가

기도하는 중에 목회적 대형교회가 추구해야 하는 방향성은 사랑과 섬김
이라는 감동이 왔기 때문입니다. 저는 30주년 기념행사를 통해서 이 시대
에 교회다운 교회 모습을 보여주고 싶었습니다. "아, 30주년 기념행사를
이렇게 하는 교회도 있구나"

30가지 섬김 사역의 일환으로 사랑의 쌀, 김장 나누기 전달식을 진행하
여 김장 1만 포기를 용인시 취약계층에 전달하였고, 쌀 5천 포를 경기도
시각장애인협회 6개 기관에 전달하였습니다. 이러한 나눔을 시작으로 복
지시설과 결손가정, 중증 환자, 신학교, 미자립 교회 지원 등 도움이 필요
한 다양한 곳에 45억이 넘는 예산을 후원하며 사랑과 섬김의 선순환을 일
으켰습니다.

우리 성도들이 너무나 고마웠습니다. 담임목사가 기도하고 감동받아
결단하면 무조건 지지해 주고 기도하며 헌신하는 성도들이 있었기에 오
늘의 새에덴교회가 있을 수 있었기 때문입니다. 새에덴교회 30년의 역사
를 담은 30년사 '꽃송이 하나로도 봄은 오리라'를 발간하였고, 30주년
다큐를 제작하여 감동의 기록을 남겼습니다. 저는 우리 성도들에게 이런
고백을 하였습니다.

"사랑하는 성도 여러분,
하나님의 은혜 안에서 여러분을 만난 것은
저에게 가장 큰 행복이고 축복이고 기적이었습니다.
별처럼 수많은 사람들 가운데 여러분들을 만난 것 자체가
기적이요 은혜가 아니고 무엇이겠습니까?
여러분들은 어쩌면 그렇게 바보처럼

제가 하자는 대로 따라올 수 있었단 말입니까?

예배당 짓자면 예배당 짓고

참전용사 초청하자면 아무 말 없이 헌신하고

한국교회를 위해서 공적사역을 하자면 무조건 따라오는

위대한 우리 장로님들과 성도님들….

저는 다시 태어나도 여러분들과 함께 목회를 하고 싶습니다.

그리고 천국에 가서도 여러분과 함께하고 싶습니다.

그때는 여러분이 저를 따르는 것이 아니라

제가 여러분을 따르고 싶습니다.

제가 여러분의 종이 되어 여러분을 영원히 섬기고 싶습니다.

지나온 30년이 너무나 아름답습니다.

비록 고단한 여정이었지만, 몸을 돌보지 않는 목회를 하였지만,

여러분이 함께하셨기 때문에 저는 행복한 목회를 할 수 있었습니다.

이제 다음 30년을 향하여 우리 함께 손을 잡고 걸어갑시다."

그 어떤 위기와 역경도

간절함만 있으면 길이 보이고 방법이 보인다.

팬데믹의 안개를 뚫고 세움과 연합의 새길을 낸 것처럼.

The Calle

chapter 10

포스트 엔데믹, 세울과 연합을 향하여

불 꺼진 방에서의 사색

2019년 9월 23일 충현교회에서 열린 예장합동 제104회기 총회에서 부총회장 단독후보가 되어 선거 없이 무투표로 당선되었습니다. 우리 교회 성도들이 수많은 꽃다발을 준비하여 가져왔지만 꽃다발을 받는 것조차도 쑥스럽고 조심스러운 마음이 들어 꽃다발을 다른 분들에게 드리도록 했습니다. 저녁 늦게야 숙소로 돌아와 다음 날 아침 일정 때문에 수면유도제를 먹었습니다. 그러나 머리가 몽롱하기만 하지 바로 잠이 들지 않았습니다. 그날 있었던 장면들이 주마등처럼 스쳐 가며 이런 생각이 들었습니다.

"아, 나는 지금 과연 행복한가. 행복하다면 무엇 때문에 행복한가. 주님 때문에 행복한가. 아니면 부총회장에 당선이 되어서 행복한가. 아니, 내가 부총회장 자리에 집착해 온 것은 아닌가. 나의 행동의 원과 영향력의 지경으로 볼 때는 어쩌면 작은 자리일 수도 있는데…."

불을 끈 상태에서 창문을 열고 밖을 보았습니다. 강남의 수많은 차 소리가 들리고 어떤 사람은 뒷골목을 비틀거리며 걸어가고 있었습니다. 그 뒤를 이어서 또 비틀거리는 사람이 있었습니다.

"아, 저 사람은 만취해 있을까? 행복한 마음으로 걸어가고 있을까? 아니면 인생의 갖은 비애를 안고 걸어가고 있을까?"

창문을 닫고 다시 침대에 누워 지나온 저의 삶을 돌아보았습니다. 저의 삶은 오직 원웨이(One way), 목양일념과 킹덤빌더의 삶을 살아왔습니다. 만약에 제가 부총회장 그리고 총회장, 그것만을 위해 달려왔다면 저의 인생은 물거품에 불과하고 너무 허무할 것입니다. 그래서 저는 다시 다짐했습니다.

"나는 앞으로도 오로지 목양일념과 킹덤빌더로 살아가리라. 더도 말고 덜도 말고 오직 하나님이 나에게 주신 은혜와 사명만큼 달려가리라. 심장이 뛰는 한 포기하지 않고 사명의 길을 걸어가리라."

그렇게 부총회장에 당선된 이후에 2020년 9월 21일 우리 교회에서 열린 제105회기 총회에서 총회장으로 추대되었습니다. 2005년 제90회 총회에서 합동과 개혁이 통합한 후 첫 개혁 측 총회장이 되는 영광을 얻게 된 것입니다. 저는 단 한 번도 총회장이 되려고 생각을 해본 적이 없습니다. 그런데 십수 년 전부터 한국교회 생태계 보호와 연합운동의 선두에 서서 일하다 보니까 개교회 목회자의 힘으로는 한계가 있음을 절감하게 되었습니다.

그래서 하나님께서 은혜를 베풀어주시고 섭리해주시면 총회장이 되어 한국교회 섬기고 싶은 마음이 들었습니다. 그래서 제가 총회장이 된 것은 어떤 개인의 욕망이나 교권을 위한 것이 아니라 오로지 한국교회를 지키고 연합시키고자 하는 사명 때문이었습니다. 그럼에도 불구하고 지방의 무명 신학교를 나와 혈혈단신으로 개척하여 오늘에 이른 저를 한국교회 최대 교단의 총회장이 되게 하신 하나님의 은혜를 생각하면 그저 눈물이고 감사일 뿐입니다.

세움 총회의 하이 콘셉트, 하이 터치 사역

제가 총회장으로 섬겼던 105회 총회는 '세움'(Planting)을 슬로건으로 시작하였습니다. 제가 총회 세움을 위하여 가장 먼저 실천했던 것은 총회의 역사적 정체성을 확립하는 것이었습니다. 1959년 이후 합동 교단이 세워진 과정들을 다룬 50여 분짜리 역사 다큐멘터리로 제작하여 총회 때 상영하자 총대 목사님과 장로님들이 감탄하였습니다.

뿐만 아니라 2020년 10월 29일 서울 여의도 63컨벤션센터에서 '합동·개혁 교단합동 15주년 기념 감사예배'를 개최하였습니다. 코로나19로 인하여 어느 교단도 아무런 행사를 하지 못하고 있는 상황에서 저는 과감한 결단력과 추진력을 발휘하여 행사를 성공적으로 마칠 수 있었습니다.

또한 학내 갈등으로 2년 4개월여 동안 몸살을 앓고 있던 총신대 관선이사 문제를 해결하였습니다. 평소에 사회적 리더십을 발휘하며 정관계에 형성된 다양한 인맥 네트워크를 통하여 총신대 관선이사 문제를 해결함으로써 총신대학교 정상화의 첫발을 내디딜 수 있는 길을 열었습니다. 그리고 코로나로 인하여 교단 산하 많은 미자립 교회들이 어려움을 겪게 되었을 때, 총회 후원으로 2,160명의 목회자 가정에 100만 원씩 총 21억 6천만 원을 긴급 지원하였습니다.

가장 가슴 뿌듯하고 감사했던 것은 제58회 전국목사장로기도회를 철저하게 방역을 준수하며 개최하였던 것입니다. 코로나 팬데믹으로 인해 어느 교단도 행사를 하지 못하는 상황에서 2021년 5월 31일부터 6월 2

일까지 2박 3일간의 일정으로 기도회를 연다는 것은 기적에 가까운 일이었습니다. 누구도 계획할 수 없고 추진할 수 없는 기도회를 눈물의 기도와 결단으로 추진한 것입니다.

'울게 하소서'란 주제로 열린 목장기도회에서는 한국교회 최초로 '총회훈장' 수여식을 가졌습니다. 제105회 총회기념사업특별위원회(위원장 : 오인호 목사) 훈장상훈위원회(위원장 : 박창식 목사)와 총회역사위원회(위원장 : 신종철 목사), 그리고 총회임원회까지 참여한 논의과정을 거쳐 개인 9명과 단체 3곳을 수여자로 선정했습니다.

공로훈장은 박형룡 박사, 정규오 목사, 명신홍 박사, 이영수 목사, 백남조 장로가, 교육훈장은 박종삼 목사, 선교훈장에 조동진 박사, 화합훈장에 서기행 목사와 홍정이 목사 등이 받았습니다. 그리고 단체훈장에는 51인 신앙동지회, 전국실업인신앙동지회, 승동교회가 받았습니다. 특별히 외롭고 가난한 신학생 시절 저의 믿음의 아버지가 되어 돌봐주신 박종삼 목사님께 교육훈장을 드릴 수 있어서 너무 감사했습니다.

목장기도회 이튿날인 6월 1일에는 교단 최초로 역사갈라콘서트 '불의 연대기'가 공연되었습니다. '불의 연대기'는 제가 직접 대본과 작사에 참여하고, 총감독을 맡아 준비한 야심작이었습니다. 저는 부총회장 재임 시절부터 기독신문에 '총회 100년을 설계하다'라는 제목으로 총회의 역사와 비전을 담은 글을 46회 연재하면서 뮤지컬 '불의 연대기'의 밑그림을 그렸습니다.

그런데 코로나19 팬데믹이 장기화되면서 공연에 차질을 빚게 되었습니다. 사실 세종문화회관을 대관하여 교계를 넘어 정재계, 문화예술계 인사까지 대거 초청하여 합동 총회의 위상과 역사성을 높일 계획이었습니다.

그래서 세종문화회관을 대관하여 놓았는데 코로나19로 인하여 진행할 수 없는 상황이 되었습니다.

그래도 포기할 수는 없어서 목장기도회 기간 동안 뮤지컬을 해설과 노래가 있는 갈라콘서트 형식으로 변형하여 공연을 하게 된 것입니다. '불의 연대기'는 합동 교단의 역사를 총 11곡의 노래와 해설로 승화시킨 고품격 문화공연입니다. 박형룡, 정규오, 차남진, 박종삼, 김윤찬, 백남조 등 13 신앙동지회, 명신홍, 이영수, 서기행, 홍정이 등 오늘의 합동 총회가 있기까지 피와 땀과 눈물의 희생을 바쳤던 선진들의 노래가 담겨 있습니다.

아무리 유창한 연설이나 은쟁반에 담긴 옥구슬 같은 말이라 할지라도, 언어는 반론이 있을 수 있습니다. 그러나 음악은 무조건 하나를 만듭니다. 그래서 저는 갈라콘서트를 통하여 총회 안의 대립과 대결 구도를 종식하고 첫사랑, 첫 소명의 눈물 안에서 하나로 만드는 정서적 분위기를 조성하고 싶었던 것입니다. 총회 역사의 팩트를 담고 있으면서도 서정적인 해설과 노래, 22명의 출연진, 42명 오케스트라의 웅장한 연주가 어우러져 역사의 대서사시를 연출하였습니다. 공연이 끝나자 현장에 있던 모든 목사님과 장로님들이 기립박수를 치며 감동의 하모니를 이루었습니다.

화해와 연합의 리더십

저는 총회장 재임 시절에 화해와 연합의 리더십을 발휘하였습니다. 그래서 4년 동안 분열을 겪고 있었던 전국장로회연합회(회장:박요한 장로)와 합동전국장로회연합회(회장:양원 장로)가 다시 하나 되게 하는 결실을 거두었습니다. 1월 18일 새에덴교회에서 열린 감사예배에서 전국장로회연합회장 박요한 장로와 합동전국장로회연합회장 양원 장로가 합동선언문을 총회장 소강석 목사에게 전달함으로써 합동을 공식화했습니다.

지난 2017년 양분했던 전국장로회와 합동장로회는 전국장로회연합회 창립 50주년을 맞아 성령의 하나 되게 하심과 희년의 정신으로 양 장로회가 합동한 것에 감사하며 기쁨과 감격의 예배를 드렸습니다. 무엇보다 다시는 분열의 역사를 쓰지 않고 전국장로회가 연합하여 총회와 한국교회 발전의 원동력이 될 것을 다짐하였습니다. 105회 총회 역시 여러 갈등과 분열의 시한폭탄 같은 일들이 있었지만 저는 소통과 공감, 조정 능력으로 선제적으로 개입하여 사람들을 설득하고 화합하게 하였습니다. 그래서 제가 총회장으로 재임하던 기간에는 단 한 건의 고소, 고발이 없는 화합 총회가 될 수 있었습니다.

코로나 팬데믹의 폭풍 속, 한교총 대표회장으로서의 투혼

2019년 12월 중국에서 시작된 코로나19는 세계사적 대전환 사건이었습니다. 한국교회뿐만 아니라 전 사회적으로 한 번도 경험해보지 못한 전대미문의 팬데믹 사태에 우왕좌왕하며 혼란에 빠졌습니다. 코로나 팬데믹의 폭풍은 반달리즘(Vandalism, 문화, 예술, 종교 파괴 현상), 셧다운(Shut Down, 교회뿐만 아니라 모든 종교 시설, 문화 예술 공연, 여행, 레저 시설 등 사회 전 분야의 셧다운), 밋볼리즘(Meatballism, 반지성주의, 우민주의), 에이시즘(Atheism, 불신주의, 무신론주의)을 가져왔습니다.

그 결과 코로나 팬데믹 기간에 탈종교화, 탈기독교화, 탈교회화 현상이 나타났습니다. 당시 저는 예장합동 부총회장이었습니다. 직감적으로 코로나에 선제적으로 대응하지 못하면 심각한 타격을 받을 것이라는 생각이 들었습니다. 그래서 한국교회 지도부에 선제적 방역과 온오프라인의 듀얼 예배를 드리며 정부의 간섭과 제재를 차단할 것을 주문하였습니다.

그러나 당시 한국교회 지도부 역시 한 번도 경험해보지 못한 코로나 팬데믹의 사태 앞에서 결단을 내리기는 쉽지 않았을 것입니다. 결국, 제가 교단 총회장이 되고 한교총 대표회장이 되었을 때는 이미 정부에 주도권을 빼앗겨버린 기울어진 운동장에서 예배 회복과 국민 보건이라는 두 마리 토끼를 잡아야 하는 험난한 상황이었습니다.

저는 코로나 초기 때부터 교회사 교수들과 논의하여 칼빈의 쿼런틴 시스템(격리제도)을 모델로 삼았습니다. 유럽에 흑사병이 창궐할 때 교황 클레멘트 6세를 비롯하여 중세 가톨릭 사제들은 공간의 권위를 지키기 위하여 믿음으로 이기자고 하면서 성당으로 모이라고 했습니다. 그러다가 성당이 집단감염의 진원이 되어 수많은 사람들이 죽음을 당하게 되었고 중세 가톨릭은 몰락의 길을 걷게 되었습니다.

그러나 종교개혁자 존 칼빈은 변화의 흐름을 직감하고 발상의 전환을 했습니다. 그는 구빈원을 만들어서 사회봉사를 했고 제네바에 흑사병이 창궐할 때 쿼런틴 시스템을 도입했습니다. 그래서 노약자를 비롯하여 감염에 노출이 쉬운 사람일수록 절대로 교회 오지 말라고 했습니다. 대신 성직자들이 가서 예배를 드려 주었습니다.

한마디로 칼빈은 예배의 존엄성을 끝까지 지키면서도 이웃사랑과 생명사랑을 실천하였습니다. 그래서 중세 가톨릭은 쪼그라들어갔지만, 칼빈의 종교개혁 운동은 제네바 시민들이 박수를 쳐 주며 발전에 발전을 거듭하게 된 것입니다. 그래서 칼빈의 쿼런틴 시스템을 공부한 후, 이재훈 의료전도사님(현 의료목사)과 김용선 장로님을 중심으로 해서 한국교회 최초로 메디컬 처치를 오픈하여 선제적으로 대응하였습니다.

사실 코로나 초기부터 국민으로부터 가장 신뢰와 존경을 받은 부류는 의료진이었습니다. 그들은 자연적으로 슈퍼 히어로가 된 것입니다. 그러나 안타깝게도 가장 신뢰받지 못한 부류가 목회자와 교회였습니다. 물론 억울한 부분이 많이 있지만, 그 역시 초기 선제적 대응에서 실패했거나 사회적 공감과 희생을 하지 못하고 일방적이고 소모적인 교회의 모습을 보였기 때문입니다.

그래서 한교총 대표회장으로서 2020년 5월 31일을 '한국교회 예배 회복의 날'로 선포하고 '다섯 번째 계절은 희망입니다'라는 슬로건으로 한국교회와 사회를 향하여 회복과 희망의 메시지를 전달하였습니다. 그 결과 많은 교회들이 예배가 회복되는 결과를 얻게 되었습니다.

그런데 갑자기 코로나가 재확산되면서 또다시 혼란의 소용돌이로 들어가게 되었습니다. 사실 한국교회는 코로나 팬데믹 이후에 치명적인 이미지 훼손과 상처를 많이 받았습니다. 정부의 일방적, 관제적, 획일적 방역 조치는 분명 문제가 있었지만, 그렇다고 국민 정서와 여론을 전혀 무시하고 일방적으로 예배를 강행할 수는 없었습니다. 만약에 그렇게 했다면 한국교회는 신천지와 별반 다를 바 없는 집단으로 공격받으며 도저히 회복할 수 없는 이미지의 상처를 입었을 것입니다.

그래서 저는 한교총 대표회장 재임 시절에 안전한 예배 회복 운동과 국민 보건이라는 두 마리 토끼를 잡기 위하여 투혼을 발휘하였습니다. 특별히 창의적 언어와 기획으로 새로운 길을 열려고 노력하였습니다. 신년 기자회견에서도 '영(靈)택트', '허들링 처치(Huddling Church)'와 같은 신조어를 만들어서 기자들에게 한국교회에 대한 부정적 기사보다는 긍정적 기사를 쓸 수 있도록 하였습니다.

한국교회가 예배의 본질은 더욱 강화하되, 사역의 방식은 언택트를 넘어 영혼과 영혼을 잇게 하는 영택트를 취하며 사회를 사랑하고 섬기는 허들링 처치가 되어야 한다는 메시지를 전한 것입니다. 남극의 펭귄들은 영하 50도의 혹한의 추위를 허들링의 사랑으로 이겨낸다고 하지 않습니까? 그처럼 한국교회가 허들링 처치가 되어야 한다고 강조한 것입니다.

일반 신문에서도 부정적 기사 보다는 상처 입은 사회의 고통에 동참하고 치유하는 새로운 교회의 모형을 제시하였다고 보도하였습니다. 특히 그전에는 코로나 확진자가 나오면 직접 '교회'라고 쓰던 기사들이 '종교시설'이라는 표현으로 바꾸는데도 역할을 하였습니다. 그러면서도 정부와 끊임없이 소통하면서 백신 인센티브를 이끌어냈고 오미크론이 극도로 확산된 가운데서도 70퍼센트의 예배 숫자를 지켜낼 수 있었습니다.

메디컬 처치와 하이브리드 처치를 통한 위기 극복

국민일보와 코디연구소가 지앤컴리서치에 의뢰해 1,000명을 대상으로 '기독교에 대한 대국민 이미지 조사'를 하였는데, 종교 호감도를 묻는 질문에 불교는 66.3%, 천주교는 65.4%, 기독교는 25.3%로 나타났습니다. 뿐만 아니라 종교를 상징하는 이미지 단어를 분석한 결과 천주교는 '도덕적, 헌신적', 불교는 '포용, 상생' 등 모두 긍정적인 단어들이었습니다.

반면에 기독교는 '배타적, 이기적, 위선적, 세속적' 등 부정적인 단어들로 가득했다는 것입니다. 빅데이터를 분석한 결과 코로나 팬데믹을 거치면서 한국교회 관련해서 가장 많이 언급된 키워드가 '코로나19, 확진자, 집단감염, 집합금지 명령, 특정 집회, 특정 교회' 등이었습니다.

대부분의 교회가 방역에 모범을 보였음에도 불구하고, 국민 정서와 여론에 반하는 일부 교회의 부정적 뉴스가 보도되면서 부정적 이미지와 여론을 형성하게 된 것입니다. 그 결과 한국교회 신뢰도는 코로나 팬데믹 이전인 31.8%보다 13.7%떨어져서 18.1%밖에 되지 않았습니다. 이 얼마나 안타까운 일입니까?

특별히 코로나 팬데믹 상황에서 한국교회는 사회적 공감능력과 감수성 부재 현상을 보였습니다. 우리는 당연히 동의할 일이지만, 무조건 일방향 예배만을 주장하며 과격하고 공격적인 모습을 보인 일부 교회와 목회자들의 모습이 언론에 보도되며, 사회의 상처와 아픔을 공감하지 못하는 교회의 이미지가 형성되어 버렸습니다. 이것은 한국교회 전체 이미지로 볼 때 참으로 뼈아픈 일이라고 할 수 있습니다.

이런 상황에서 저는 선제적으로 메디컬 처치를 세워서 방역을 강화하고 성도들과 지역 주민들에게 심리적, 정서적 안정과 위안을 주려고 했습니다. 그러자 성도들은 교회로부터 배려와 존중을 받는다고 느끼게 되었고 지역 주민 역시 새에덴교회의 철저한 방역 시스템에 감탄하며 나중에는 오히려 예배가 하루속히 회복되기를 지지해 주기도 하였습니다.

코로나 팬데믹의 폭풍 속에서 무엇보다 예배의 본질에 목숨을 걸었습니다. 웨스터민스터 신앙고백 21장 5절을 보면 평상시에는 정말 공예배를 소중하게 드리라고 했습니다. 그러나 21장 6절에 보면 비상시에는 장소를 절대화하지 말고 집에서 신령과 진정으로 기도하고 예배하라고 했습니다. 그러면 하나님이 받으신다는 것입니다.

"기도나 종교적 예배의 다른 어떤 부분도 현재, 복음 아래서는 행하는 장소나 방향에 얽매이거나, 또한 그것에 의해 더 받으실만하게 되지 않는다. 다만 하나님은 어디서나, 영과 진리로 드리는 예배를 받으신다."

그래서 팬데믹 상황에서 예배 장소, 공간, 전통적인 의식보다 각 예배 처소에 주님의 강력한 임재가 임하는데 올인했고 영과 진리로 예배하는데 우선순위를 두었습니다. 정부의 관제적, 일방적, 획일적인 잘못된 방역 조치로 인하여 19명만 예배를 드려야 하는 상황에서 원망하고 불평만 하지 않고, 개척교회를 다시 시작하는 마음으로 주일에 7부 예배를 드리며 모든 예배를 직접 인도하였습니다. 그리고 유튜브뿐만 아니라 한국교회 최초로 화상 줌(Zoom)을 도입하여 듀얼예배를 드렸습니다. 라이브 톡과 화상 줌 대화를 통하여 온라인 예배의 한계를 극복하고 최대한 초연결 확장공동체를 이루기 위하여 노력하였습니다.

주일날 7번의 예배를 인도하고 나면 저녁에는 가슴이 조이고 심장이 압박을 받았습니다. 모든 수요예배와 금요철야예배, 주일 저녁예배를 직접 인도할 뿐만 아니라 특별새벽기도회, 특별밤집회, 장년여름수련회, 송구영신예배와 신년축복성회 등 모든 예배마다 뜨겁고 강력한 하나님의 임재와 운행하심이 느껴지도록 몸부림을 쳤습니다. 그때 가장 많이 불렀던 찬양이 시나치(Sinach)가 작곡한 '주 여기 운행하시네'라는 찬양이었습니다.

코로나 팬데믹 기간에 현장 예배가 되었건, 유튜브 예배가 되었건 간에 이 찬양을 부르고 또 부르면서 성도들에게 하나님의 강력한 임재와 운행하심을 갈망하고 경험하도록 몸부림쳤습니다. 아니, 하늘로부터 내려오는 퍼펙트 스톰의 역사가 영적인 감동으로만 느껴지는 것이 아니라 감각적으로 느껴질 정도로 최선을 다했습니다.

사즉생(死卽生)의 각오로 예배 회복과 교회 세움에 올인하다

코로나 팬데믹 사태가 터지자, 주변에서도 저에게 몸을 돌보며 좀 쉬라는 권유를 하기도 하였습니다. 실제로 팬데믹이 확산되어 온전한 현장 예배를 드리지 못하게 되자, 해외로 안식년을 떠나거나 일시적으로 교회 문을 닫는 분들도 있었다고 들었습니다. 저 역시 기도원에 들어가 조금 쉼을 취할까 하는 생각도 스쳐 지나갔습니다.

그러나 이럴 때일수록 사즉생의 각오로 예배 회복과 교회 세움에 올인해야 하겠다는 결단을 하였습니다. 그래서 팬데믹 기간에 주일예배를 7번으로 나누어 드리고, 모든 새벽예배뿐만 아니라 수요예배, 금요철야예배, 특벽새벽기도, 저녁밤집회 등을 모두 직접 다 인도하였습니다. 너무 무리하여 성대결절이 올 정도로 사즉생의 목회를 하였습니다.

우리에게 간절함이 있으면 그 어떤 역경 속에서도 길이 보이고 방법이 보이고, 얼마든지 하이 콘셉트, 하이 터치의 창의적 목회를 할 수 있습니다. 그러나 간절함과 절박함이 없으면 맨날 핑계를 댈 수밖에 없습니다. 그래서 팬데믹 기간에 성도들 한 사람, 한 사람의 영혼을 온 천하보다 귀하게 여기며 영혼을 사모하는 애간장의 연가를 불렀습니다. 제 심장이 아리고 사무치게 시릴 정도로 성도들을 향한 영혼의 연가를 부르고 또 불렀습니다.

코로나 팬데믹으로 인하여 현장 예배에 나오지 못하는 성도들을 향하여 얼마나 가슴을 치며 애통의 기도를 드렸는지 모릅니다. 이순신 장군이 생즉사 사즉생(生卽死 死卽生)의 각오로 전투에 나가서 왜구를 물리치고 나라와 백성을 구했던 것처럼 정말 죽기를 각오하고 목회를 하였습니다. 코로나가 너무 극심하여 19명밖에 현장 예배를 드릴 수 없는 상황에서는 눈물을 쏟으며 이런 기도를 드린 적이 있습니다.

"하나님, 죄송합니다. 저는 예수 믿고 신학교에 간다고 집에서 쫓겨난 이후부터 오직 하나님 한 분밖에 없었습니다. 광주신학교를 다니던 시절, 5.18 광주민주화운동이 일어나고 계엄군이 금남로를 점령할 때 저는 수요일 저녁마저도 빠지지 않기 위해 성경책을 가슴에 품고 '저 높은 곳을 향하여'라는 찬송을 부르며 걸어갔습니다.

개미 새끼 한 마리도 다니지 않을 그때, 수요일 저녁, 땅거미가 짙어오는 거리를 찬송가를 부르며 걸어가고 있던 저를, 계엄군이 총을 쏴 버렸다면 저는 지금 이 세상에 없었을 것입니다. 그러나 하나님, 저는 그때 금남로 바닥에 피를 쏟으며 죽었더라도 후회는 없었을 것입니다. 왜냐면 하나님께 예배드리러 가다가 총에 맞아 순교한 것이니까요.

그러나 하나님, 저는 지금 제 일생에 가장 부끄러운 시간을 보내고 있습니다. 코로나19가 터지고 국가적으로 모든 분야가 셧다운되면서 예배를 생명처럼 여기는 저마저도 온전한 예배를 드릴 수 없는 상황이 되었기 때문입니다. 저역시 차라리 전염병에 걸리든, 어찌하든 간에 하나님 앞에 드리는 예배만큼은 목숨을 걸고 지키고 싶었습니다.

그러나 하나님, 아무리 생각하고 또 생각해 보아도, 엎드리고 또 엎드려 보아도 우리가 일상적 예배를 드리다가 성도들과 지역 주민들에게 감염시켜버린다면 안 된다는 감동이 왔습니다. 아니, 당신의 제단을 더 굳게 지키기 위해서라도 지금은 역설적으로 조심해야 할 때라는 뜨거운 감화가 왔습니다.

그래서 울고 또 울었습니다. 애통하고 또 애통하였습니다. 텅 빈 예배당에서 혼자 예배를 인도하면서 하나님 앞에 너무 죄송하고 또 죄송하여 끝내 눈물을 쏟고야 맙니다. 제가 당신께 드릴 수 있는 것은 애통의 눈물뿐이며 참회의 울음뿐이었습니다.

하나님, 이 모든 것이 우리의 잘못입니다. 한국교회가 하나 되지 못하고 분열하고 다투며 교회의 영광성과 거룩성을 허물었기 때문에 다가온 재앙입니다. 하나님께서 우리의 부끄러움과 수치를 들추어내시고 텅 빈 예배당을 보게 하신 것입니다.

하나님, 그러나 눈물로 애원하며 비탄의 기도를 바칩니다. 우리에게 한 번만 더 기회를 주십시오. 한 번만 더 한국교회가 살아날 수 있는 기회를 주십시오. 우리가 그동안 예배의 소중함을 너무나 몰랐습니다. 교회의 소중함을 정말 몰랐습니다. 지금이라도 코로나를 이길 수 있는 백신과 치료제가 하루속히 만들어지게 하옵소서.

그래서 한국교회의 예배가 회복되게 하옵소서. 그러나 전염병 말고는 총칼 앞에서도 우리는 예배를 포기하지 않게 하옵소서. 총칼 앞에서도 당당하게 현장 예배를 드리게 하옵소서."

_ 2020년 8월 23일 주일예배 설교 중에서

그리고 성도들에게 이런 눈물의 편지를 쓰기도 하며 노래를 부른 적이 있습니다.

"정말 사랑하며 그립고 보고픈 성도님들! 코로나 재확산으로 인하여 온라인 예배로 전환한 지도 어느덧 네 번째 주가 되어갑니다. 한국교회 예배를 회복하는 데 우리 교회가 가장 앞장섰고 우리 교회는 90퍼센트 이상 예배가 회복되었습니다.

그런데 갑작스러운 코로나의 재확산으로 인하여 어쩔 수 없이 온라인 예배를 드린 것을 생각하면 너무 분통이 터집니다. 그리고 시간이 길어지면서 여러분들을 향한 저의 그리움은 더 깊어만 갑니다. 화상 줌에 비치는 여러분들을 볼 때마다 얼마나 반갑고 한 편으로는 미안한 마음이 들었는지 모릅니다.

텅 빈 예배당에서 홀로 첫 예배를 인도할 때 저는 하나님께 너무나 죄송하고 성도 여러분들에게도 죄송한 마음이 가득하였습니다. 이것이 다 교회 지도자들의 잘못이라고 생각하니 더 죄송하고 송구하기만 하였습니다. "아, 우리 성도들이 얼마나 현장 예배로 달려오고 싶을까. 비록 마스크를 쓰고 예배를 드리더라도 얼미니 교회로 달려오고 싶을까…"

저도 백번 여러분들을 현장 예배로 오도록 해서 현장 예배를 드리고 싶은 마음이 굴뚝 같습니다. 그러나 우리 지역 인근 고등학교와 교회에서 무더기 확진자들이 나와 여러분을 오라고 할 수가 없었습니다. 여러분들이 전염병에 걸릴까 봐 정말 겁이 나서 여러분을 오도록 할 수가 없었습니다. 그래서 여러분들의 건강을 위하여 어쩔 수 없이 온라인 예배로 전환하고 화상 줌으로 여러분을 초청하게 되었습니다.

제가 겉으로는 아무렇지도 않은 척, 화상 줌에 비치는 성도들을 향하여 반갑게 손을 흔들고 인사를 하였지만, 여러분을 만날 수 없고, 함께 손을 잡을 수 없으며, 두 눈동자를 마주칠 수 없다는 생각에 제 가슴에는 뜨거운 눈물이 흐르고 또 흘러내렸습니다. 그러나 그러면 그럴수록 저는 온 힘을 다해 말씀을 외치고 또 외쳤습니다.

그립고 보고픈 성도 여러분! 저는 새에덴교회를 개척한 이후부터 교회가 저의 집이었으며, 성도들이 저의 가족이었습니다. 교회가 제 생명이요 성도가 제 목숨이었습니다. 새에덴교회가 저였고 제가 새에덴교회였습니다. 성도들이 아프면 저도 아팠고, 성도들이 힘들어하면 저도 힘들어했고, 성도들이 울면 저도 울었습니다.

단 한 순간도 교회와 저는 뗄 수 없었고, 제 인생에서 여러분들을 떼어낼 수 없었습니다. 이런 저를 처음에는 저희 집사람이 이해하지 못하였지만, 지금은 얼마든지 이해해 주고 있습니다. 그런데 지금은 정작 여러분과 만나지 못하고 함께 예배를 드리지도 못합니다.

그러나 저는 믿습니다. 지금 우리가 함께 만날 수 없는 이 그리움의 시간이 길어질수록 오히려 우리의 사랑을 더 깊고 강하게 해주리라고 말입니다. 이런 시간을 통해서 저에게 여러분들이 얼마나 소중한 존재인가, 여러분도 저를 그리워하며 교회를 사모하고 있는 줄로 압니다. 목사가 텅 빈 예배당을 바라보며 설교한다는 것이 얼마나 고통스러운 일인지 아십니까?

지난날 이 성전의 자리를 채워주신 여러분 한 사람, 한 사람이 얼마나 귀한 존재였는지 새삼스럽게 느껴지고 깨닫고 있습니다. 그래도, 이 어려운 시간 속에서 더 역설적인 헌신을 드리며 하나님과 교회를 위하여, 부족한 종을 위하여 눈물겨운 사랑과 성원을 해주신 성도들을 보며 저는 주님 앞에 이렇게 외치고 외칩니다.

"주님, 이 부족한 종에게 이토록 아름다운 성도들을 만나게 해주셔서 감사합니다. 저는 새에덴의 성도들을 위하여 목숨을 바치겠습니다. 새에덴의 찬란한 약속과 축복이 이루어지는 그날까지, 저는 한 영혼, 한 영혼을 끌어안고 제 모든 기도와 눈물과 희생을 주의 제단에 바치겠습니다."

사랑하는 성도 여러분, 그리운 사람은 아무리 멀리 있어도 보인다고 하지 않습니까? 지금 제 두 눈동자에는 여러분들의 얼굴이 보입니다. 아니, 제 모든 인생을 다 끝내고 주님 앞에 가는 마지막 순간까지, 저는 오직 주님만 바라보고, 교회만 바라보고 여러분만 바라볼 것입니다. 여러분을 사랑하며 축복합니다. 그리고 여러분을 더 그리워합니다. 오늘 여러분 모두를 향한 저의 그리움의 마음을 담아서 함께 노래하며 영상으로나마 교제하고 싶습니다.

_ 2020년 9월 13일 주일예배 설교 중에서

이처럼 예배 회복과 교회 세움을 향한 간절함과 절박함을 가지고 목회에 올인하였을 때, 교회가 영혼의 토포필리아가 되었고 오히려 성도들이 더 하나님을 갈망하고 현장 예배를 사모하며 뜨거운 영적 부흥을 이룰 수 있었습니다. 오죽하면 성도늘이 너무나 교회에 오고 싶어서 매일매일 19명 이하로 교회에서 릴레이 기도회를 하였습니다. 그러지 못한 성도들은 평일에 교회 앞을 돌다 가도록 하고, 교회 앞마당이나 주차장에서 기도를 하고 갔습니다. 바깥에서 그냥 기도만 하고 간 것이 아니라 바깥에 헌금함을 두어서 헌금하고 드라이브 스루도 하면서 교회와 현장 예배를 사모하였습니다.

보랏빛 소와 같은 교회가 되다!

코로나 팬데믹의 위기 속에서 하이 콘셉트와 하이 터치의 창의적 목회와 설교의 세계를 펼쳐가려고 노력했습니다. 그때 제게 새로운 인사이트를 제공해 주었던 책이 바로 세스 고딘의 '보랏빛 소가 온다'라는 책이었습니다.

세계적인 마케팅 전문가인 세스 고딘이 하루는 프랑스 시골을 여행하다 소들이 한가롭게 풀을 뜯는 모습을 보게 됩니다. 그 모습이 너무 평화롭고 아름다워 반해버리고 말았습니다. 그러나 그것도 잠시, 계속 똑같은 풍경이 이어지자 지루해지기 시작한 것입니다. 그때 세스 고딘의 머릿속에 이런 생각이 스쳐 지나갔습니다.

'저 수많은 누런 소들 가운데 보랏빛 소(Purple cow)가 있다면 어떨까.'

보랏빛 소가 있다면, 단숨에 사람들의 시선을 사로잡고 황홀경에 빠지게 할 것이라는 생각이 든 것입니다. 그래서 그는 그날의 경험을 바탕으로 쓴 책이 오늘날 마케팅 분야의 교과서로 불리는 《보랏빛 소가 온다》라는 책입니다. 여기서 저는 한국교회 이미지와 브랜드, 그리고 새로운 전도 전략과 부흥 전략의 힌트를 얻었습니다.

그래서 코로나 팬데믹의 위기가 터졌을 때, 현실을 원망하고 불평하기보다는 보랏빛 소와 같은 창의적 상상력을 발휘하려고 하였습니다. 그래서 한국교회 최초로 '메디컬 처치'를 시작하였고, 화상 줌 예배를 도입하였으며, 선한소통상품권을 발행하여 지역주민을 섬기는 사역을 하였던 것입니다.

예배도 기존의 매뉴얼을 그대로 돌리는 것보다, 새롭고 창의적인 예배를 기획하여, '보랏빛 초청주일', '슈퍼 선데이', '홀리 트라이브 주일', '스트라이크 주일', '백합 주일', '우생순 감사주일', '희망의 잎새 주일', '거룩한 초연결기도회', '에델바이스 성탄절', '로즈마리 성탄절', '퍼스트 미션 주일' 등 창의적 예배를 드렸습니다.

그 결과 우리 교회는 코로나 시기에 오히려 더 강력한 영적 부족공동체를 이루며 더 많은 교인들이 늘어났고 더 많은 재정이 증가하는 것을 볼 수 있었습니다. 특히 2021년에는 새에덴교회 역사상 가장 많은 헌신의 역사가 일어났던 해였습니다. 성도들은 송구영신예배와 신년축복성회, 장년여름수련회 뿐만 아니라 예배 시간마다 간절함과 절박한 마음을 가지고 교회를 사모하고 예배를 사모하며 앞다투어 헌신의 행렬에 동참하였습니다.

뿐만 아니라 코로나 팬데믹이 한창일 때도 새에덴교회는 하이 콘셉트, 하이 터치의 창의적 상상력을 발휘하여, 온라인 성경공부, 애간장 기도회, 직장인 사명자 토요모임, 원데이클래스, 자.만.추(자연스러운 만남 추구), 플리마켓 프로젝트, 신실한 독서모임, 행복음악회, 힐링 야유회 등을 하면서 초연결확장공동체를 넓혀갔습니다.

또한 라이언 일병 구하기 프로젝트와 커튼콜 프로젝트를 통하여 현장 예배에 나오기를 주저하는 성도들을 현장 예배로 인도하였습니다. 교구별로 미출석 성도를 찾아 손 편지, 말씀 엽서, 선물을 전하며 교회 출석을 요청하였고, '애간장 기도회'를 열어 현장 예배를 찾지 않는 성도들을 위해 한마음으로 기도하였습니다. 그 결과 새에덴교회는 코로나 팬데믹이 끝나고 엔데믹으로 전환되자, 바로 90퍼센트 이상 현장 예배가 신속하게 회복이 되었습니다.

한 가지 안타까운 것은, 지금은 팬데믹이 지났는데 여전히 많은 교회 목회자들이 팬데믹으로 착각하고 있다는 것입니다.

이제는 정부의 마스크 의무 해제 발표와 더불어 팬데믹 때처럼 소극적, 방어적 목회를 해서는 안 되고, 대안적, 진취적, 전략적 목회 방안을 세워야 합니다. 포스트 엔데믹 시대를 맞아 이제는 우리 모두가 코로나라는 안개를 뚫어버려야 합니다. 아니, 엔데믹을 딛고 일어서서 거룩한 플랫폼 처치를 이루어야 합니다. 플랫폼이라는 말은 어제오늘 나온 말은 아니지만, 제가 제시하는 거룩한 플랫폼 교회상은 전혀 새로운 교회 모습입니다.

과거에 등장한 사회적 개념의 플랫폼 의미는 비즈니스 모델과 수익 창출을 위한 공간 개념이었습니다. 그러나 지금 우리가 신학적 신앙적 개념의 플랫폼이란 말은, 교회가 하나님의 임재와 운행의 공간이 되어야 한다는 것입니다. 그리고 그 거룩한 공간에서 생명 가득한 말씀, 혹은 복음의 생명력을 경험한 온갖 생명력과 은혜를 세상 밖으로 흘려보내는 교회를 세워가야 합니다.

위드 코로나, 미자립 교회 섬김과 세움

코로나 팬데믹은 대형교회뿐만 아니라 모든 교회에 큰 시련을 가져다 주었습니다. 특히 풀뿌리 미자립 교회들은 큰 어려움을 겪으며 고난과 인내의 시간을 보내야 했습니다. 그래서 총회장 시절에 코로나로 인하여 생활고에 빠진 미자립 교회를 돕기 위하여 총회 후원으로 교단 산하 2천여 목회자 가정에 100만 원씩 총 21억 6천만 원을 긴급 지원하였습니다.

또한 2021년 새에덴교회에서 '위드 코로나, 우리 함께 갑시다' 세미나를 열어서 6천여 명의 목회자를 초청하여 100만 원씩 총 6억 원의 후원금을 전달하기도 하였습니다. 그리고 포스트 엔데믹을 맞는 2022년 10월에도 1,200여 명의 목회자들을 초청하여 '2023 목회, ReStart 컨퍼런스'를 열고 천만 원의 후원금을 전달하였습니다.

단순히 물고기 몇 마리를 주는 것이 아니라 물고기를 잡는 방법을 소개하였습니다. 컨퍼런스에 참여한 목회자들이 각 지역에 가서 자발적으로 후속 세미나를 열면서 서로 네트워크를 이루고 교회를 세워가는 아름다운 나비효과를 일으켰습니다.

세미나뿐만 아니라 코로나가 처음 터졌을 때는 '포스트 코로나, 한국교회의 미래'라는 책을 발간하였고, 팬데믹이 지나고 엔데믹에 진입하는 시점에는 '포스트 엔데믹, 교회 세움 프로세스'라는 책을 발간하여 한국교회가 가야 할 방향성을 제시하기도 하였습니다.

또한 팬데믹 기간에도 《외로운 선율을 찾아서》, 《너의 이름을 사랑이라 부른다》라는 시집을 써서 교계를 넘어 일반 대중에게도 따뜻한 사랑과 위로를 전했습니다.

2023년 1월 2일 자 국민일보에 옥성삼 감리교신학대 객원교수가 '2022년 언론이 바라본 한국교회'라는 제하의 빅데이터 분석 자료를 발표했습니다. 그 자료를 보면 한국교회에 대한 긍정 보도(10.4%)가 부정 보도(9.6%)보다 앞서게 되었다는 것입니다. 그리고 긍정적인 보도로 가장 많이 소개된 인물이 여의도순복음교회 이영훈 목사님이었고 그다음이 새에덴교회 소강석 목사, 바로 저였습니다.

그만큼 우리 사회는 한국교회가 종교적 카르텔을 쌓고 분열과 갈등의 트러블을 일으키는 것이 아니라 사랑과 섬김, 공감과 화합의 리더십을 발휘해 줄 것을 기대하고 있는 것입니다.

한국교회라는 숲을 이루기 위한 연합운동

2010년이나 2011년쯤, 한국교회 선배 어른들 몇 분이 저를 찾아왔습니다. "도저히 몇몇 사람들과 함께할 수가 없어서 한기총 말고 새로운 연합기관을 만들어야 하겠으니 좀 도와달라"라고 하시는 것입니다. 제가 그때 그분들의 손을 잡으면서 진심을 담아 눈물을 글썽이며 부탁을 드렸습니다.

"제발 그렇게 하면 안 됩니다. 1년만 참으면 됩니다. 아니 7,8개월만 참으면 됩니다. 그때까지 참으셔야 합니다. 한번 돌아올 수 없는 강을 건너버리면 돌아오고 싶어도 못 돌아옵니다. 나누는 건 쉽지만, 다시 합치는 것은 불가능에 가깝습니다."

그러나 그분들은 제 말을 듣지 않았습니다. 그래도 저는 "동로마교회가 망했던 것은 끊임없는 싸움과 분열 때문이었다"라고 말하며 끝까지 말리고 말렸습니다.

한국교회는 1907년에 있었던 평양 대부흥을 기념하여 2007년 서울월드컵경기장에서 '한국교회 대부흥 100주년 기념대회'를 했습니다. 저는 그때 집회를 주관할 정도의 위치에 있는 사람이 아니어서 그냥 성도들과 함께 참석만 했습니다. 그런데 제가 느낀 바에 의하면, 그때 좀 더 회개의 눈물이 강물처럼 흐르도록 했으면 어떠했을까 하는 생각이 들었습니다. 너무 축제적인 성격이 있지 않았나 하는 느낌이 들었습니다.

공교롭게도 그 후 아프가니스탄 사건을 통해서 한국교회는 엄청난 시련을 겪게 되었습니다. 그런데도 한국교회 지도자들은 경각심을 갖지 못하고 계속 서로 충돌하고 싸우다가 마침내 2012년에 연합기관이 분열하게 되었습니다. 아니, 분열하다가 또다시 분열을 거듭하게 된 것이죠.

그런 가운데 한국교회는 차별금지법을 비롯한 각종 반기독교 악법에 도전을 받았고 종교인 과세법으로도 위협을 느꼈습니다. 모든 사상과 문화는 결국 입법화로 가게 되는데, 네오막시즘, 문화막시즘의 사상이 문화라는 옷으로 갈아입고 입법화로 가게 된 것입니다. 그렇지만 한국교회 연합기관은 이런 흐름과 움직임을 알지도 못하고 계속 싸우면서 분열하기만 연속했습니다.

　과거 한국교회는 성장기 상황에 있었기 때문에 봉사, 구제만 잘해도 칭찬받았습니다. 그러나 지금은 세상이 변했습니다. 이미 반기독교적 세력이 네오막시즘과 문화막시즘으로 교회를 공격해 오고 있는 상황입니다. 정치권도 여론을 바탕으로 정치를 하기 때문에 우리가 가만히 있으면 한국교회에 불리한 입법들이 통과됩니다.

　그러므로 교회와 복음전파에 유리한 정책을 입안하게 하려면 한국교회 전체가 힘을 합쳐야 합니다. 더 늦기 전에 분열된 연합기관은 반드시 하나가 되어야 합니다. 그럴 때 원 리더십, 원 메시지를 내면서 대정부, 대사회적 리더십을 행사할 수 있습니다.

　저는 코로나 팬데믹 상황에서 한교총 대표회장을 했는데 연합기관이 각자 다른 목소리를 내고 엇박자를 내니까 정말 힘들었습니다. 그때 누구보다 연합의 중요성을 절실하게 느꼈습니다. 그래서 저는 예장합동 총회장, 한교총 대표회장을 역임할 때도, 세 곳으로 분열된 연합기관이 반드시 하나가 되어야 한다고 일관되게 주장해왔습니다. 하지만 한국교회의 연합은 아직도 묘연합니다.

　어느 조직이나 기관을 막론하고 분열하면 그 대가를 혹독하게 치릅니다. 교회는 더 그렇습니다. 저는 동로마교회와 러시아정교회의 분열과 패망의 역사를 연구하고 나서 한국교회를 향하여 반드시 하나 되어야 한다고 호소하였습니다. 지금 한국교회를 향한 반기독교 세력의 공격과 관련 입법안이 밀려오고 있습니다.

한국교회를 지키기 위해서는 분열된 연합기관을 하나로 만들어 대응하는 길밖에 없습니다. 하나 된 연합기관은 한국교회의 공익과 공공선을 추구해야 합니다.

반기독교 세력의 공격이나 쓰나미처럼 밀려오는 반기독교적 입법 흐름을 감지한다면, 누구도 한국교회의 연합을 반대하지 못할 것입니다. 더 늦기 전에, 아니 너무 늦기 전에 분열된 연합기관은 반드시 하나 되어야 합니다. 저는 한국교회의 대표적 연합론자, 화합론자입니다. 제가 연합 사역을 하다 일부 사람들로부터 얼마나 많은 말도 안 되는 인포데믹, 가짜뉴스의 공격을 받았는지 모릅니다.

이렇게 터무니없는 거짓으로 공격하는 모습과 연합기관의 분열은 우리 스스로 대물림받은 저주와 같습니다. 그럼에도 그런 어두움의 실체를 바로 보지 못하고 여전히 분열의 정치와 파괴적인 정치공작을 일삼는 행위는 선대로부터 물려받은 흑암의 저주 속에 스스로 갇혀 있는 것입니다.

이제 한국교회는 팬데믹의 자욱한 안개와 흑암을 뚫고 다시 연합하여 새로운 영토를 확장해 가야 합니다. 코로나 팬데믹 상황에서는 큰 교회건, 작은 교회건 '마이 처치 신드롬'에 빠졌습니다. 그러나 이제는 한국교회 전체가 하나 되어 울창한 숲을 이루어야 부흥의 선순환을 일으키며 살아날 수 있습니다.

그래서 저는 한국교회가 개교회 의식을 벗어나 공교회 의식을 가지고 함께 힘을 모아 교회 세움과 부흥의 길로 걸어가야 한다고 호소합니다. 그리고 지금도 연합을 위한 마지막 희망의 끈을 붙잡고 패스파인더의 길을 걷고 있습니다.

지지 않겠다는 약속의 노래를 부르며

눈물 나는데 슬퍼지는 이유를 몰랐던 건

나를 대신해 아파하는 너를 몰랐던 일

내 마음 내 어둠 무겁지만

내 얘기 내 노래 외롭지만

내가 미워한 세상 모든 것

어쩔 수 없다며 피하진 않아

나를 사랑한 너의 모든 것

이젠 내가 더 사랑할 수 있어

(중략)

내가 방황한 세상 모든 것

어쩔 수 없단 말 하지 않아

나를 사랑한 너의 모든 것

이젠 내가 더 사랑할 수 있어

_ 지지 않겠다는 약속, 이응준 작사, KOMCA 승인필

이는 가객 이선희와 윤도현이 콜라보한 '지지 않겠다는 약속'의 가사입니다. 생태계 파괴로 인하여 상처받고 힘들어하는 고래들을 위로하고 함께 싸우며 지지 않겠다는 약속을 노래하는 것이죠.

제 마음도 푸른 바다의 고래처럼 눈물 나고 슬퍼지고 어둡고 외로울 때가 있습니다. 아니, 무언가 눌림이 있고 힘겨울 때가 있습니다. 그 이유는 제 문제나 우리 교회의 문제보다는 한국교회를 생각할 때 찾아오는 고뇌

와 눌림입니다. 아무리 공적 사역을 하고 연합을 위해 몸부림쳐도 끝이 보이지 않는 어두운 터널을 걷는 것처럼 막막하고 길이 보이지 않을 때가 있기 때문이지요.

제 마음속의 고래도 상처받고 아파하고 슬픔의 바다에 잠길 때가 있습니다. 그래도 지금 당장은 눈에 보이는 열매를 보지 못하더라도, 결코 지지 않겠다는 약속만큼은 할 수 있습니다. 아니, 하나님께서 저에게 결코 지지 않게 해주겠다는 약속을 주시는 게 더 중요합니다. 이미 그 약속을 받았기에 어려운 일이 생기고 길이 막힐 때마다 확인하며 지금까지 달려왔습니다.

앞으로도 저는 날아가는 새는 뒤를 돌아보지 않는다는 말처럼 다시 맨발의 소명자가 되어 하나님이 주신 사명의 길을 달려갈 것입니다. 야성을 잃어버리고 타성에 젖어 안주하고 나태해지려 할 때마다 저 자신을 일으켜, 눈보라 몰아치는 겨울, 첫 소명의 길을 나섰던 그 시린 가슴으로 폭풍과 맞서 싸우는 독수리처럼 날고 또 날아갈 것입니다.

다시, 길에서도 잠들지 않을 찬란한 꿈과 사명을 위하여, 한국교회의 세움과 연합의 시대를 향하여.

네 마음을 다하고
목숨을 다하고 뜻을 다하여
주 너의 하나님을 사랑하라

마 22:37

맨발의 소명자

초판 1쇄 발행	1997년 11월 10일
개정증보판 1쇄 발행	2004년 3월 2일
개정증보판 28쇄 발행	2014년 10월 17일
2차 개정증보판 1쇄 발행	2023년 3월 28일
2차 개정증보판 2쇄 발행	2023년 3월 31일

지은이　　소강석

펴낸이　　여진구
책임편집　　이영주 박소영
편집　　최현수 안수경 김도연 김아진 정아혜
책임디자인　　이하은 마영애 | 노지현 조은혜
홍보·외서　　진효지
마케팅　　김상순 강성민　　　　　　마케팅지원　　최영배 정나영
제작　　조영석　　　　　　　　　　경영지원　　김혜경 김경희 이지수

303비전성경암송학교 유니게 과정　박정숙
이슬비전도학교 / 303비전성경암송학교 / 303비전꿈나무장학회

펴낸곳　　규장

주소　06770 서울시 서초구 매헌로 16길 20(양재2동) 규장선교센터
전화 02)578-0003　팩스 02)578-7332
이메일 kyujang0691@gmail.com　　　　홈페이지 www.kyujang.com
페이스북 facebook.com/kyujangbook　　인스타그램 instagram.com/kyujang_com
카카오스토리 story.kakao.com/kyujangbook
등록일 1978.8.14. 제1-22

ⓒ 저자와의 협약 아래 인지는 생략되었습니다.
이 출판물은 저작권법에 의해 보호를 받는 저작물이므로 무단 전재와 무단 복제를 할 수 없습니다.

책값　뒤표지에 있습니다.
ISBN 979-11-6504-418-3 03230

규 | 장 | 수 | 칙

1. 기도로 기획하고 기도로 제작한다.
2. 오직 그리스도의 성품을 사모하는 독자가 원하고 필요로 하는 책만을 출판한다.
3. 한 활자 한 문장에 온 정성을 쏟는다.
4. 성실과 정확을 생명으로 삼고 일한다.
5. 긍정적이며 적극적인 신앙과 신행일치에의 안내자의 사명을 다한다.
6. 충고와 조언을 항상 감사로 경청한다.
7. 지상목표는 문서선교에 있다.

하나님을 사랑하는 자 곧 그의 뜻대로 부르심을 입은 자들에게는 모든 것이 合力하여 善을 이루느니라(롬 8:28)

규장은 문서를 통해 복음전파와 신앙교육에 주력하는 국제적 출판사들의 협의체인 복음주의출판협회(E.C.P.A:Evangelical Christian Publishers Association)의 출판정신에 동참하는 회원(Associate Member)입니다.